Elogios Antecipados para *Faça Coisas Difíceis*

"Em *Faça Coisas Difíceis*, Steve Magness reimagina nosso entendimento de força de forma bela e persuasiva. Esta é uma leitura obrigatória para pais, treinadores e qualquer pessoa que busca se preparar para os maiores desafios da vida."

— Malcolm Gladwell, autor de *Fora de Série — Outliers: Descubra Por Que Algumas Pessoas Têm Sucesso e Outras Não* e *Falando com Estranhos*, best-sellers do *New York Times*, e apresentador do *podcast Revisionist History*.

"Steve transmite uma mensagem essencial para nossa atual era de aparências: a verdadeira força não consiste em bravata impiedosa, mas sim na habilidade de passar pela dificuldade com graça e um foco inabalável no que importa."

— Cal Newport, autor de *Trabalho Focado: Como Ter Sucesso em um Mundo Distraído* e *Minimalismo Digital: Para uma Vida Profunda em um Mundo Superficial*, best-sellers do *New York Times*.

"Uma inspeção meticulosa sobre o que realmente significa ter o que é certo."

— Adam Grant, autor de *Pense de Novo: O Poder de Saber o que Você Não Sabe*, número 1 da lista de best-sellers do *New York Times*, e apresentador do podcast *WorkLife* da TED.

"Steve Magness é um dos magnatas do pensamento moderno sobre altos desempenhos em todos os domínios, misturando um conhecimento amplo de psicologia de ponta com a experiência prática conquistada com grande esforço dos melhores atletas do mundo e outros especialistas que treina. Em seu novo livro, ele aborda uma velha dúvida — quem sai ganhando, e por que, quando as coisas ficam difíceis? — e revela que muitos dos prezados instintos e suposições estão errados. Uma leitura essencial para qualquer pessoa que se importa em dar o melhor quando os riscos são mais altos."

— Alex Hutchinson, autor de *Endure*, best-seller do *New York T*

"Nós celebramos histórias de treinadores e líderes que praticam a escola de força por 'eliminação', mas pesquisas mostram precisamente que esse é o jeito errado de cultivar fortaleza. Já é passado o tempo de alinhar as histórias com a ciência. E é o que Steve Magness faz em *Faça Coisas Difíceis*."

— David Epstein, autor de *Por Que os Generalistas Vencem em um Mundo de Especialistas* e *A Genética do Esporte: Como a Biologia Determina a Alta Performance Esportiva*, best-sellers do *New York Times*.

"Em *Faça Coisas Difíceis*, Steve Magness desmancha a sugestão amplamente endossada, mas prejudicial, de que força consiste em abrir caminho por situações difíceis. A versão de Magness de força — 'a verdadeira força'— é mais sutil, complacente, flexível e pode ser aprendida. A verdadeira força significa tratar os fatores de estresse de forma atenciosa, deliberada e com vulnerabilidade, em vez de superficial e rígida. *Faça Coisas Difíceis* mudou o meu pensamento sobre estoicismo e resistência, tanto no campo esportivo quanto de forma mais ampla. E não posso recomendá-lo o suficiente."

— Adam Alter, professor de marketing e psicologia na Stern School of Business da Universidade de Nova York e autor de *Irresistível: Por que Você é Viciado em Tecnologia e Como Lidar com Ela* e *Drunk Tank Pink*, best-sellers do *New York Times*.

"*Faça Coisas Difíceis* irá mudar seu pensamento sobre o que significa ser forte. Steve Magness apresenta um belo e convincente argumento sobre o valor da força interior acima da força exterior e sobre a humildade acima da arrogância. Leitura obrigatória!"

— Annie Duke, autora de *Pensar em Apostas*.

"Steve Magness possui um incrível campo de sabedoria e conhecimento sobre a ciência, psicologia e aspectos práticos do desempenho esportivo. *Faça Coisas Difíceis* é uma aula magistral sobre como desenvolver resiliência, persistência e confiança sob pressão."

— Christie Aschwanden, autora de *Good to Go*, best-seller do *New York Times*.

"Um livro obrigatório sobre um tópico oportuno e atemporal, escrito pela pessoa perfeita para explorar o que *realmente* significa ser forte. Steve tem lidado com essas questões há anos e este livro apresenta uma nova perspectiva fascinante e, mais importante, extremamente útil sobre resistência e como construí-la."

— Brad Stulberg, autor do best-seller *A Prática para a Excelência.*

"Steve Magness estabilizou-se como uma das principais vozes sobre otimização de desempenho e conquista de excelência pessoal — *areté*, como dizem os gregos. Em *Faça Coisas Difíceis*, Magness questiona crenças de longa data de que a força é desenvolvida por meio de excesso de arrogância e infalibilidade. O que revela é tanto otimista quanto reconfortante. *Faça Coisas Difíceis* é leitura essencial para qualquer pessoa que procura cultivar a força interior de forma genuína e autêntica."

— Dean Karnazes, ultramaratonista e autor best-seller
do *New York Times.*

"*Faça Coisas Difíceis* é uma abordagem incrivelmente profunda e completamente nova que investiga por que e como as pessoas superam as situações mais difíceis. Explicando histórias diferentes em uma dissertação muito divertida para os leitores, Steve Magness, um dos autores e pensadores mais reconhecidos da ciência esportiva, oferece-nos uma aula magistral sobre como desenvolver resiliência e habilidades para dar o melhor em situações difíceis."

— Kilian Jornet, autor de *Above the Clouds.*

OUTROS LIVROS DE STEVE MAGNESS

The Science of Running
Auge do Desempenho, com Brad Stulberg
O *Paradoxo da Paixão*, com Brad Stulberg

STEVE MAGNESS

Autor best-seller de **Auge do Desempenho** e **O Paradoxo da Paixão**

FAÇA COISAS DIFÍCEIS

Por que não entendemos o que é resiliência e a ciência surpreendente da VERDADEIRA FORÇA

ALTA BOOKS
GRUPO EDITORIAL
Rio de Janeiro, 2023

Faça Coisas Difíceis

Copyright © 2023 da Starlin Alta Editora e Consultoria Eireli.
ISBN: 978-85-508-1882-5

Translated from original Do Hard Things. Copyright © 2022 by Stephen Magness. ISBN 978-0-06-309861-9. This translation is published and sold by HarperOne an imprint of Harper Collins Publishers, the owner of all rights to publish and sell the same. PORTUGUESE language edition published by Starlin Alta Editora e Consultoria Eireli, Copyright © 2023 by Starlin Alta Editora e Consultoria Eireli.

Impresso no Brasil — 1ª Edição, 2023 — Edição revisada conforme o Acordo Ortográfico da Língua Portuguesa de 2009.

```
Dados Internacionais de Catalogação na Publicação (CIP) de acordo com ISBD

M196f    Magness, Steve
            Faça Coisas Difíceis: Por Que Não Entendemos O Que é
            Resiliência e a Ciência Surpreendente da Verdadeira Força / Steve
            Magness ; traduzido por Mariana Santos. - Rio de Janeiro : Alta Books,
            2023.
            320 p. ; 16cm x 23cm.

            Tradução de: Do Hard Things
            Inclui bibliografia e índice.
            ISBN: 978-85-508-1882-5

            1. Autoajuda. 2. Coisas difíceis. 3. Resiliência. I. Santos, Mariana.
            II. Título.

                                              CDD 158.1
2023-610                                      CDU 159.947

Elaborado por Vagner Rodolfo da Silva - CRB-8/9410

            Índice para catálogo sistemático:
                1.  Autoajuda 158.1
                2.  Autoajuda 159.947
```

Todos os direitos estão reservados e protegidos por Lei. Nenhuma parte deste livro, sem autorização prévia por escrito da editora, poderá ser reproduzida ou transmitida. A violação dos Direitos Autorais é crime estabelecido na Lei nº 9.610/98 e com punição de acordo com o artigo 184 do Código Penal.

A editora não se responsabiliza pelo conteúdo da obra, formulada exclusivamente pelo(s) autor(es).

Marcas Registradas: Todos os termos mencionados e reconhecidos como Marca Registrada e/ou Comercial são de responsabilidade de seus proprietários. A editora informa não estar associada a nenhum produto e/ou fornecedor apresentado no livro.

Erratas e arquivos de apoio: No site da editora relatamos, com a devida correção, qualquer erro encontrado em nossos livros, bem como disponibilizamos arquivos de apoio se aplicáveis à obra em questão.

Acesse o site **www.altabooks.com.br** e procure pelo título do livro desejado para ter acesso às erratas, aos arquivos de apoio e/ou a outros conteúdos aplicáveis à obra.

Suporte Técnico: A obra é comercializada na forma em que está, sem direito a suporte técnico ou orientação pessoal/exclusiva ao leitor.

A editora não se responsabiliza pela manutenção, atualização e idioma dos sites referidos pelos autores nesta obra.

Atuaram na edição desta obra:

Produção Editorial
Grupo Editorial Alta Books

Diretor Editorial
Anderson Vieira
anderson.vieira@altabooks.com.br

Editor
José Ruggeri
j.ruggeri@altabooks.com.br

Gerência Comercial
Claudio Lima
claudio@altabooks.com.br

Gerência Marketing
Andréa Guatiello
andrea@altabooks.com.br

Coordenação Comercial
Thiago Biaggi

Coordenação de Eventos
Viviane Paiva
comercial@altabooks.com.br

Coordenação ADM/Finc.
Solange Souza

Coordenação Logística
Waldir Rodrigues

Gestão de Pessoas
Jairo Araújo

Direitos Autorais
Raquel Porto
rights@altabooks.com.br

Produtor da Obra
Thales Silva

Produtores Editoriais
Illysabelle Trajano
Maria de Lourdes Borges
Paulo Gomes
Thiê Alves

Equipe Comercial
Adenir Gomes
Ana Claudia Lima
Andrea Riccelli
Daiana Costa
Everson Sete
Kaique Luiz
Luana Santos
Maira Conceição
Nathasha Sales
Pablo Frazão

Equipe Editorial
Ana Clara Tambasco
Andreza Moraes
Beatriz de Assis
Beatriz Frohe
Betânia Santos
Brenda Rodrigues

Caroline David
Erick Brandão
Elton Manhães
Gabriela Paiva
Gabriela Nataly
Henrique Waldez
Isabella Gibara
Karolayne Alves
Kelry Oliveira
Lorrahn Candido
Luana Maura
Marcelli Ferreira
Mariana Portugal
Marlon Souza
Matheus Mello
Milena Soares
Patricia Silvestre
Viviane Corrêa
Yasmin Sayonara

Marketing Editorial
Amanda Mucci
Ana Paula Ferreira
Beatriz Martins
Ellen Nascimento
Livia Carvalho
Guilherme Nunes
Thiago Brito

Tradução
Mariana Santos

Copidesque
Sarah Oliveira

Revisão Gramatical
Karina Pedron
Leonardo Breda

Diagramação
Joyce Matos

Capista
Rita Motta

Editora afiliada à:

ALTA BOOKS
GRUPO EDITORIAL

Rua Viúva Cláudio, 291 – Bairro Industrial do Jacaré
CEP: 20.970-031 – Rio de Janeiro (RJ)
Tels.: (21) 3278-8069 / 3278-8419
www.altabooks.com.br – altabooks@altabooks.com.br
Ouvidoria: ouvidoria@altabooks.com.br

Para Hillary, que continuamente me mostra o que é amor e compaixão. Você é a pessoa mais honesta e generosa. Sua dedicação a todos ao redor é uma inspiração constante. Eu te amo.

Em memória de Tom Abbey, que me ensinou sobre ter humildade, ser mente aberta e ter um otimismo persistente. Em memória de Matt Cobb, que me ensinou o que significa se dedicar a explorar seus limites.

Agradecimentos

Primeiramente, gostaria de agradecer àqueles que tornaram este livro possível. Os muitos clientes de treinamento, atletas, cientistas e artistas a quem busquei para histórias, pesquisas e orientação. Sem a disponibilidade e, em muitos casos, disposição para serem ratos de laboratório, este livro não teria sido escrito. Um agradecimento particular aos muitos clientes de treinamento que me ofereceram sua visão e mostraram o que realmente consiste em força, tanto nos campos esportivos quanto nos locais de trabalho. São muitos para mencionar. Saibam que a contribuição é valorizada e apreciada. Um agradecimento especial aos indivíduos que me permitiram compartilhar suas histórias neste livro: Matt Parmley, Drevan Anderson-Kaapa, Nate Pineda, Meredith Sorensen, Britani Gonzales, Brian Zuleger, Mark Freeman, Jim Denison, Joseph Mills, Phoebe Wright, Andy Stover e Brian Barraza.

Em seguida, gostaria de agradecer àqueles que abriram o caminho para o trabalho ser feito. Obrigado ao meu colaborador, Brad Stulberg. O quanto sua amizade significa para mim? Bem, como uma pessoa introvertida, eu aguento, em média, cinco ligações suas por dia. Se isso não é amor, não sei o que é. Chris Douglas, por comandar o navio no *The Growth Equation*, o que me permite focar no trabalho. Jonathan Marcus e Danny Mackey, por estarem ao meu lado no mundo do treinamento por mais de uma década. Aos treinadores e colegas que me ensinaram sobre força: Gerald Stewart, Mike Del Donno, Bob

Duckworth, Tom Tellez, Theresa Fuqua, Leroy Burrell, Will Blackburn e Kyle Tellez. Aos meus amigos e colegas de equipe: Chris Rainwater, Paulo Sosa, Frankie Flores, Marcel Hewamudalige, Calum Neff e muitos outros. Este livro é resultado de mais de vinte anos de pensamentos. Começou nas muitas corridas e conversas que compartilhamos. Espero que vocês vejam suas marcas, filosofias e ideias espalhadas ao longo deste livro. Para aqueles no grupo de e-mail aleatório que ofereceram apoio, sagacidade, sabedoria e uma quantidade excessiva de haicais ao longo do caminho: Dave Epstein, Alex Hutchinson, Mike Joyner, Jonathan Wai, Amby Burfoot e Christie Aschwanden. Obrigado aos primeiros leitores que me ofereceram um retorno valioso que fez este livro ser melhor: Chris Schrader, Howard Namkin, Peter Dobos e Ben Wach. Espero que vejam os frutos de seus trabalhos. Eu ouvi, talvez com teimosa, mas ouvi!

Publicar um livro é uma tarefa formidável. Uma sobre a qual, até poucos anos atrás, eu não tinha noção. Obrigado aos muitos que pegaram um treinador ingênuo e o transformaram em escritor. Ted Weinstein, por se arriscar em algumas incógnitas. Laurie Abkemeier, que é igualmente agente, defensora, editora e ouvinte. Sem sua ajuda, tenho certeza de que este livro não teria visto a luz do dia. A toda a equipe da HarperOne, por acreditarem em uma ideia, nutri-la, moldá-la e transformá-la em algo que, com sorte, fará a diferença no mundo. Minha *publisher*, Judith Curr, por se arriscar e tornar esta obra realidade. Minha editora, Anna Paustenbach. Você acreditou na visão deste livro. Você foi uma defensora, apoiadora e excelente editora, que trouxe clareza e foco para o livro. Amy Sather, Tanya Fox e o resto da equipe pela coordenação, marketing e transformação de um rascunho no produto claro e, esperançosamente, perspicaz que vocês têm em mãos.

Para um livro sobre força, devo incluir um agradecimento aos delatores que demonstraram mais garra do que imaginava. Pensávamos que corridas e competições eram brutais. O verdadeiro teste aparece quando você é colocado na posição de se levantar e fazer o que é certo, mesmo quando o caminho mais fácil, que é ficar sentado, seja muito mais atraente. Poucas pessoas se levantam. Vocês se levantaram. Obrigado por isso. Kara e Adam Goucher, Danny Mackey, Mary Cain e muitos outros que escolheram o caminho difícil e fizeram o que é certo.

E, acima de tudo, para minha esposa, Hillary. Sempre que eu estava com dificuldades, estagnado ou frustrado, você estava lá. Você é a pessoa em quem me apoio. A pessoa que admiro. A pessoa com suporte e confiança inabaláveis, mesmo quando me faltam. Sou um escritor, um pensador e, mais importante, um ser humano muito melhor por causa de você. Eu te amo.

Sumário

INTRODUÇÃO:
COMO ENTENDEMOS ERRADO O CONCEITO DE
FORÇA E QUAL CAMINHO SEGUIR

CAPÍTULO 1 De Treinadores Durões, Pais Durões e Caras Durões
até Encontrar a Verdadeira Força Interior 3

CAPÍTULO 2 Afundar ou Nadar: Como Aprendemos a
Lição Errada dos Militares 25

O PRIMEIRO PILAR DA FORÇA:
LIVRE-SE DA FARSA, ENCARE A REALIDADE

CAPÍTULO 3 Aceite Do Que Você É Capaz 45

CAPÍTULO 4 A Verdadeira Confiança É Silenciosa; A Insegurança
é Barulhenta 63

CAPÍTULO 5 Saiba Quando Parar e Quando Cair Fora 89

O SEGUNDO PILAR DA FORÇA:
OUÇA O SEU CORPO

CAPÍTULO 6 Suas Emoções São Mensageiras, Não Ditadoras 119

CAPÍTULO 7 Comande a Voz na Sua Mente 143

O TERCEIRO PILAR DA FORÇA:
RESPONDA EM VEZ DE REAGIR

CAPÍTULO 8 Mantenha Sua Mente Firme 169

CAPÍTULO 9 Gire o Botão para Não Perder a Razão 201

O QUARTO PILAR DA FORÇA:
SUPERE O DESCONFORTO

CAPÍTULO 10 Construa a Base para Fazer Coisas Difíceis 237

CAPÍTULO 11 Busque Significado no Desconforto 261

Notas *277*

Índice *297*

INTRODUÇÃO

COMO ENTENDEMOS ERRADO O CONCEITO DE FORÇA E QUAL CAMINHO SEGUIR

CAPÍTULO 1

De Treinadores Durões, Pais Durões e Caras Durões até Encontrar a Verdadeira Força Interior

Casca grossa. Destemido. Insistir mesmo sentindo dor. Estoico. Demonstrar força emocional. Não apresentar sinais de estresse. Perseverar. Quando pediram para estudantes universitários descreverem o que significava ser forte, essas palavras e frases vieram em mente. Entre 160 atletas de elite, *perseverança* apareceu no topo. Para a maioria de nós, à medida que lemos esses descritores, surge uma imagem particular. Talvez seja um jogador de futebol americano colocando o ombro deslocado de volta no lugar e exigindo voltar para o jogo. Ou talvez seja Craig MacTavish, que se aposentou em 1997 como o último jogador da NHL a jogar sem capacete. Para outros, a imagem pode ser de um herói militar ferido ou uma mãe lutando contra o desconforto para cuidar do filho. Chances são de que imagens de indivíduos superando adversidades e algum tipo de dor ou sofrimento saiam na liderança. É dessa forma que vemos a força de modo tradicional: superar obstáculos com uma combinação de perseverança, disciplina e estoicismo. E, se formos honestos, quando a palavra *força* é mencionada, muitos de nós imaginamos um homem forte e bruto.

Em uma carreira como treinador que durou por cinco décadas e três universidades, Bobby Knight acumulou um currículo impressionante. Ele ganhou mais de novecentos jogos, o terceiro maior número de todos os tempos no basquete universitário; chegou na Final Four cinco vezes e levou para casa três campeonatos nacionais da NCAA. De todos os sucessos, seu time de basquete de Indiana em 1976 se destaca. Eles venceram todos os jogos que disputaram, ganhando o torneio da NCAA com uma vitória sobre Michigan para finalizar a temporada perfeita e o primeiro campeonato nacional de Knight. Nas décadas seguintes, nenhum time conseguiu igualar o recorde. Relembrando anos depois, Knight descreveu o que os destacou: "Era um time quase impossível de vencer, por conta de sua resistência, força e tamanho."[1]

Para um homem que começou a carreira de treinador em West Point, força parecia algo fácil de definir: "Ser capaz de superar obstáculos. Você não pode sentir pena de si mesmo."[2] E, na maioria das vezes, seus times seguiam a definição e jogavam um basquete disciplinado e casca-grossa. Embora a tendência no basquete seja focar no que é glamoroso, a pontuação, esse time focava no que não era glamoroso, a defesa. Eles foram pioneiros em uma defesa que pressionava homem a homem e que testava a disciplina, ética de trabalho e perseverança dos jogadores. E funcionou.

Havia apenas um problema. Nem todos estavam prosperando. O homem que levou seus jogadores para o alto é tão conhecido por vitórias quanto por birras e comportamento abusivo. O sucesso de Bobby Knight na quadra é inegável. Sua insistência em que a força é um fator essencial no desempenho é igualmente reforçado por pesquisas e experiências. Mas, os métodos para alcançá-la são, na melhor das hipóteses, questionáveis e completamente abusivos nas piores.

Houve os absorventes pendurados nos armários dos jogadores que ele pensava que eram "molengas". Houve os xingamentos frequentes e a acusação de que ele ordenou os diretores a colarem fotos de genitálias femininas nos quartos dos jogadores. Houve uma gravação de 1991 de uma de suas broncas: "Isso é uma m*rda completa, c*ralho. Agora vou atropelar o traseiro de vocês... Eu tive que passar a p*rra de um ano com um recorde de 8–10 nesta p*rra desta liga. E estou falando sério quando digo que vocês não irão me colocar naquela p*rra de posição novamente ou vão pagar por isso, podem acreditar."[3] E quando trouxe um papel higiênico do banheiro cheio de m*rda para mostrar aos jogadores o que pensava deles. E houve o abuso físico marcado pelo famoso vídeo de Knight estrangulando um jogador em um treino. Tudo em nome da versão de Knight de força.

"Molenga." Genitália feminina. Questionar a masculinidade. Todas as ações que nos indicam a verdadeira definição de força para Knight são fundamentadas em não mostrar fraqueza, se forçar a superar obstáculos e utilizar o medo para estabelecer autoridade e controle. Uma versão que agora chamaríamos de antiquada na tentativa de distanciar práticas tão barbáricas do presente. Mas é uma ideia que ainda domina os campos e palcos atualmente. Temos um desentendimento fundamental sobre o que é força. E isso permeia muito além das quadras de basquete.

Parentalidade Durona

Muito exigente. Frio e sem cuidado. Controlador. Comunicação unilateral. Usa punição severa. Não, não estamos descrevendo o manual de treinamento de Bobby Knight, mas sim um dos quatro principais estilos parentais.

Na década de 1960, a psicóloga de desenvolvimento infantil Diana Baumrind foi pioneira na compreensão de parentalidade. Por meio de pesquisa e observação, ela descobriu que os estilos parentais podem ser classificados com base em dois fatores: responsividade e exigência. Baumrind definiu responsividade como "a medida em que os pais incentivam de forma intencional a individualidade, o autocontrole e autoafirmação ao serem atentos, solidários e condescendentes com as necessidades especiais e demandas das crianças."[4] Em outras palavras, o quanto os pais respondem e compreendem as necessidades dos filhos? Depois de perder uma partida de futebol, você recebe o filho com afeição e apoio? Ou parte direto para fazer críticas ao seu jogo?

Exigência, por outro lado, se refere às "reivindicações que os pais fazem para que as crianças sejam integradas no todo familiar, por suas exigências de maturidade, supervisão, tentativas disciplinares e disposição de confrontar a criança que desobedecer". Em outras palavras, o quanto as expectativas dos pais para os filhos são altas e quanto de controle exercem para regular ou influenciá-los?

Traçando as duas características, Baumrind descobriu que a maioria dos pais se encaixavam em três categorias que se alinhavam com a busca de Cachinhos Dourados pela cama perfeita. Se os pais tinham exigência baixa e responsividade alta, eram brandos demais; pais permissivos que deixariam os filhos se safarem de qualquer coisa. Se os pais tivessem a exigência alta e a responsividade baixa, eram severos demais; autoritários que contavam com uma disciplina rigorosa, dando pouca atenção para as necessidades das crianças.

Pais que usam o estilo autoritário não confiam em seus filhos para tomarem boas decisões. Os pais estão no comando. E o filho deve obedecer. Pais autoritários contam com o medo, ameaças e punições para garantir que os filhos façam boas escolhas. Um típico bordão de pais autoritários pode ser: "Você precisa fazer [isso] porque eu mandei." Em um estudo com mais de mil pais, apenas 31% dos que são autoritários disseram que deveriam "amar os filhos incondicionalmente."[5] Quando falamos de motivação, trata-se das punições, não das recompensas.

DE TREINADORES DURÕES, PAIS DURÕES E CARAS DURÕES ...

É fácil identificar pais autoritários. Ao verem o filho errar um arremesso, são eles que partem direto para as críticas. São os pais que deixam os filhos de castigo após cada nota abaixo da média, trancando-os nos quartos para estudar sem oferecer apoio em como melhorar as notas, além da sugestão banal de "se esforçar mais". O pai que entende que seu papel é "enrijecer" seus meninos. Ordená-los a engolir o choro, não choramingar, amadurecer e nunca demonstrar medo. Embora os pontos de vista tenham mudado, muitos pais veem a disciplina severa não somente como benéfica, mas a falta dela é um sinal de que os Estados Unidos estão ficando "moles". Em um estudo, 81% dos estadunidenses acham que os pais são tolerantes demais com os filhos. Não são somente os treinadores; muitos pais se apegam a ideia de que muito carinho ou apoio é sinal de "fraqueza".

Não é que punições ou expectativas sejam coisas ruins. É que, primeiro, punições ou dizer para uma criança simplesmente "se esforçar mais" nem sempre traz resultados. E segundo, quando a exigência pesa muito mais do que dar apoio, temos um estilo parental autoritário. O conceito de "ideal" de Cachinhos Dourados ocorre quando as expectativas são altas, mas o apoio também. Alta demanda acompanhada de carinho e compreensão. Todos os pais se encontram em algum lugar desse *continuum* e o alteramos para cima e para baixo com base no contexto. Mas é quando há um desequilíbrio extremo entre a demanda e o apoio que surgem os problemas.

Embora o trabalho de Baumrind originalmente se aplicasse aos pais e filhos, os mesmos princípios se aplicam à forma como tratamos uns aos outros. Em alguma parte, ao longo do caminho, ficamos muito confusos sobre o que é a verdadeira força. Desde treinamentos à parentalidade até a liderança no local de trabalho, ficamos com a parte exigente da equação e esquecemos o outro lado: carinho, cuidado e responsividade às necessidades alheias.

Ser Impiedoso

Impiedoso: endurecer, tornar-se insensível, desenvolver uma casca grossa. Não precisa ir muito além da linguagem que muitas vezes acompanha a força. Proclamamos equipes e indivíduos como "moles" que precisam "se fortalecer" e imploramos aos times para "não mostrarem sinais de fraqueza". Romantizamos a narrativa de *Karatê Kid* — depois de sofrer *bullying* na escola, o herói fica mais forte e volta com uma vingança, dando uma lição no valentão. Em esportes juvenis, mandamos as crianças darem voltas nas quadras correndo e fazerem *burpees*, não por alguma adaptação específica de treino, mas para "fortalecê-los". Em nome da força, racionalizamos o absurdo. Em *Until It Hurts* [sem tradução até o momento], Mark Hyman visitou clubes esportivos juvenis por todo canto nos Estados Unidos e encontrou vômitos frequentes depois dos treinos, broncas repletas de insultos e muito mais. A justificativa que os pais deram para ensinar crianças de 11 anos de idade a treinar até vomitarem? "A abordagem severa é necessária para as crianças entrarem em contato com seu guerreiro de lacrosse interior."[6]

Por muito tempo, a definição de resistência girou em torno de uma crença de que os indivíduos mais fortes são aqueles que têm casca grossa, nenhum medo, restringem qualquer reação emocional e escondem todos os sinais de vulnerabilidade. Em outras palavras, são impiedosos.

Agravando nossa confusão, nós recorremos a ligar a resistência à masculinidade e ao *ethos* do machismo. A mentalidade de nunca mostrar fraqueza, esforçar-se, insistir mesmo sentindo dor. O vocabulário é esclarecedor. Dizemos para os filhos e as filhas "virarem homens" ou, em termos mais grosseiros que são ouvidos em campos esportivos por todo os EUA, "não seja um maricas". Ou como a famosa fala do filme *Uma Equipe Muito Especial* resumiu as expectativas no esporte: "Não se chora no beisebol!"

DE TREINADORES DURÕES, PAIS DURÕES E CARAS DURÕES ...

A masculinidade está tão entranhada no conceito de força, que se você perguntar para um grupo de indivíduos sobre quem representa uma pessoa forte, uma imagem específica dominará. Mais The Rock ou Vin Diesel do que uma mulher pequena de proeza semelhante; força bruta com uma grande pitada de confiança e bravata é como gostamos dos indivíduos mais durões. Mas, como veremos, aqueles que mostram sinais externos de machismo são frequentemente os "mais fracos". E as mulheres, que de acordo com pesquisas mostram de forma consistente que lidam silenciosamente com a dor melhor do que seus equivalentes do sexo masculino, podem ter entendido a definição correta de força o tempo todo — uma com base na realidade, não em falsa confiança e arrogância.[7]

Nossa definição de força, em modo geral, está em pedaços. Nós a confundimos com insensibilidade e machismo, com ser másculo e estoico. O velho modelo de força é representado na escola de treinamento de Bobby Knight, em pais autoritários e no modelo impiedoso de liderança. É o mito de um "herói interior", que foi construído na noção equivocada de que no coração da ideia de "ser forte" reside um tipo de exigência impiedosa. São resquícios de uma época em que sargentos militares — e treinadores e pais que pensavam que eram — ditavam a visão sobre o conceito. A força foi capturada. Priorizamos demonstrações externas em vez da verdadeira força interna. E isso gera consequências.

A Queda de uma Visão Impiedosa de Força

Em 29 de maio de 2018, o time de futebol americano da Universidade de Maryland fez dez corridas de cem metros no treino de condicionamento físico. Na sétima corrida, Jordan McNair, de 19 anos de idade, começou a mostrar sinais de fadiga profunda. De acordo com relatos, McNair estava curvado e sentindo cãibras. Isso não é uma fadiga normal de um jogador que decide que não conseguia mais correr. O corpo de McNair estava protestando, no limite, e gritando por ajuda. Em vez de tirarem o jogador do treino, os treinadores e médicos do esporte igualmente o incentivaram, gritando "levantem-no, [palavrão]" e "arrastem a [palavrão] do traseiro dele pelo campo."[8] Na última corrida, imagens de vídeo mostram McNair cercado pelos colegas de time, ajudando-o nos últimos metros em um ritmo próximo ao de uma caminhada.[9] Após McNair reclamar de cãibras, levou 34 minutos para os treinadores tirarem-no de campo e mais 28 minutos para ligarem para a emergência. Passou-se 1 hora e 28 minutos entre a última corrida e a ambulância levando McNair. Ele morreu de insolação no hospital duas semanas depois. Em parte graças a uma assistência médica horrível, mas também à incapacidade de separar a ideia de superar a dor e um perigo real.

Cada vez mais durante a última década, vimos uma onda de mortes e lesões de jogadores vindas parcialmente de uma crença equivocada do desenvolvimento de força. Rabdomiólise [ou Rabdo para abreviar] é uma condição antes rara em que proteínas de tecidos musculares lesionados vazam para a corrente sanguínea, dando para os rins uma demanda incomum para processar tudo. Em casos extremos, pode ocorrer a morte. Uma doença antes causada principalmente por infecções ou uso de drogas transformou-se em uma doença um tanto comum, graças a vários casos motivados por treinamentos extremos.[10] Infinitas flexões, agachamentos, burpees e outros exercícios projetados não para melhorarem o condicionamento físico, mas para "testarem" os atletas. Como B. David Ridpath, professor de gestão esportiva na Universidade de Ohio, descreveu, o verdadeiro conceito desses treinamentos não é o condicionamento físico: "Seguindo o exemplo de um treinador principal que tem o desejo ou de fortalecer os atuais jogadores ou eliminar alguns para abrir algumas vagas para bolsistas, o treinador de força geralmente irá 'condicionar' esses jogadores com uma vingança e um mandato para fazê-los sofrer."[11] Embora possamos pensar que já avançamos muito em desempenho atlético, o treinamento extremo em nome do fortalecimento está vivo e ainda causando danos.

DE TREINADORES DURÕES, PAIS DURÕES E CARAS DURÕES ...

Embora a morte possa não ocorrer nas salas de aula ou lares que adotam uma abordagem autoritária de parentalidade ou liderança, pesquisas mostram consequências psicológicas duradouras. A parentalidade autoritária leva a uma menor independência, mais comportamentos agressivos e uma alta probabilidade de abuso de substâncias e comportamentos de risco.[12] No esporte, o estilo controlador e exigente também falha. Nos campos esportivos, está ligado a uma menor determinação e um aumento de exaustão emocional, fadiga e medo do fracasso.[13]

Mesmo em termos de disciplina, a área em que você imagina que um estilo exigente seria bem-sucedido, ele deixa a desejar. Em um estudo com mais de 1.200 pais, a parentalidade autoritária foi ligada a uma taxa muito maior de mau comportamento infantil.[14] Falha até mesmo em lugares em que pareceria ser algo natural: nas Forças Armadas. Nas Forças Armadas israelenses, aqueles que cresceram em um ambiente autoritário se adaptaram e lidaram com os desafios da vida militar de uma forma muito pior do que colegas que cresceram em um ambiente carinhoso.[15] O estilo autoritário cria a aparência de disciplina sem realmente incentivá-la.

De forma tanto irônica, ser professor, pai ou treinador com essa versão de "resistência" cria indivíduos frágeis e dependentes. O que uma criança que foi ensinada a seguir regras sem questionamentos por medo faz quando um dos pais não está por perto para ditar seu comportamento? O que uma adulta que foi ensinada a depender do medo como motivação faz quando precisa se virar sozinha no mundo real? O que um jogador de futebol, que aprende a se esforçar somente quando um treinador está gritando em sua frente, faz quando está sozinho em campo? A resposta está em como um jovem atleta reagiu quando foi questionado sobre a experiência com as punições no esporte: "Os treinadores usam exercícios como punição porque querem que você fique mais forte... Isso entra na sua mente e você começa a pensar: 'Preciso ser melhor. Preciso me esforçar mais porque não quero ser punido.'"[16] Esse jovem queria se esforçar mais não porque desejava ser melhor, ganhar o jogo ou por alguma razão interna. Ele queria evitar as punições. Essa é a mensagem que estamos enviando.

Proclamar o modelo antigo como o único jeito de desenvolver resistência é o mesmo que declarar que a melhor forma de ensinar natação é jogando todas as crianças na parte funda da piscina. Para alguns, funcionaria, mas para muitos seria um desastre. Há maneiras melhores de garantir que todos aprendam as habilidades necessárias para serem verdadeiramente fortes.

Redefinindo o Conceito de Força

O problema é o seguinte: ao tentar fortalecer por meio da insensibilidade, treinamos para reagir ao medo e ao poder. A razão pela qual superamos o desconforto é porque imaginamos que alguém está gritando conosco, ou que, se fracassarmos, iremos encarar punições. Fomos condicionados a ver o externo como algo mais importante que o interno, e que vestir um disfarce de resistência ["Não tenho medo de nada!"] é mais importante do que como lidamos com momentos difíceis. Remova o medo, o poder e o controle, e o nosso indivíduo "durão" deixa de ter as habilidades necessárias para superar a adversidade. A versão antiquada de resistência lhe dá um martelo e espera que ele seja usado para destruir qualquer problema. Mas, na verdade, ser forte não é o mesmo que ser impiedoso.

Por tempo demais, confundimos resistência com algo muito mais sinistro. Cometemos o mesmo erro de Bobby Knight e dos pais autoritários: confundir a aparência da força com a posse desta, e confundir ser impiedoso com instilar disciplina. E, na verdade, é tudo falso.

É fácil identificar a falsa força. Está em Bobby Knight perdendo o controle e fazendo birra em nome da "disciplina". Está na aparência de poder sem substância por trás. Está na ideia de que resistência significa lutar e bater. Está no cara que começa uma briga na academia do bair-

DE TREINADORES DURÕES, PAIS DURÕES E CARAS DURÕES ...

ro. Em um folheto anônimo com uma mensagem babaca no quadro de avisos. No valentão da escola. No executivo que mascara a insegurança ao gritar com os subordinados. No médico do esporte que deixa os atletas tão cansados que lesionam ou ficam doentes com frequência. Na pessoa que odeia "a outra" porque fazer isso é muito mais fácil do que encarar a própria dor e sofrimento. Nos pais que confundem exigência com disciplina. Nos treinadores que confundem controle com respeito. E na grande maioria de nós que já confundiu sinais externos de força com confiança e motivação interna. Fomos enganados por um tipo de falsa força que é:

- ▸▸ Motivada por controle e poder.

- ▸▸ Desenvolvida por meio do medo.

- ▸▸ Alimentada por insegurança.

- ▸▸ Baseada em aparência em vez de substância.

No entanto, estamos em uma nova era. Uma em que a ciência emergente e a psicologia sobre a superação de desafios apontam para uma definição muito diferente de resistência. Independentemente de ser no campo esportivo, na sala de aula ou de reuniões, força e resiliência não vêm de passar cegamente pela adversidade ou fingir que nos punir produz resultados. Em vez disso, a verdadeira força é sentir desconforto ou angústia, ouvir, prestar atenção e criar espaço para agir com cuidado. É manter a mente aberta para conseguir tomar a decisão apropriada. Ter força é superar o desconforto para tomar a melhor decisão possível. E pesquisas mostram que esse modelo de resistência é mais efetivo em resultados do que o antigo.

A verdadeira força é muito mais difícil do que a falsa. Para entender o que é força, podemos falar de outro treinador bem-sucedido. Um que permite que os jogadores sejam quem são, celebrando "a maneira como veem o mundo". Aquele que incentiva meditação e ioga ou muda de uma reunião para um jogo de argolas se os jogadores ficarem agitados. De acordo com um famoso jogador: "Ele nunca é pessimista, não grita. Ele encontra uma maneira de transformar um erro em algo positivo."[17]

Pete Carroll não é um santo; é um treinador. Depois de perder o emprego como treinador principal da NFL na década de 1990, Carroll parou de imitar o que os outros faziam e seguiu o próprio caminho. Pode soar como se fosse um "treinador descontraído" que é "mole" com seu time, mas Carroll é um entre apenas três treinadores da história a ganhar um campeonato da NCAA e um Super Bowl. Ele também acredita na força.

Carroll quer jogadores que se destaquem quando o jogo estiver por um fio. Mas, em vez de depender somente da disciplina, ele acredita que a força vem de um lugar muito diferente: da motivação interna que os mantêm focados, de aceitar os desafios e dar a volta por cima se as coisas não saírem como planejado, da perseverança e da paixão. Carroll não deixa de exigir que seus jogadores façam coisas difíceis. Ele aproveita disso, com seus treinos "sempre em competição". Mas Carroll reconhece que é trabalho dele fornecer aos jogadores as habilidades para lidarem com adversidades. "Ensinar aos caras como sentir confiança o bastante para acreditar no que estiveram se preparando para fazer, acreditar que eles conseguem e entrar em campo e jogar,"[18] Carroll comunicou ao The Bleacher Report.

Carroll está tentando desenvolver a verdadeira força — um tipo que substitui o controle por autonomia, a aparência pela substância, o avanço rígido pela flexibilidade de adaptação, a motivação por meio do medo pela motivação interna e a insegurança por uma confiança silenciosa. É hora de afastar de um modelo baseado na força perceptível, no poder e em qualquer metáfora violenta de militares sobre combate que gostaríamos de usar. E para que você não pense que Pete Carroll é apenas uma aberração, considere Don Shula, Bill Walsh e Tony Dungy entre os treinadores de mais sucesso na história da NFL. No basquete, considere John Wooden, Dean Smith, Brad Stevens ou Mike D'Antoni que, discutindo sua abordagem sobre o retorno oferecido aos jogadores, me disse: "Mantemos as coisas positivas por aqui." Como Ken Reed, autor de *Ego vs. Soul in Sports* [sem tradução até o momento], resumiu: "Para cada Lombardi ou Bobby Knight que você me apresenta, posso lhe apresentar um treinador humano igualmente — se não mais — bem-sucedido... Apesar do sucesso de Wooden, Shula, Dungy, Stevens e outros, nossa sociedade nos condicionou a pensar que treinadores autocráticos são melhores, que eles ganham com mais frequência. É um mito. Mas é um círculo vicioso."[19]

Novamente, isso não é apenas teoria; tem base na ciência. Em 2008, pesquisadores do leste de Washington foram explorar o relacionamento entre o estilo de liderança e o desenvolvimento de força.[20] Depois de conduzir uma pesquisa com quase 200 jogadores de basquete e seus treinadores, eles concluíram: "Os resultados deste estudo parecem sugerir que as 'chaves' para estimular a resistência mental não estão neste estilo autocrático, autoritário ou opressivo. Parece estar, de modo paradoxal, na capacidade do treinador de criar um ambiente que enfatiza confiança e inclusão, humildade e assistência."

A verdadeira força consiste em fornecer o conjunto de ferramentas para lidar com a adversidade. É ensinar. A falsa força cria fragilidade, reage ao medo, reprime o que sentimos e insiste em seguir em frente sem se importar com a situação ou com as demandas. A verdadeira força nos incentiva a trabalhar com o nosso corpo e mente, não contra eles. Encarar a realidade da situação e qual atitude tomar, usar feedbacks como informações que podem nos guiar, aceitar as emoções e os pensamentos que entram em cena e desenvolver uma variedade de formas para responder a um desafio. Força é ter o espaço para fazer a escolha certa sob desconforto.

Quer o desconforto venha na forma de ansiedade, medo, dor, incerteza ou fadiga, navegar por ele é o verdadeiro conceito de resistência. Sem forçar ou abrir caminho, mas navegar. Às vezes isso significa atravessar, ir pelos lados, por baixo ou esperar até passar. Quando enquadramos a resistência como uma decisão de agir sob desconforto, isso nos permite enxergar que força é muito mais do que simplesmente ter garra ou determinação. Podemos mudar de forma ativa como avaliamos, sentimos e respondemos ao desconforto. Cada passo ao longo do caminho requer um conjunto diferente de habilidades e abordagens. Requer muitas ferramentas, não apenas um martelo.

A verdade é que esse modelo de força, de navegar pelo desconforto em vez de abrir caminho, não é novo. As Forças Armadas, geralmente vistas como a personificação da resistência exigente, máscula e extrema, têm aperfeiçoado este outro modelo de resiliência há décadas. Como os pais que foram com tudo nas exigências, mas esqueceram de como ser responsivos, focamos no sargento, mas esquecemos do treinamento e apoio.

▸▸▸▸▸▸ MÁXIMA DA FORÇA ▸▸▸▸▸▸

A verdadeira força consiste em sentir desconforto ou angústia, ouvir, prestar atenção e criar um espaço para agir com cuidado.

É navegar pelo desconforto para tomar a melhor decisão possível.

Procurando pela Verdadeira Força

Havia sete homens na linha de partida. Seis usavam o azul e dourado da Universidade da Califórnia, Berkeley. E havia eu, o único atleta vestindo o vermelho e branco da Universidade de Houston. Estávamos em posição para competir na Corrida Don Bowden. Em 1957, Bowden, que tinha 20 anos de idade, e era estudante de economia da Cal na época, se tornou o primeiro estadunidense a quebrar a mítica barreira da milha dos quatro minutos. Cinquenta anos depois, nós sete estávamos buscando o mesmo feito.

DE TREINADORES DURÕES, PAIS DURÕES E CARAS DURÕES ...

Quando foi dada a largada, corri para longe da linha de partida, me colocando em terceiro lugar, me posicionando logo atrás dos coelhos contratados [atletas que marcam o ritmo e param no meio da corrida]. Com um campo tão pequeno, as táticas eram simples: chegar perto da linha de frente para que pudesse fixar o olhar nas costas do corredor à frente e desligar o meu cérebro. Então, faltando pouco mais de uma volta, eu voltaria a interagir, usando minha força mental para superar a dor e fadiga iminentes.

Durante a primeira metade de qualquer corrida, quanto menos você pensar, melhor. É um esforço mental desperdiçado. Ninguém ganha uma corrida na primeira metade de uma competição de resistência, apenas perde. Pensar menos significava menos pensamentos sobre a dor iminente ou dúvidas sobre conseguir sustentar o ritmo durante todo o percurso. Nós todos temos formas diferentes de lidar com a queimação nos quadríceps, com os pulmões escaldantes e com a incerteza de saber se teremos energia o suficiente para terminar. Minha estratégia, aperfeiçoada ao longo de dezenas de corridas, era me desligar e dar um passeio até chegar a hora do começo da verdadeira corrida. Eu estava armazenando minha energia mental para combater a onda de desconforto que iria surgir na última volta.

A primeira volta voou em sessenta segundos. "No ritmo certo" foi o único pensamento que passou pela minha cabeça. A mágica da milha dos quatro minutos era exigir pouca matemática — um bônus legal para o cérebro privado de oxigênio. Até mesmo matemática simples, como contar quatro voltas, se torna surpreendentemente difícil sob tal esforço. Quatro voltas, todas em sessenta segundos ou menos, e o prêmio é seu. Quando passamos da metade, um treinador gritou do campo interno: "1m59s...2m00s." Tudo estava saindo de acordo com o plano. Minha mente estava calma e focada. Estava quase chegando a hora de sair do piloto automático e ver o que havia sobrado de energia. Ver se conseguiria garantir o final.

Cada atleta tem a própria sinalização de fadiga. Um sinal no jogo de pôquer que chamamos de corrida. Alguns desenvolvem uma respiração ofegante à medida que arquejam procurando pelo oxigênio muito necessário. Outros exibem um sinal físico: uma leve elevação dos ombros, braços agitados de maneira descontrolada ou um rosto tenso que fica contorcido pela dor. A fadiga nos expõe, quebrando até os corredores mais estoicos e impiedosos. Todo corredor conhece o próprio sinal. E se você corre com seus oponentes por tempo o bastante, você também passa a conhecer os deles. Um corredor à sua frente pode começar a cair levemente para trás, informando que está perdendo o controle do torso. Ou os braços podem começar a balançar de forma um pouco mais vigorosa, demonstrando que estão tomando o controle porque as pernas estão falhando. A fadiga desmascara os limites.

Nas centenas de corridas que participei até aquele momento, minha fraqueza sempre foram minhas pernas. Era nelas que a minha velha amiga fadiga anunciava a presença. Minha respiração, por outro lado, sempre foi confiável — rítmica e sob controle —, mesmo quando o resto do corpo falhava. Às vezes, eu usava isso a meu favor, dizendo uma palavra ou duas no meio da corrida, esperando que o oponente se enganasse pensando que eu estava me sentindo melhor do que realmente estava.

Estávamos nos 900 metros da corrida de 1,609 metros quando eu recebi a primeira dica de que algo estava errado: uma sensação no meu pescoço, apertando e afrouxando, junto com uma respiração estranha, um arquejo quase estridente, como se eu tivesse engolido um pouco de água que desceu pelo tubo errado. Meu foco interno se despedaçou; a mente que eu estava tentando manter em piloto automático entrou em ação, como se um alarme tivesse disparado na cabine. "O que foi isso? O que há de errado? Por que estou com a respiração ofegante? É cedo demais. Minhas pernas estão boas. Acabou para você. Ainda falta quase metade da corrida para percorrer. Acabou." Minha calma jornada interior havia se desintegrado.

Tentei combater o surto interno e fui direto para todos os truques que aperfeiçoei ao longo de mais de uma década como corredor: separar a corrida em partes administráveis, ignorar a fadiga, abrir caminho por ela. Eu não era novo no jogo. Surtos faziam parte da corrida. E funcionou por um momento. Abaixei minha cabeça, determinado a superar o que quer que tivesse acabado de sentir. Afinal, eu era forte. Por isso cheguei tão longe, pensei. Resistência. O último coelho estava prestes a sair da corrida e eu estava posicionado logo atrás do melhor corredor da Cal. Uma volta e meia para a glória, eu conseguia aguentar. Menos de 100 metros depois, minha voz interior gritou: "Não consigo respirar. Como assim? Não consigo respirar!" Toda vez que eu tentava puxar o ar, era recebido com um arquejo estridente, como se minhas vias aéreas estivessem obstruídas. Eu saí da parte interna da pista, parando de forma abrupta e jogando minha cabeça para trás, como se isso fosse abrir minhas vias aéreas. Caí de joelhos. Depois de alguns momentos de pânico, foi como se alguém tivesse ido até o fundo da minha garganta e desobstruído tudo. Lembro de pensar: "Que diabos foi isso?"

Como corredor, sempre tive orgulho da minha "resistência". No colegial, eu era conhecido por vomitar depois de toda corrida, por chegar ao limite da exaustão. Como uma das minhas treinadoras na faculdade, Theresa Fuqua, me disse uma vez: "Você corre com intensidade. Nunca há dúvidas se o esforço estará lá ou não; apenas se o corpo vai ou não produzir o que sua mente deseja naquele dia." Em questão de segundos, fui de estar no controle do meu corpo e da minha mente para perdê-lo.*

Pelo próximo ano, eu procuraria uma explicação para o que aconteceu naquele dia. Depois de dezenas de testes, de endoscópios na minha garganta a ecocardiogramas e uma série de testes na esteira e bicicleta até a

---

* David Torrence, corredor da Cal, correu sua primeira milha abaixo de quatro minutos nesta corrida. Ele então correu nas Olimpíadas de 2016. David faleceu tragicamente em 2017. Ele era um dos caras mais legais do esporte. E agora, enquanto reflito sobre essa corrida, ela se transformou de uma das minhas memórias mais trágicas para uma de apreço. Sou grato por ter conseguido compartilhar a pista com uma pessoa que se tornaria um amigo e influenciaria o mundo de forma tão positiva. Descanse em paz, David.

exaustão em um consultório médico, encontrei um diagnóstico. Depois de me consultar com meia dúzia de especialistas por todo o país, foi um alergista com um olhar aguçado para pesquisa e um talento para resolver problemas obscuros que encontrou a resposta. O diagnóstico do Dr. Stephen Miles foi: disfunção de pregas vocais [DPV].

As cordas vocais ficam na laringe, em sua garganta. E interpretam um papel em seu homônimo [ou seja, emissão de sons] e na respiração. Elas abrem de forma ampla quando você respira e fecham de maneira parcial quando você expira. As cordas vocais também têm uma terceira função, a proteção. Elas se fecham para proteger as vias aéreas inferiores de qualquer objeto que tentar passar. A abertura ou fechamento das cordas vocais é controlado quase inteiramente por reflexo. Não há nenhum pensamento envolvido no processo, apenas abre e fecha, abre e fecha. Para aqueles que sofrem de DPV, esse processo é caótico. As abas das cordas vocais não funcionam, fechando quando deveriam abrir — essencialmente, impedindo as vias aéreas de fazer a inalação. A teoria atual é de que as cordas vocais se tornam hiper-responsivas, prontas para fechar a qualquer momento, como um guarda preparado para defender seu posto ao menor sinal de perigo.

Um reflexo que deu errado. Em casos graves como o meu, isso leva à sensação desconfortável de não conseguir respirar. Pânico, medo e ansiedade frequentemente acompanham os sintomas físicos. E como os que sofrem de DPV sentem o trauma de não conseguir respirar, o medo só piora.

Então, o que causa o caos nas cordas vocais? Como um processo arraigado de forma tão profunda para de funcionar da maneira que funciona para bilhões de pessoas diariamente? A Sociedade Torácica Americana cita "fortes emoções" e estresse como gatilhos que despertam o distúrbio.[21] Outros pesquisadores apontam em direção à laringe hiper-responsiva e uma mudança na atividade do sistema nervoso. Uma combinação que prepara o corpo para responder a um fator de estresse [seja psicológico ou físico] fechando as cordas vocais.[22] No meu caso, um momento normal de

DE TREINADORES DURÕES, PAIS DURÕES E CARAS DURÕES ...

"surto" na corrida — que ou procuramos entender ou nos faz desacelerar — acabou em um desastre completo.

Durante os anos seguintes, enquanto tentava entender o que estava acontecendo, a atividade em que cresci tendo destaque, o item que definia amplamente meu senso de autoestima, transformou-se em algo que eu temia. O caminho para o sucesso que conhecia — me esforçar até vomitar — saiu pela culatra, agravando o problema. Para continuar em um esporte que eu amava, teria que encontrar uma nova tática. Precisava relaxar, manter minha respiração, pescoço e mente firmes e sob controle. Tudo no exato momento em que o desconforto e as dúvidas atingiam o auge. De muitas maneiras, este livro começou no momento em que entrei em colapso. Uma busca pelo o que significa ser forte, por entender como controlar um mundo interior que entra em caos com frequência. O que vem a seguir não é apenas o que me permitiu correr de novo, mas um processo que logo descobri que poderia ser aplicado além do circuito oval.

A corrida servirá como um fio condutor ao logo do livro. Há algumas razões para isso. Como você já está ciente, é uma atividade com a qual estou familiarizado de maneira íntima, tendo corrido, treinado e estudado. Mas, de forma mais importante, é um esporte em que você está sozinho, na própria mente, passando por níveis enormes de desconforto. Corrida e testes semelhantes de resistência fornecem o contexto perfeito para o estudo da força. Se você não é um atleta de resistência, não se desespere: iremos muito além do esporte, aprendendo como os mesmos princípios podem ser aplicados em tudo, desde a parentalidade e o processamento do luto até a gestão e liderança de pessoas — tenham elas 6 anos de idade ou 60. As lições deste livro vêm parcialmente de experiência — por trabalhar com atletas de elite em vários esportes profissionais, assim como executivos e empreendedores nos ambientes de trabalho — e em parte por meio da ciência mais recente que abrange os campos da psicologia cognitiva, neurociência e fisiologia. Embora os esportes forneçam muitos exemplos, estas lições são aplicadas muito além do campo de jogo.

O que aprendi nesta jornada é simples: temos um mal-entendido fundamental sobre o conceito de força. Ser forte não é um atributo especial reservado para aqueles que são talentosos. É atingível para todos. A maioria de nós está apenas vivendo no contexto errado. Presos na mentalidade antiquada descrita ao longo deste capítulo. No entanto, temos muitos exemplos de indivíduos comuns, do cotidiano, que têm uma imensa força interior. Muitos deles você conhecerá nesse livro. Indivíduos que resistem à farsa da perfeição e da força e nos mostram a nuance e a complexidade de ser um humano com compaixão, garra e graça. Como o apresentador de *podcast* Rich Roll me contou uma vez, resumindo as centenas de entrevistas que conduziu: "Todo mundo passa por momentos de m*rda em suas vidas. Ninguém escapa dos obstáculos." Se vamos enfrentá-los, então podemos descobrir a melhor forma de superá-los.

A verdadeira força não consiste apenas em ajudá-lo a lidar melhor com a dor ou ter um melhor desempenho; consiste em torná-lo um ser humano mais saudável e feliz. Ao adotar os princípios da verdadeira força, você aprenderá como se preparar, comunicar, responder e, finalmente, a superar o desconforto. Isso irá ajudá-lo a passar por discussões, lidar com as emoções e recuperar o controle da sua vida quando estiver à beira do esgotamento.

Nos capítulos seguintes, vou guiá-lo pelos quatro pilares da verdadeira força, para que tenha o kit de ferramentas para superar qualquer obstáculo que aparecer.

- ▸▸ *1º PILAR:* Livre-se da Farsa, Encare a Realidade.

- ▸▸ *2º PILAR:* Ouça o Seu Corpo.

- ▸▸ *3º PILAR:* Responda em vez de Reagir.

- ▸▸ *4º PILAR:* Supere o Desconforto.

Mas, primeiramente, vamos explorar onde saímos dos trilhos. Por que tantos de nós carregam o mesmo modelo de força que Bobby Knight e pais autoritários usam? Para seguirmos adiante, precisamos entender por que o conceito de força foi construído em cima de uma farsa.

CAPÍTULO 2

Afundar ou Nadar: Como Aprendemos a Lição Errada dos Militares

Em 1954, a Universidade A&M do Texas estava longe de ser a universidade rica em dinheiro e atletismo como é conhecida atualmente. Era uma "faculdade agro", uma escola só para homens, presa no passado. Como um estudante comentou sobre a época: "O campus parecia um pouco com uma penitenciária."[1] Então, quando o treinador de futebol americano Paul "Bear" Bryant deixou a Universidade de Kentucky pela Texas A&M, houve não somente surpresa, mas esperança para o time inexperiente da universidade. Quando Bryant colocou os pés no campus da A&M, ele soube que precisava fazer algumas mudanças e que iria começar com o acampamento de pré-temporada.

No verão de 1954, Bryant e seu time de quase 100 jogadores viajaram para uma pequena cidade do Texas chamada Junction, situada a 225km a oeste de Austin ou, mais precisamente, no meio do nada. O time aguardava ansiosamente pelo acampamento. Como o *quarterback* Elwood Kettler, que estava no último ano, lembra: "Deveria haver natação, uma grama verde agradável. Eu estava ansioso... pensei que seria como uma viagem de férias."[2] Bryant tinha outras ideias. Ele estava determinado a fortalecer o time, a "separar os perdedores dos vencedores" e para enviar uma mensagem de que a mudança estava acontecendo em College Station.[3] Junction forneceu o cenário perfeito.

"As instalações eram tão tristes que só olhar para o local era desencorajador", Bryant escreveu posteriormente.[4] E os campos em que treinavam não eram muito melhores. "Não era um campo de futebol americano, não era nenhum tipo de campo," Dennis Goehring lembrou anos depois.[5] Uma onda de calor escaldante e uma das piores secas registradas em Texas Hill Country causaram estragos na pequena cidade. Os treinos eram brutais, como Mickey Herskowitz declarou ao *Houston Post*: "Fizeram um treino de grande escala logo de início. Os caras estavam vomitando por todo o local."[6]

À medida que o acampamento avançava, o desgaste dos jogadores aumentava. Os jornais do dia até mantinham uma contagem: "Sexto jogador desiste do time da Texas A&M," dizia uma manchete no *Washington Post*.[7] Rob Roy Spiller, atendente do terminal de ônibus na época, lembra dos jogadores desesperados para escapar do acampamento infernal. Quando os meninos se aproximavam do terminal, Spiller perguntava: "Para onde você gostaria de ir nesta manhã?" A resposta típica era: "Não importa. O primeiro ônibus que sair." No fim do acampamento de dez dias, de acordo com a maior parte dos relatos, sobraram entre 27 e 35 jogadores. Quase setenta desistiram. Gene Stallings resumiu de modo direto o desgaste no clássico livro de Jim Dent sobre o assunto, *The Junction Boys* [sem tradução até o momento]: "Fomos em dois ônibus e voltamos em um."

Bryant alcançou um status lendário no futebol americano universitário na Universidade do Alabama, vencendo seis campeonatos nacionais e se tornando um dos treinadores mais respeitados da história. Antes de ir para o Alabama, Bryant fez exatamente o que disse que faria. Ele transformou o time da Texas A&M em um candidato ao título nacional, ganhando de 9–0 em 1956. O acampamento dos Garotos de Junction foi um componente central para esse sucesso. Transformou a cultura de um time oprimido, desenvolvendo um núcleo de jogadores que superariam qualquer obstáculo. Como Bob Easley, *fullback* do time de 1954, coloca: "Você passa por dez dias infernais, entra um menino e sai um homem."[8] Sobreviva e vencerá.

A história dos Garotos de Junction se tornou um símbolo para os treinadores e jogadores de todos os lugares. Embora rigoroso, o acampamento de treinamento foi um sucesso estrondoso. Se quer extrair o melhor de um time, elimine os jogadores fracos e fortaleça os que sobraram. Fortalecer indivíduos era o segredo do sucesso. É uma história que foi imortalizada em um livro best-seller e em um filme da ESPN. É uma história à qual nos apegamos como um modelo para a criação de força.

Mas, e aquele time dos Garotos de Junction, os trinta e tantos jogadores que sobraram, como eles se saíram naquela temporada? No primeiro jogo, perderam de 9–41 do Texas Tech. O resto da temporada não foi muito melhor. Uma vitória, nove derrotas. A cultura popular geralmente faz vista grossa para os péssimos resultados daquela temporada e apontam para o sucesso da A&M dois anos depois, quando terminaram com 9–0 em 1956. O acampamento dos Garotos de Junction entrou para a história como o ponto principal da reviravolta. Porém, como a maioria das coisas, é mais fácil fazer atribuições depois do fato do que buscar a verdadeira causa. Somente oito jogadores que sobreviveram ao acampamento infernal jogaram no time vencedor da Texas A&M dois anos depois.[9]

John David Crow, futuro vencedor do Troféu Heisman, seria o pilar do time invencível, liderando a equipe em *touchdowns* e jardas. Crow fez parte do time dos Garotos de Junction, mas, como um verdadeiro calouro, não permitiram viajar com o grupo para o acampamento. O *quarterback* principal daquele time invencível? Jim Wright, outro calouro que não foi para Junction. O *tackler* All-American Charlie Krueger? Mesma história. Ele ficou em casa.[10] Anos depois, Ed Dudley, membro do time da A&M durante os anos de Bryant, resumiu: "Nossos calouros [em 1954] ganharam a conferência [em 1956]."[11]

Os oito jogadores que sobreviveram a Junction interpretaram um grande papel, assim como outra mudança na A&M. Eles conseguiram possíveis *blue-chips*. Por meio de uma combinação de habilidades de Bryant e a ajuda da flexibilidade das regras de recrutamento, a A&M conseguiu talentos melhores para complementar seus principais jogadores. Em sua autobiografia, Bryant explicou: "Aquele primeiro ano foi brutal. Mal conseguíamos jogadores para a A&M. E eu sei que alguns de nossos ex-alunos pagaram alguns garotos."[12] Talentos melhores significam resultados melhores, independentemente de como o talento foi adquirido.

Embora táticas como as empregadas por Bryant tenham entrado na cultura do esporte como um jeito de desenvolver força, elas faziam tudo menos isso. O acampamento não consistia em criar jogadores fortes. Era uma triagem, "separar o joio do trigo". E até mesmo isso parecia ser um fracasso. Os melhores recrutas, futuros jogadores da NFL e até mesmo futuros heróis de guerra, desistiram depois das artimanhas de Bryant. Os desistentes incluem os jogadores da All-Southwest Conference Fred Broussard, que posteriormente jogou na NFL, e Joe Boring, que passou a jogar beisebol e levou os Aggies até um título de conferência.[13]

É tentador dizer que aqueles que sobreviveram só conseguiram porque eram mais fortes, mas essa é uma narrativa muito simplista. Foster "Tooter" Teague foi um dos atletas que os jornais da época relataram ter deixado o acampamento devido a uma lesão.[14] Teague tornou-se um piloto TOPGUN da Marinha dos Estados Unidos, pilotando os caças F-8 e F-4 durante a Guerra do Vietnã. Seu currículo é repleto de superlativos, incluindo ganhar uma Estrela de Prata, comandar o porta-aviões USS Kitty Hawk e ser selecionado como piloto para um programa ultrassecreto para testar um caça MiG soviético. Jogadores talentosos como Teague, Broussard e Boring não deixaram o acampamento porque não o suportaram. Seja por lesões ou prioridades, o sofrimento sem sentido no calor seco perdeu o encanto. Isso é tanto um indicador de fortaleza interna quanto um funcionário que trabalha longas horas por um salário-mínimo pedir demissão para procurar melhores oportunidades.

E os jogadores que sobraram? Eles não ficaram por algum tipo de força ou determinação inata. Muitos ficaram porque não tinham outra escolha. Jack Pardee repercutiu uma fala conhecida para aqueles que chegaram ao fim do acampamento: "Nunca pensei em desistir... Se desistisse, para onde eu iria?"[15] O *running back* Bobby Drake Keith resumiu melhor: "Muito se tem falado sobre aqueles que não desistiram serem mais fortes ou algo do tipo. Mas acho que a maioria de nós sobreviveu porque o futebol americano era importante para nós por alguma razão. E estava na nossa natureza fazer o que fosse preciso para ficar no time e na faculdade. Nosso instinto era a sobrevivência."[16]

O sucesso é complexo. Não estou proclamando que Bryant não era um ótimo treinador ou professor em muitos aspectos. Mas quando se trata de desenvolver resistência, precisamos questionar se o acampamento em Junction foi bem-sucedido ou não. Ele cumpriu precisamente o que Bryant queria na época: eliminar jogadores depois de uma mudança no regime de treinamento. Mas desenvolveu resistência? Os ganhos imediatos de desempenho, ou a falta deles, sugerem o contrário. E se funcionou, foi apenas para um terço do time, na melhor das hipóteses. Falhou de maneira fundamental com os outros dois terços. Jogue ovos na parede. Veja quais não irão quebrar.

Precisamos abandonar esse modelo antigo. Até mesmo Bryant o abandonou. Na reunião de 25 anos dos sobreviventes do acampamento, Bryant se desculpou com os antigos jogadores, reconhecendo que os maltratou. Em seus últimos anos, mencionou que "se fosse comigo, eu teria desistido dezenas de vezes, mas eles nunca desistiram. Eu não sabia se estava fazendo da forma certa ou não, mas era a única maneira que conhecia."[17]

A equiparação de Bryant em lidar com condições extremas de forma bem-sucedida permaneceu. Bryant e a história dos Garotos de Junction formaram a base do modelo de força, estabelecendo o padrão de como uma geração o definiu. É, possivelmente, a história de origem para esta narrativa: uma metáfora darwiniana de sobrevivência dos melhores que acontece nos lares e nos campos esportivos dos Estados Unidos como um todo. Elimine os fracos; deixe que os fortes permaneçam. Os que sobreviverem irão prosperar. Aqueles que não chegarem ao final, bom, eles acharão algo mais fácil para fazer. Sem água, treine até vomitar, fortaleça os jogadores, desenvolva uma casca grossa. Uma espécie de conceito maquiavélico de "os fins justificam os meios".

Como Entendemos Errado a História da Força

Antes de Bryant ser treinador de futebol americano, ele serviu na Marinha dos Estados Unidos durante a Segunda Guerra Mundial. As semelhanças entre a nossa concepção comum de um estilo de treinamento militar e o estilo de resistência dos Garotos de Junction são impressionantes. Mas também são erradas. A grande ironia é que as Forças Armadas não usam acampamentos de treinamento e exercícios semelhantes para desenvolver resistência. Na realidade, os militares estão na vanguarda do desenvolvimento da verdadeira força, mas não da maneira que a maioria imagina. Nós apenas aprendemos as lições erradas.

A "Semana do Inferno" dos SEALs da Marinha dos Estados Unidos não foi projetada para fortalecer e desenvolver os soldados, o objetivo era selecionar aqueles que conseguiam sobreviver ao rigor da guerra — ver quem aguentaria o estresse que estavam prestes a enfrentar; ver se, quando estivessem na trincheira, conseguiriam dar conta do trabalho. No esporte, nós a adotamos como um meio de desenvolvimento e, infelizmente, cometemos o mesmo erro fora de campo. Confundimos a parte da seleção das Forças Armadas com desenvolvimento e ignoramos como os militares realmente desenvolvem os soldados para sobreviverem durante adversidade extrema. O antigo modelo de resistência, em essência, joga as pessoas na parte funda da piscina, mas esquece que, primeiramente, precisamos ensiná-las a nadar.

Quando enfrentamos estresse extremo, às vezes caímos em um estado estranho, em que as percepções mudam, a memória some e somos incapazes de agir. Neste caso, não estamos falando sobre o estresse de fazer uma apresentação, mas de um tipo mais angustiante. Pense nos soldados no meio de uma batalha, socorristas enfrentando catástrofes ou no trauma do abuso físico. Psicólogos referem-se a essa experiência como dissociação.

Dissociação é a sensação de estar distante, como se a mente tivesse apertado o botão de ejetar para passar por uma experiência. Pode ser separada em três categorias: amnésia, despersonalização [sentimento de distância de si mesmo] e desrealização [distância de seus arredores]. Nossas percepções mudam; nós esquecemos, nos distraímos e nos sentimos incapazes de agir. É uma estratégia de defesa extremamente involuntária. Uma última tentativa de sobrevivência. E quando se está em um cenário de vida ou morte, em que o seu bem-estar e o daqueles ao seu redor dependem de você realizar tarefas específicas, dissociação não é a condição em que você quer estar. No entanto, é esse o dilema exato que os militares enfrentam: alto estresse e necessidade de desempenho.

Nós tendemos a pensar em soldados experientes como fortes, estoicos e durões. E com razão. No entanto, segundo pesquisas, quando colocados em estresse extremo, 96% dos soldados têm sintomas dissociativos. 65% dos soldados experientes relataram que "perderam a noção do que estava acontecendo."[18] Todos os 94 soldados entrevistados, exceto por 2, disseram que sentiram "como se estivessem vendo o mundo por uma névoa". Não é exatamente a experiência que você quer ter quando está no meio do combate e lutando para sobreviver.

Embora quase todos os soldados sofram com o nevoeiro das condições de guerra, nem todos caem profundamente nos braços da dissociação. Alguns conseguem permanecer engajados e manter a mente calma mesmo durante os momentos de máximo estresse. Eles são capazes de manter a inteligência cognitiva. A névoa ainda está por perto, mas eles encontram uma maneira de passar por ela. Para os soldados, essa capacidade significa a vida ou a morte não somente deles, mas de todo o esquadrão. As Forças Armadas dos Estados Unidos precisaram treinar essa capacidade de modo urgente. Mas como?

Durante a primeira metade do século XX, o treinamento de sobrevivência era relativamente simples e direto. Aprenda o que fazer se seu avião cair, como sobreviver em ambientes extremos e, se capturado, resista o máximo que puder. Somente depois das mortes em massa dos prisioneiros de guerra na Guerra da Coreia que o treinamento de sobrevivência se tornou estratégico. Em 1961, a Força Aérea dos Estados Unidos abriu a primeira escola de sobrevivência. E a Marinha e o Exército fizeram o mesmo logo depois. O programa SERE [Sobrevivência, Evasão, Resistência e Escapatória] nasceu.

Há três fases críticas do treinamento de sobrevivência: sala de aula, evasão e detenção. As duas últimas são as que recebem maior atenção. Evasão envolve ser deixado em uma região selvagem com objetivos claros: fugir de atores vestidos como inimigos e sobreviver da natureza. Conforme os soldados estão se acostumando a procurar comida, eles são capturados, vendados e levados para a fase final do treinamento. Em uma experiência de prisioneiro de guerra majoritariamente sigilosa, os soldados são trancados em celas e são submetidos a agressões físicas e psicológicas. Um ex-piloto da Marinha dos Estados Unidos relatou ter que suportar um alto-falante estridente no canto da cela: "Uma cacofonia entorpecente de um saxofone fora de controle era seguido por Rudyard Kipling recitando seu poema *Botas* repetidamente em uma voz muito assustadora."[19] O tempo na cela é interrompido por sessões de interrogatórios, que podem incluir ser enfiado em uma caixa ou outra forma de simulação de tortura. Tudo isso enquanto dizem que seu único caminho para a segurança e o conforto é revelar informações.

AFUNDAR OU NADAR

A detenção é a parte do treinamento SERE que é temida por aqueles que precisam passar por ela e romantizada por aqueles que ouvem falar. Para todos os efeitos, a experiência parece real. A mente acredita que sua vida está em perigo. E isso funciona em grande parte no desenvolvimento da resiliência. Contudo, é a primeira fase, muitas vezes ignorada, que distingue o treinamento SERE como um método de desenvolvimento em vez de uma seleção.

Antes de serem deixados em regiões selvagens, os soldados são treinados. A fase inicial da sala de aula consiste em uma série de palestras destinadas a dar aos soldados as habilidades necessárias para sobreviver, escapar e resistir. O manual da operação SERE da Força Aérea dos Estados Unidos tem 652 páginas. E cobre desde os aspectos psicológicos da sobrevivência até conhecimentos de medicina, métodos de camuflagem, como fazer fogo e o que quer que seja "hidráulica fluvial".[20] A seção de psicologia inclui como lidar com o tédio, solidão, desesperança, perda da vontade de sobreviver e dezenas de outros males. Em outras palavras, o objetivo do treinamento SERE é preparar você para qualquer coisa que enfrentar, tudo antes de colocar os pés na floresta ou em um campo de simulação.

Mas as condições angustiantes das duas últimas fases não são semelhantes a um acampamento no estilo Garotos de Junction? O treinamento não é projetado para te levar ao fracasso; é para prepará-lo para a realidade em potencial que você pode enfrentar. O treinamento SERE é baseado no conceito de inoculação de estresse. Se "vacinamos" pessoas contra o estresse extremo, elas poderão lidar melhor com isso. O primeiro passo não é jogar alguém no meio do estresse extremo; é ensinar as habilidades necessárias para lidar com a situação. Sem aprender as habilidades, a segunda parte — colocar indivíduos em um ambiente angustiante para praticar tais habilidades — é inútil. A chave para a inoculação de estresse, no entanto, é como uma verdadeira vacina: você não quer que seja tão forte a ponto de sobrecarregar o sistema.

O SERE foi apenas o começo. Na última parte do século XX, os militares perceberam que mandar as pessoas fazerem coisas difíceis não era o bastante. Os acampamentos de treinamento no estilo Bear Bryant eram ótimos selecionadores, mas péssimos professores. Em 1989, a Academia Militar dos Estados Unidos apresentou o Center for Enhanced Performance, focando em ensinar aos cadetes estabelecimento de metas, voz interior positiva e gestão de estresse. Logo depois, programas em todos os ramos das Forças Armadas introduziram o treinamento de habilidades mentais, atingindo quase uma dúzia de programas focados em melhorar a força mental e a resiliência. Desde 2018, as Forças Armadas dos Estados Unidos são os maiores empregadores de psicólogos esportivos no país.[21]

Em 2014, a RAND [22] Corporation foi encarregada de responder a uma pergunta importante, "A Força Aérea dos Estados Unidos está fazendo tudo o que pode para preparar os pilotos de guerra para um desempenho bem-sucedido sob condições estressantes?" Ao avaliar quase dezenas de métodos de preparação de soldados para o estresse que iriam sentir, havia dois itens no topo da lista de recomendações. Em primeiro lugar, enfatizar habilidades essenciais que auxiliam no desempenho, incluindo confiança, estabelecimento de metas, controle de atenção, controle de excitação, imaginação, voz interior, compartimentalização e a base de habilidades mentais. Em segundo lugar, garantir que essas habilidades sejam dominadas antes da exposição às condições estressantes. Em outras palavras, você precisa ensinar a habilidade primeiro. Até mesmo os vaidosos SEALs da Marinha dos Estados Unidos reconheceram essa distinção quando, no começo da década de 2000, implementaram uma fase de sala de aula destinada a treinar os candidatos a como "monitorar seus desempenhos psicológicos e aprender a aumentar as habilidades de resistência mental".[23]

A pesquisa e a prática são claras. A inoculação de estresse não funciona a não ser que possua as habilidades para navegar pelo ambiente que encontrar. Como o psicólogo esportivo Brian Zuleger me contou:

AFUNDAR OU NADAR

"Dizer para as pessoas relaxarem não funciona a não ser que você tenha ensinado para elas como realmente relaxar. O mesmo acontece com a força mental. A maneira histórica de desenvolver resistência era fazer algo fisicamente desafiador e você teria uma chance de 50% se fosse bem-sucedido. Precisamos ensinar a habilidade antes de ser aplicada." Jogar as pessoas na área funda da piscina não funciona a não ser que elas saibam o básico sobre natação.

Vamos levar a analogia da vacina mais além. O que acontece se você não se vacinar contra o estresse específico que acabará enfrentando? Se, por exemplo, na vacina anual contra a gripe, os médicos e cientistas selecionarem os vírus errados e fabricarem a vacina com uma cepa que só oferece imunidade parcial à versão deste ano da gripe, você está sem sorte? Destinado a ficar gravemente doente ou, possivelmente, a morrer? É claro que não. Você tem um reforço: o sistema imunológico. Um sistema imunológico saudável e forte pode lutar contra os muitos vírus que circulam e que dos quais temos pouco conhecimento ou imunidade. Nosso sistema imunológico tem uma resposta inata para qualquer invasor e uma resposta adaptativa de células especializadas voltadas para mirar em patógenos. A resposta adaptativa funciona melhor para garantir segurança contra um vírus específico, mas a resposta inata oferece uma última barreira de defesa em caso de emergência. Dentro dessas duas respostas está uma variedade de métodos para lidar com qualquer coisa que entra no corpo, mesmo que nunca a tenhamos visto antes.

Um indivíduo resistente é como um sistema imunológico forte. É melhor ter conhecimento para se preparar para estressores específicos, mas mesmo se encontrarmos uma ameaça desconhecida, temos vários métodos para lidar com o que quer que apareça no nosso caminho. Recentemente, nas Forças Armadas, tem havido pressão não só pelo fim da inoculação de estresse, mas também pela construção de uma fundação resistente para todos os soldados. O Comprehensive Soldier Fitness [CSF] é um programa projetado para "aumentar o potencial [de um soldado] e enfrentar os desafios físicos e psicológicos de operações contínuas."[24] *Contínua* é a palavra-chave aqui. Se o treinamento estilo sobrevivência é uma vacina, então o CSF mantém o sistema imunológico saudável e forte. Ele foca em desenvolver resiliência e habilidades para lidar a longo prazo.

Militares do mundo todo adotaram uma abordagem "com base na força" ao desenvolvimento psicológico. Como mencionado anteriormente, desenvolver uma "base de habilidades mentais" era uma das principais competências na avaliação do programa de inoculação de estresse da Força Aérea dos Estados Unidos. Partindo do campo da psicologia positiva, em vez de focar em se preparar para o pior e fortalecer fraquezas, tal abordagem ensina o básico sobre bem-estar e saúde mental, incluindo otimismo aprendido, resiliência, crescimento pós-traumático e regulação emocional. O objetivo é desenvolver habilidades que ajudam a lidar com estresses específicos no campo de batalha e com os estressores que nos atingem no cotidiano. Em 2015, o Exército dos Estados Unidos adotou a Human Dimension Strategy, destinada a desenvolver o indivíduo holístico, em vez do antigo modelo, que enfatizava conhecimento técnico e tático.[25] Entre os objetivos para o programa estavam: otimização intelectual, inteligência social, saúde e preparo físico holísticos, capacidade de tomar decisões e formação de equipes.

Entendemos errado a mensagem dos militares sobre força. Não, não precisamos fazer os atletas passarem por treinamentos ridículos ou adotar controle autoritário. Não é a disciplina ou exigência que precisamos copiar. Nem mesmo a força ou o machismo. Transformamos a seleção em um treinamento cruel. Vimos o treinamento, porém esquecemos do ensino. Encobrimos a dificuldade do treinamento pelo bem da criação de resistência. Ele foi projetado para simular e treinar para as verdadeiras exigências que os soldados enfrentariam no campo de batalha. A lição não era apenas que precisamos colocar pessoas em posições difíceis e forçá-las a lidar com a adversidade. Precisamos ensiná-las a passar pelo desconforto que logo irão enfrentar. Adotamos as lições dos militares da década de 1940, ignorando que até mesmo as Forças Armadas não concordam mais com o modelo de força de Bear Bryant.

Resistência não é um exercício de seleção. Precisamos ensinar as habilidades para lidar com a adversidade. Desenvolvimento não é meramente colocar pessoas para enfrentar momentos de desafio. Como os militares descobriram, o método nadar ou afundar não funciona. Quando os pesquisadores avaliaram os soldados que conseguiram manter a mente calma durante estresse extremo, descobriram que eles:

- Julgaram o estresse como um desafio em vez de uma ameaça, em grande parte graças a uma melhor avaliação do que encontraram;

- Utilizaram um leque de métodos variados para lidar com o estresse, demonstrando um alto nível de flexibilidade cognitiva;

- Processaram melhor os sinais internos, sem reagir a eles; e

- Não reagiram aos estímulos negativos, mas foram capazes de mudar seus estados fisiológicos.

Em outras palavras, os soldados estavam treinando o corpo e a mente para trabalhar em conjunto durante momentos de desafios. Não é que não sentiam desconforto, pelo contrário, eles descobriram como manter clareza quando tudo ao redor estava levando-os ao caos. Indivíduos de alto desempenho conseguem superar a adversidade e os desafios com a mesma tranquilidade. Quando são colocados em situações que requerem resistência, eles não forçam caminhos por entre as experiências, mas navegam com garra e elegância.

Os melhores entre os melhores têm outro fator em comum. Não, não é que eles nasceram com habilidades extraordinárias de manipular o mundo interno para lidarem com as adversidades. Não é que são imunes ao estresse e ansiedade e, por isso, podem superar algumas situações de maneira mais fácil do que você ou eu. O segredo deles? Quando lidam com desconforto, todos querem desistir. Sob níveis extremos de desconforto, as condições biológicas e psicológicas levam até mesmo os mais fortes a desistirem. Pesquisei entre dezenas de autores, empreendedores, executivos, soldados e atletas, e quase todos tiveram momentos em que quiseram jogar o manuscrito no lixo, discutiram modos de escapar do prazo de entrega que se aproximava ou quiseram encontrar um buraco para tropeçar e acabar com o sofrimento da corrida da qual participavam. Pensamentos negativos de desistência são normais. Não significa que você seja fraco. Eles representam uma tentativa da sua mente de protegê-lo.

Todos nós enfrentamos uma batalha interna, uma série de sentimentos, emoções e pensamentos, tanto para insistir quanto para jogar a toalha. Às vezes, o mundo interno grita para desistirmos. Às vezes, incentiva a sermos apáticos e complacentes. Jonathan Wai, um prolífico acadêmico da Universidade do Arkansas, que estuda educação para superdotados, descreveu para mim como geralmente perde suas batalhas internas: "Eu me pego com o olhar vago, evitando escrever e revisar vários artigos e projetos… Sempre escolho a alternativa mais fácil." Todos nós temos desejos semelhantes. E entender o processo é fundamental para superá-lo.

Escolhendo o Caminho Difícil

É sexta-feira à noite. Você está sentada no seu apartamento, esperando pacientemente. Você tem planos para a noite, ou pelo menos pensa que tem. Mais cedo, seu novo interesse amoroso disse que mandaria uma mensagem à noite para marcar um encontro. Cinco horas, seis, sete, as horas vêm e vão sem a vibração familiar do celular indicando algum tipo de notificação.

Uma leve sensação de inquietação surge aos poucos em seu corpo. Seus ombros tensionam à medida que a ansiedade começa a aumentar. Essas sensações iniciais atuam como um pequeno alerta no painel do carro, mandando o sinal para sua mente: "Ei, está acontecendo alguma coisa. Talvez eu deva prestar atenção." Você ignora. "Ele provavelmente está atrasado por conta do trabalho. A mensagem vai chegar logo." Enquanto isso, os olhares em direção ao telefone aumentam; um olhar a cada quinze minutos se torna um a cada cinco minutos e finalmente se torna uma checagem constante. No início, a televisão era uma boa distração, mas à medida que a noite cai, a atenção se volta para aquele pedaço retangular de tecnologia que mantém a chave da comunicação moderna. À medida que o desconforto se transforma em ansiedade, seu mundo se estreita. A distração falha. A mente foca em apenas uma coisa. O alerta dentro da sua cabeça deixa de piscar para fazer um barulho estridente, muda de um aviso para um desastre iminente.

Um calmo monólogo interno se transforma em um debate furioso. Um anjo e um diabo aparecem, puxando-nos e empurrando de uma ação para a outra. "Talvez eu deva mandar mensagem? Não, dê espaço para ele. Então, talvez um *Snapchat*? Isso seria carente demais. Ele disse que ia mandar mensagem. Só espere." Você sente que está enlouquecendo, saindo do controle, entrando em uma briga sem lógica contra si mesma. A imaginação corre solta e imagens dele te dando um bolo, ou até mesmo te deixando de lado por outro encontro, aparecem. Você entrou em um estado de surto completo.

Neste momento, a agitação interna afeta o comportamento verdadeiro. Um fluxo de mensagens ou ligações para seu interesse amoroso perdido vem logo em seguida. Todos passamos por isso, homens e mulheres. Começou de forma inocente o bastante com a expectativa de uma mensagem dele ou dela. A partir daí, foi ladeira abaixo, até que nos tornamos um caos irracional. Nos transformamos de adultos profissionais e respeitados para algo vindo das profundezas dos nossos anos de adolescentes. Ficamos destruídos.

Esteja você tentando resistir à vontade de desistir ou enviando uma série de mensagens para seu namorado, o segredo para a resistência está em navegar por essa cacofonia biológica e psicológica. Dei dicas desta sequência ao longo do capítulo, mas vamos defini-la de forma clara. Como passamos do desconforto para a ação?

Sentimento → Debate interno → Impulso → Decisão [surtar OU encontrar um caminho]

Passamos por algum tipo de sensação ou sentimento enquanto a nossa mente corre solta com pensamentos internos que puxam ou empurram para direções diferentes. Os sentimentos e pensamentos nos limitam ou impulsionam até algum tipo de decisão. Desistir, persistir ou mudar os objetivos antes de finalmente nos decidirmos.

Em vez de olhar para esses passos de forma distinta, veja-os como uma mistura que funciona em conjunto. Às vezes, podemos distinguir cada experiência: sentir tristeza, pensar nela em seguida, então ter o impulso de agir por conta disso. Outra vezes, pulamos da menor sensação direto para uma decisão. Mas cada segmento afeta o outro. Um leve medo pode sair de controle se acompanhado por uma enxurrada de pensamentos "E se?". Quando estamos exaustos ou passando por altos níveis de estresse e ansiedade, é mais provável irmos pela rota mais rápida, encontrando uma saída de qualquer maneira. Escolhemos o caminho mais fácil.

De acordo com teorias científicas recentes, o cérebro funciona para manter a ordem.[26] O cérebro é uma máquina redutora de incertezas, disposto a fazer o que precisar para minimizar as surpresas, mesmo que isso tenha um custo alto. Sempre que enfrentamos algo que deixa nosso estado interno fora de ordem, tentamos resolver. Procuramos uma solução que transforma a desordem em ordem. Às vezes, isso significa desistir, como quando estamos a um terço do caminho de algum projeto e não conseguimos ver o final. Nós geralmente desistimos para que o desconhecido se torne conhecido. Outras vezes, significa mudar as expectativas antes do começo de uma tarefa. Ou pode significar explorar, aceitar ou evitar o que quer que esteja nos levando a sentir ansiedade ou desconforto. A incerteza exige uma conclusão. Temos uma necessidade inata por um encerramento, não importa como possamos alcançá-lo.

Resistência consiste em buscar um encerramento em um contexto em que a incerteza trabalha com você, não contra você. Consiste em treinar a mente para lidar com a incerteza por tempo suficiente para que você possa se deslocar e guiar a resposta na direção certa. Criar um espaço para que você não salte diretamente da ansiedade para a solução mais rápida possível, mas sim para a solução "correta". O primeiro passo em redefinir a resistência é entender onde erramos e por que forçar caminho geralmente nos leva a resultados piores. No restante deste livro, vamos descompactar os pilares que nos permitem abordar todas as partes desse ciclo, desde o que sentimos até as decisões que tomamos.

O PRIMEIRO PILAR DA FORÇA

LIVRE-SE DA FARSA, ENCARE A REALIDADE

CAPÍTULO 3

Aceite Do Que Você É Capaz

Em 1966, o presidente Lyndon B. Johnson criou o Presidential Physical Fitness Test. Consistia em uma série de desafios de aptidão física determinados a avaliar as habilidades atléticas dos indivíduos e incentivar crianças do ensino fundamental a estarem em boa forma física. Por grande parte da história, a corrida foi uma parte clássica do teste.

Quando fui à Haude Elementary School para assistir a um grupo de estudantes dar oito voltas em uma pista de terra de 200 metros, foi diferente de qualquer uma das centenas de corridas universitárias e profissionais que assisti ao longo dos anos. Quando a Srta. Passmore gritou "Vai!", as crianças saíram da linha de partida como relâmpagos, correndo o mais rápido possível pela liderança. À medida que terminaram a primeira volta, a realidade bateu: elas tinham um longo caminho a percorrer. As crianças diminuíram a velocidade de maneira drástica, transformando uma corrida veloz em uma corridinha. Para os que estavam no meio ou no fim do grupo, a transição foi ainda mais abrupta, de uma corrida para uma caminhada. Enquanto poucas crianças mantinham o trote lento consistente na metade das voltas, o restante alternava entre uma caminhada e sequências curtas, mas rápidas, de corrida, frequentemente incentivadas pela professora ou por algum amigo torcendo por eles. De maneira inevitável, à medida que a linha de chegada se aproximava, todos fizeram um movimento final, que rivalizava com a explosão de velocidade inicial da linha de partida. A melhor maneira de descrever a corrida era como um ioiô balançando para frente e para trás, alternando entre corrida e caminhada. Diferentemente de seus iguais mais jovens, atletas resistentes e com experiência adotam uma estratégia de ritmo mais otimizada e uniforme, mantendo-se suaves e firmes. Como fazemos essa transição, abandonando a estratégia de correr/andar em favor da abordagem preferível de um ritmo mais equilibrado?

Quando se trata de qualquer tarefa de resistência, independentemente de ser ciclismo, natação ou corrida, utilizamos uma métrica simples para aprimorar o ritmo: a sensação de esforço. Teorias atuais sugerem que temos um tipo de mapa interno, aproximando a dificuldade de uma corrida em qualquer momento. A mente sabe que, se estamos tentando fazer uma corrida mais longa, como uma maratona, devemos sentir os primeiros metros um pouco mais confortáveis. Se sentirmos mais dificuldade do que o esperado, é uma mensagem nos dizendo para desacelerar ou podemos ter problemas posteriormente. Utilizamos o esforço como um tipo de medidor de combustível, comparando a rapidez com que o carro está queimando gasolina versus o quanto ainda temos que dirigir. No campo da fisiologia do exercício, há uma fórmula simples que dita como usamos o esforço para controlar o ritmo e o desempenho:

Desempenho = Exigências verdadeiras ÷ Exigências esperadas

Se o ritmo parece muito mais confortável do que você esperava, você acelera. Se parece mais desafiador, nosso sentimento de dor e fadiga irá aumentar, nosso diálogo interno se tornará negativo e é mais provável que iremos desacelerar. Se chegar no sexto quilômetro da maratona e já estiver ofegante, pode entrar em surto completo e desistir. Em cada parte do caminho, o cérebro faz um cálculo interno se a corrida está mais difícil ou mais fácil do que o esperado. Dor e fadiga são maneiras que o corpo encontra de nos incentivar para uma correção de percurso. Se não podemos sustentar o ritmo, então é melhor desacelerar. Se não ouvirmos, o corpo lidará com o problema sozinho, desligando-nos para prevenir falhas catastróficas ou danos — como um carro que pode ficar sem gasolina a quilômetros de distância do destino.

Um corredor mais forte não é aquele que fica cego pela ambição ou confiança, mas um que consegue avaliar com precisão as exigências e a situação. A mágica está em alinhar as exigências verdadeiras e as esperadas. Quando a avaliação das capacidades está fora de sincronia com as exigências, temos o desempenho das crianças da escola. Começamos um projeto com uma confiança imprudente apenas para perceber, mais tarde, o trabalho que teremos. Quando um desequilíbrio assim existe, é mais provável que sentiremos dúvidas e inseguranças e, posteriormente, abandonaremos nossas buscas. Quando as exigências verdadeiras e esperadas se alinham, conseguimos alcançar a perfeição ou, fora da área esportiva, atuar de acordo com as capacidades atuais. É por isso que escritores experientes não esperam perfeição dos primeiros rascunhos, pois entendem que eles serão desordenados e, muitas vezes, não tão bons. Ao contrário do conhecimento antiquado de força, um toque de dúvida realista nos mantém nos eixos e aumenta nossa probabilidade de persistir.

Resistência consiste em encarar a realidade de onde estamos e do que temos que fazer. Não nos iludindo, enchendo-nos com uma falsa confiança ou vivendo em negação. Tudo isso nos leva a correr para fora da pista, desacelerando para uma caminhada assim que a realidade bate. Ser forte começa muito antes de entrarmos em uma arena ou em um palco. Começa com as expectativas.

A Ameaça de Morte

Subir uma escada para chegar ao telhado da casa não é uma tarefa das mais perigosas. Uma escada bem-feita é forte e durável, equipada com degraus para fazer a curta subida até o topo ser a mais tranquila e firme possível. Apesar da segurança relativa de tal jornada, na primeira vez que vamos além dos degraus de baixo, uma onda de ansiedade percorre todo o nosso corpo. Talvez até um toque de medo e pensamentos do tipo "E se eu cair?" apareçam em nossas mentes. Se olharmos para baixo à medida que nos aproximamos dos degraus do topo, esses sentimentos aumentam. Podemos racionalizar a experiência, acreditando que uma queda é improvável. E mesmo se dermos um passo em falso e cairmos no chão, provavelmente nos machucaríamos, mas sobreviveríamos. Assim que entendemos o papel como faz-tudo e voltamos a subir os degraus, os medos e sentimentos se espalham. A ansiedade e o medo lentamente desaparecem. Nos sentimos seguros.

Agora, imagine que em vez de olhar para baixo de uma distância de três metros e estando em pé em um degrau seguro de metal, você está olhando para um chão que mal consegue ver, de uma distância de milhares de metros. Em vez de um degrau seguro, você está em uma parede rochosa com quase nenhum afloramento ou saliências. Pés e braços empoleirados em pequenos desvios da parede rochosa, segurando em partes que se sobressaem da superfície por alguns milímetros, na melhor das hipóteses. Você não está se segurando com a mão inteira; são as pontas dos dedos que o prendem à superfície da parede de granito. E, diferentemente de qualquer ser humano racional ao tentar escalar uma parede vertical, não há uma rede de segurança. Nenhuma corda para ancorá-lo aos lados da parede, para protegê-lo de uma queda mortal no caso de um dedo ou um pé mal posicionado. Só você, sozinho na parede. Bem-vindo ao mundo da escalada solo.

Em junho de 2017, o alpinista Alex Honnold enfrentou tal desafio, escalando a parede do El Capitan, um monólito de granito de 914 metros verticais no Parque Nacional de Yosemite. Ele escalou sem uma corda ou equipamento de segurança. E somente o aperto das mãos e dos pés o impediam de sofrer uma queda mortal. Para fazer tal esforço, o domínio da escalada é uma dádiva, mas como alguém lida com o medo, a ansiedade e a pressão de uma tarefa como essa? Quando a maioria de nós está na sacada de um quarto de hotel no terceiro andar e sente medo ao se debruçar na beirada, como Honnold consegue dominar as emoções e o diálogo interno para lidar com o desafio? Seu apelido, *No Big Deal* [sem tradução até o momento], nos dá uma dica.

A neurocientista Jane Joseph estudou o cérebro de Honnold para tentar encontrar uma resposta.[1] Enquanto estava deitado em uma máquina de ressonância magnética para escanear o fluxo de sangue no cérebro, Honnold assistiu uma sequência de imagens perturbadoras. Pense em cadáveres sangrentos e desfigurados ou em um banheiro cheio de fezes. Imagens destinadas a fazer qualquer um estremecer. Mesmo que não tenhamos nenhuma experiência visceral, até mesmo com os mais fortes de nós, o cérebro nos trairá com um sinal interno de provocação. Uma parte do cérebro com formato de amêndoa, chamada de amígdala, deve se acender. A amígdala tem muitas funções. A principal é detectar e reagir a ameaças. Quando imagens perturbadoras ou ameaçadoras — como as que foram mostradas para Honnold — acionam a amígdala, uma sequência de acontecimentos é desencadeada e eventualmente resultará em uma série de hormônios liberados e atividade no sistema nervoso. Chamamos isso de reação ao estresse.[2]

Em uma conversa publicada na revista *Nautilus*, Honnold perguntou se as imagens de crianças sendo queimadas contava como estresse. Apesar de Joseph garantir que tais imagens regularmente causam algum tipo de estímulo emocional até mesmo em alpinistas e viciados em adrenalina, Honnold brincou: "Porque, não posso dizer com certeza, mas eu pensei: *tanto faz*." E como Joseph veria mais tarde, Honnold não estava fingindo. Seu cérebro repercutiu a experiência. Não houve flashes de cor para indicar atividade nas áreas de detecção de ameaças e medo do cérebro, apenas cinza. A amígdala de Honnold não reagiu a uma única imagem perturbadora. Nem um pinguinho de atividade. A arma secreta de Honnold deve ser que sua reatividade emocional é como a de um monge. Quando o restante de nós está socando o botão de pânico, indo em direção a um surto, a mente de Honnold está apreciando a paisagem, pensando em silêncio: "Não há nenhuma ameaça aqui."

Honnold não é sobre-humano. Logo depois da primeira tentativa de escalar o El Capitan, ele refletiu: "Isso é um saco. Não quero estar aqui. Já chega." Ele desistiu, explicando: "Não sei se posso tentar com todo mundo assistindo. É assustador demais."[3] Não é que Honnold nunca sente as ameaças, que a amígdala nunca se acende. Ela acende quando precisa. Naquele dia, o medo apareceu e ele ouviu, desistindo antes que acontecesse um desastre. Ele esperaria para alcançar o objetivo outro dia.

Com um pouco de sorte, os genes certos e incontáveis horas de treinamento mental e físico, Honnald aprimorou os mecanismos detectores de ameaças para serem ativados somente quando algo está realmente errado. Não quando imagens aparecem na tela de um computador, mas quando ele realmente não pode completar a tarefa a que se propõe. O sistema de alerta do corpo é maleável. Não precisamos agir como monges e girar os botões para ajustar a sensibilidade. Só temos que melhorar a capacidade de previsão.

Pesquisas mostram de forma consistente que indivíduos mais resistentes são capazes de entender situações estressantes como desafios em vez de ameaças.[4] Um desafio é uma coisa difícil, mas manejável. Por outro lado, uma ameaça é algo a que estamos tentando apenas sobreviver, tentando superar. Essa diferença em avaliações não se dá por uma confiança inabalável ou porque indivíduos mais resistentes menosprezam a dificuldade. Pelo contrário, aqueles que conseguem enxergar situações como um desafio desenvolveram a habilidade de avaliar o cenário de forma rápida e com precisão e a de lidar com ele. Uma avaliação honesta consiste em oferecer à mente dados melhores para a previsão. Como um epidemiologista prevendo a reação da população a um novo vírus, uma avaliação melhor nos permite liberar a reação que precisamos para aquela situação e momento.

Avaliando o Mundo ao Redor

Sempre que enfrentamos uma situação estressante, nosso corpo faz o melhor que pode para se preparar para o que está por vir. Mas nós não esperamos para ver o que realmente é aquele barulho no arbusto ou se o emprego depende ou não da apresentação na sala de reuniões. Nosso corpo nos engana. Em vez de esperar para ver se uma tarefa é perigosa, nosso cérebro dá o melhor palpite que pode sobre o que precisamos para sobreviver ou prosperar. É por isso que você fica nervoso ou com o coração acelerado antes de subir em um palco. É por isso que, enquanto esperam o avião chegar na altitude certa para saltar, paraquedistas iniciantes estão apavorados, enquanto os paraquedistas veteranos estão animados. Dentro de seus corpos, os iniciantes estão produzindo cortisol, enquanto os veteranos têm mais adrenalina. Situações iguais, mas o corpo libera hormônios diferentes para se preparar para o que está por vir. Seja subindo uma ladeira ou uma montanha, a reação biológica e as sensações que vêm com ela são guiadas não só pela real experiência, porém pelas expectativas. A forma como vemos o mundo molda como reagimos a ele.

Antes de entrarmos no palco ou em campo, o corpo já entrou em modo performance. A "descarga de adrenalina" que sentimos é para nos preparar para saltar de um avião ou para pisar na linha de partida. E como diz o ditado, a experiência é causada por um ambiente interno de ativações do sistema nervoso e liberações hormonais. O corpo usa essas reações químicas para se preparar para o que vamos enfrentar.

Uma reação ao estresse nos prepara para agir. A tendência é pensar nisso como uma escolha binária: lutar ou correr. Mas a realidade é que temos uma variedade de maneiras para nos preparar para o que está diante de nós. É a combinação de hormônios e a atividade no sistema nervoso que nos incentiva a reagir de um certo modo. A nossa adrenalina dispara para nos preparar para movimentos rápidos. Simultaneamente, o hormônio da oxitocina nos incentiva a fazer um esforço em grupo para passar pelo perigo e o cortisol libera fontes vitais de combustível em nas células para preparar os músculos e mentes para trabalhar durante as próximas horas. Com cada troca na quantidade ou tipo de ingrediente na receita, mudamos tudo desde a textura até o sabor.

Algumas respostas preparam os músculos para ações, outras abrem ou retardam o fluxo sanguíneo, enquanto as demais conduzem o sistema imunológico a se preparar para possíveis danos ou lesões. É como se o corpo tivesse seu próprio sistema de emergência, decidindo se chama uma ambulância, os policiais, bombeiros, assistentes sociais ou a equipe do BOPE. Como ele sabe quem chamar? É a avaliação da situação e de nós mesmos que determina em grande parte qual caminho seguiremos: proteger ou atacar de maneira direta.

Somos como os maratonistas experientes que conseguem combinar os esforços esperados com a experiência verdadeira em qualquer momento da corrida? Ou somos como as crianças do ensino fundamental que julgam mal a dificuldade de correr um quilômetro e meio? A nossa avaliação das habilidades combina com a nossa avaliação das exigências da situação? A divergência entre exigências situacionais e a capacidade de lidar com elas não determina apenas o desempenho contínuo, determina que tipo de reação ao estresse teremos. Quando vemos uma situação estressante como algo que pode causar danos físicos e psicológicos, é mais provável que tenhamos uma reação à ameaça — uma descarga de cortisol e uma movimentação em direção à defesa e proteção. O corpo libera uma reação à ameaça quando enfrentamos uma exigência para a qual não estamos tão preparados para lidar. Semelhante aos paraquedistas iniciantes, estamos apenas tentando sobreviver. Como saímos dessa situação com nossa saúde física e psicológica intactas? Corremos riscos menores, jogando para não perder ao invés de jogar para ganhar.

ACEITE DO QUE VOCÊ É CAPAZ

Por outro lado, se vemos o estressor como uma oportunidade de crescimento ou lucro, como algo que é difícil, mas que podemos aguentar, somos mais prováveis de ter uma reação ao desafio. Em vez de depender principalmente do cortisol, o corpo libera mais testosterona e adrenalina. Nos movimentamos em direção a descobrir como ganhar o jogo, como atingir o objetivo. Não é que reações ao desafio ou à ameaça sejam boas ou ruins. Cada uma tem uma proposta específica. Se encontramos um urso protegendo seus filhotes em uma trilha, queremos a reação à ameaça, congelando, avaliando a situação e, em seguida, afastando-nos lentamente. Mas quando estamos tentando ter o melhor desempenho, ver o mundo pelas lentes de uma ameaça não é o que precisamos. Queremos ver a tarefa como um desafio. Como avaliamos a nós mesmos e avaliamos a situação muda o caminho que seguimos.

Se as expectativas determinam parcialmente o que sentimos, pensamos e fazemos, é melhor subestimar a dificuldade? Dizer a nós mesmos que a tarefa não será tão difícil ou dolorosa? Quando o esforço esperado é diferente do esforço verdadeiro, o cérebro corrige o percurso. O grau de divergência determina a reação. Se há uma grande divergência entre expectativas e realidade, o cérebro se corrige demais. Se fomos fazer uma prova pensando que seria mamão com açúcar, no primeiro sinal de dificuldade é como se o cérebro dissesse: "Ei! O que é isso? Não era para ser difícil!" Como resultado, em vez de achar uma maneira de superar o desconforto, desligamo-nos. Entramos em total modo de proteção. Congelamos.

É melhor se preparar para o pior? Ir com a expectativa de que uma corrida, apresentação ou projeto será a tarefa mais difícil e exigente que já enfrentamos? No nosso cenário da corrida, se esperamos um grande desafio, e ela é mais fácil do que o esperado, vamos encontrar o ritmo e ter um desempenho melhor! Errado. Se as expectativas vão longe demais na direção contrária, o cérebro entra no que eu chamo de modo "Para quê?". A tarefa vai estar tão fora das capacidades que não há motivo para usar a reserva completa para aceitar o desafio. Estamos condenados antes mesmo de começarmos. Nossa habilidade de ser "resistentes" e lidar com a adversidade começa bem antes de encontrarmos qualquer dificuldade. Começa pela aceitação da realidade da situação e do que você é capaz.

▸▸▸▸▸▸▸ MÁXIMA DA FORÇA ▸▸▸▸▸▸▸

A avaliação de uma situação como ameaça ou desafio depende das exigências aparentes daquele estressor versus as habilidades aparentes para lidar com elas. Temos os recursos para lidar com as exigências?

Encarando a Realidade

"É fácil ser forte quando se sabe que pode lidar com a situação. O verdadeiro teste aparece quando você não pode", disse-me um ex-atleta com quem trabalhei, Drevan Anderson-Kaapa, ao relatar suas experiências. Drevan foi tricampeão de conferências na faculdade e representou os Estados Unidos no Universíade. Porém Drevan não ganhava apenas corridas; ele buscava maneiras de tirar o maior proveito de seu corpo, independentemente da situação. No time de atletismo da Universidade de Houston, ele se tornou um tipo de lenda viva, com histórias sobre seu heroísmo sendo passadas para cada turma nova de estudantes. Houve um momento em que, depois de ganhar a corrida individual em um campeonato, ele se voluntariou para correr os 4x400, um evento que não havia disputado durante toda a sua carreira universitária. Não somente era incomum, mas com a pontuação das equipes quase empatada, quem ganhasse o revezamento conquistava o título da equipe. Apesar da pressão de ter que ganhar, ele foi até dois dos treinadores, que por acaso eram as lendas do atletismo, Carl Lewis e Leroy Burrell, e declarou: "Vou correr e vai ser na posição de âncora", colocando-se contra alguns dos corredores mais rápidos do atletismo universitário. É claro, ele garantiu a vitória, contra-atacando nos últimos 50m para reivindicar o título da equipe.

Mas não foram somente as conquistas no atletismo que destacaram Drevan. Durante a carreira universitária, ele não só competiu em nível de elite como também completou o mestrado e foi parte do Corpo de Treinamento de Oficiais da Reserva [ROTC]. Após a formatura, deixou de representar os Estados Unidos no atletismo para servir ao país nas Forças Armadas. Quando se trata de força, poucas pessoas que encontrei resumem tão bem a palavra. Drevan é uma delas.

Enquanto estávamos sentados na cozinha de casa no outono de 2018, discutindo sobre força, ele continuou as observações vindas do atletismo e do militarismo: "Todos usam uma máscara. Nós temos uma fachada, projetamos uma imagem externa do que queremos ser. Mas quando você está sob estresse, isso desaparece e você é deixado com o que está por baixo. O estresse expõe você." Quando pedi para que Drevan explicasse o que queria dizer com isso, ele descreveu duas máscaras diferentes que havia observado durante os anos como atleta e militar. Em primeiro lugar, havia os indivíduos que mantinham as aparências, projetando bravura e autoconfiança. Eram os atletas que falavam demais enquanto subestimavam a dificuldade da tarefa em mãos. "Isso vai ser mamão com açúcar", diriam antes do jogo. Porém, no momento em que algo desse errado, toda aquela autoconfiança desapareceria. Eles se tornariam tímidos, incertos de suas capacidades, e recuariam quando fossem desafiados durante a parte mais difícil da corrida. A segunda versão inicialmente parece semelhante. Eles também têm uma confiança, exalando uma segurança de que irão conseguir lidar com qualquer coisa. Porém, ao chegar na linha de partida, eles não estavam subestimando o que estava por vir, estavam atentos à dificuldade da tarefa em mãos.

Um exemplo se destacou. Quando foram deixados no meio da floresta como parte do treinamento de sobrevivência, com suplementos mínimos e trabalhando com extrema restrição de sono, Drevan e os colegas foram forçados a colocar as habilidades a teste. À medida que os níveis de energia desaparecem, seu mundo se limita para focar em satisfazer suas necessidades básicas: comida, água e sono. Pouca coisa além disso importa. É fácil esquecer o grupo e focar em si mesmo. Drevan se viu assistindo a vários de seus colegas, que dias antes eram focados no trabalho em equipe e extremamente confiantes nas capacidades, sucumbirem ao estresse da sobrevivência. Esses indivíduos comiam mais do que a cota permitida de mantimentos limitados ou dormiam por alguns minutos extras quando deveriam substituir um colega no plantão de vigilância. O restante do grupo manteve a disciplina, sustentando a inteligência cognitiva e o foco no grupo, apesar da situação. Sob condições normais, a resistência é fácil. Sob extrema pressão, nem tanto. Nosso padrão é escolher o caminho mais fácil.

Quando perguntei a Drevan qual era a diferença dos indivíduos que conseguiram manter a calma, ele respondeu: "Quando há uma diferença entre o que você projeta e o que você é capaz, tudo se desfaz sob situações estressantes. Se, por outro lado, você for honesto consigo mesmo e reconhecer quais são seus pontos fortes e fracos, do que você é capaz e o que o assusta, então você consegue chegar em um acordo com o que está enfrentando e lidar com isso. A versão que caminha pelas ruas e a versão que está presa em uma selva não são muito diferentes. Então você consegue avaliar a situação com atenção e expectativas em vez de tentar fazer jus a um padrão falso. Acontecia o mesmo no atletismo. Aqueles que acreditavam que precisavam dar 110% de si em uma corrida inevitavelmente desmoronavam. Aqueles que chegavam na linha de partida e pensavam 'isso vai ser fácil' ou 'isso vai ser extremamente difícil' não corriam de acordo com um padrão. Estavam vivendo em uma realidade alternativa. Aqueles que diziam: 'É disso que eu sou capaz. E é isso que a corrida exige. Vou correr com base nessas duas coisas' eram os que tinham um desempenho consistente."

A experiência de Drevan não é única, é sustentada por pesquisas científicas. Na virada do século XXI, um grupo de cientistas estudou soldados de todos os ramos militares à medida que passavam pelo mesmo tipo de escola de sobrevivência de Drevan. Eles notaram o mesmo fenômeno. Enquanto quase todos sentiam um alto nível de estresse, um grupo parecia se desligar e quase se desvincular da experiência, ao mesmo tempo em que o outro grupo conseguia, em grande parte, manter a mente limpa e equilibrada e ter um desempenho que fazia jus ao seu potencial. Ambos os grupos estavam administrando o estresse de uma forma bem diferente, porém os que focaram na realidade da situação se saíram melhor em lidar com vários elementos da missão. Esses soldados mais fortes avaliaram a tarefa iminente como um desafio em vez de uma ameaça. Ao concluírem o trabalho, o grupo de pesquisadores resumiu as descobertas dizendo que "os indivíduos mais fortes são mais precisos nas descrições do que viveram durante o estresse."[5] Eles estavam encarando a realidade.

▸▸▸▸▸▸▸ MÁXIMA DA FORÇA ▸▸▸▸▸▸▸

Encare a realidade. Avaliações precisas das exigências + avaliações precisas das nossas capacidades.

▸   ▸   ▸   ▸   ▸   ▸   ▸   ▸

Concentrando Sua Mente na Realidade

Um dos principais componentes da resistência é reconhecer quando algo é difícil, não fingir que não é. Uma avaliação honesta de nós mesmos e da situação nos permite ter respostas produtivas ao estresse. Pode alterar se o corpo vai em direção ao medo ou animação, desafio ou ameaça. E, por sua vez, se vamos nos arriscar, fugir ou conseguir acessar o potencial completo. Encarar a realidade não consiste em ficar sentado pensando em nossas capacidades e quais desafios você está prestes a aceitar. Estas são estratégias sustentadas por pesquisas que podemos usar para ajustar a mente, para nos levar em direção a uma avaliação precisa e, mais ainda, em direção a uma resposta produtiva ao estresse que nos prepara para a ação.

1. Defina Metas Apropriadas

Muitas vezes nos dizem que o céu é o limite ou para sonharmos alto quando se trata de traçar metas, mas pesquisas apontam para a conclusão oposta: devemos traçar metas que vão pouco além das capacidades atuais. Se há um desequilíbrio muito grande entre as capacidades e as metas, a motivação diminui. É como se o cérebro encolhesse os ombros e falasse: "Para quê? Não vamos ganhar mesmo." Sempre que nossas expectativas estão muito altas, é mais provável que entremos no estágio "surto" do padrão de força. Em vez de ir com tudo, defina desafios manejáveis.

2. Defina Metas Autênticas

Em uma série de estudos na Holanda, psicólogos buscaram entender por que alguns indivíduos conseguem progredir e alcançar suas metas, enquanto outros fracassam de forma contínua.[6] Durante três estudos, os pesquisadores descobriram que mais autenticidade nas metas contribuiu para obter melhores resultados. Quando as pessoas traçam metas que refletem o que realmente elas são por dentro, não a versão pública, é mais provável que vão até o fim. Aqueles que fracassam muitas vezes escolhem metas que são impostas a eles pelos pais, treinadores ou pela sociedade em geral. Para aqueles que foram bem-sucedidos, as metas vieram de dentro, refletindo quem eram e com o que se importavam. Um grau maior de autoconhecimento foi o que permitiu que esses indivíduos tivessem uma visão mais clara.

Ver a realidade não significa apenas entender do que você é capaz e quais são as verdadeiras exigências da tarefa. Significa tirar um tempo para entender quem você é e o que importa para você. Seja por meio de uma introspecção, escrevendo em um diário ou conversando com amigos próximos e membros da família. Faça o trabalho difícil de perguntar o que importa e por quê. Pessoas fortes são autoconscientes e chegam nesse ponto encarando a realidade e entendendo quem são.

3. Defina Julgamentos e Expectativas

Se todos nós tivéssemos o ponto de vista de Ricky Bobby, do filme *Ricky Bobby: A Toda Velocidade,* de que "se você não é o primeiro, você é o último", estaríamos ferrados. O que acontece quando nós traçamos uma meta audaciosa e rapidamente percebemos que não podemos alcançá-la? Quando pensamos que não temos chance, seja em uma corrida ou na sala de aula, nossos cérebros nos desligam. As mentes entram em um modo de proteção, pensando: "Bom, não vamos ganhar, então para que gastar energia tentando?" Estamos, não intencionalmente, matando a motivação se definimos sucesso e fracasso de um modo tão limitado.

Testemunhei pessoas demais causarem danos em suas motivações e desempenhos ao definir o sucesso de modo errado. Eles focavam somente nos resultados, esquecendo de perceber que a posição em que terminavam ou qual nota receberiam em uma apresentação estava amplamente fora de seu controle. Mudar o foco em direção às metas orientadas pelo processo, como o esforço que você pode fazer, ajuda a remediar essas situações. Também fornece um retorno essencial que permite que você cresça no futuro. Quando você julga a si mesmo somente pela posição em que terminou na linha de chegada, isso fornece zero informações úteis sobre como melhorar no futuro. Julgar a si mesmo por quanto esforço fez, ou se por ter executado seu plano, oferece um mapa para o que pode ser trabalhado durante a próxima rodada.

4. Correção de Percurso pelo Estresse

Um grupo de pesquisadores franceses da Universidade de Nantes queria ver como o estresse afeta o julgamento de indivíduos sobre o que são capazes de fazer.[7] Eles escolheram uma tarefa simples: os participantes precisavam passar por cima de uma barra e estimar até qual altura conseguiam fazer isso. O truque era que eles precisavam adivinhar esse número depois de ficarem acordados por 24 horas em um laboratório. A privação do sono faz uma série de coisas com o cérebro, induzindo estresse e fadiga. Independentemente da altura verdadeira que conseguiam ultrapassar em um estado normal, em um estado de privação do sono os participantes subestimaram drasticamente a altura que conseguiam ultrapassar. O estresse altera o julgamento do que somos capazes. Em outro estudo, pesquisadores descobriram que aqueles que sentem dor crônica tendem a superestimar a distância para caminhar até um alvo. Essas descobertas levaram o psicólogo do esporte Thibault Deschamps a declarar: "Indivíduos observam o ambiente em termos dos custos de agir dentro dele."[8]

Em outro estudo, pesquisadores pediram para que indivíduos que estavam na base de uma colina adivinhassem o quanto ela era íngreme. A grande maioria superestimou imensamente a inclinação, supondo que era 20, 25 ou 30 graus. Na realidade, a colina tinha uma inclinação de 5%. Um grupo de estudantes acertou: a equipe de *cross-country*. Se temos a capacidade de correr até o topo da colina sem muito estresse, vemos a inclinação pelo o que é. Se não temos, parece extraordinário. Em uma reviravolta intensa, quando os pesquisadores pediram para que aqueles corredores fizessem uma longa corrida e voltassem para julgar a inclinação da colina, o conhecimento desapareceu.[9] Em um estado de fadiga, eles começaram a superestimar a inclinação em um grau muito maior. A fadiga mudou as capacidades deles e, com elas, as habilidades de percepção.

Quando entramos em estado de ameaça, "congelamos" ou entramos em um surto completo, o normal geralmente parece inatingível. Nós tendemos a sobrecompensar, reduzindo muito das nossas capacidades. Parte de ter uma avaliação precisa é a correção de percurso. Se você se sente cansado, fatigado ou ansioso, pode aprender como superar isso. Porém reconhecer que você se subestima pode lhe dar o poder de fazer algo quanto a isso e reajustar à medida que o estresse ou a fadiga aumentam.

5. Prepare Sua Mente

Em 2018, um grupo de pesquisadores da University College London queria observar como o estresse impacta a maneira que tratamos a informação.[10] No estudo, eles observaram como bombeiros em serviço e estudantes, que estavam prestes a subir em um palco para fazer um discurso, lidavam com o fato de receber notícias boas ou ruins. Por exemplo, ser informado de que as chances de sofrer um acidente de carro ou lesões sérias em um incêndio eram bem maiores do que pensavam. Quando estão relaxados, os participantes tendiam a ignorar as notícias ruins e aceitar as boas. Ouvir que há uma chance maior de sofrer alguma consequência negativa não impactava seus comportamentos ou humores. Mas sob estresse, como a pesquisadora principal Tali Sharot resumiu: "Eles se tornaram hipervigilantes a qualquer notícia ruim que dávamos, mesmo quando ela não tinha nenhuma relação com seus trabalhos [por exemplo, descobrir que a probabilidade de fraude de cartão de crédito era maior do que pensavam], e alteravam suas crenças em resposta."[11]

O estresse nos leva em direção a um viés negativo, permitindo-nos buscar e reconhecer perigos ou ameaças no ambiente. Esse é um grande mecanismo de sobrevivência evolutivo, mas pode dificultar nosso desempenho quando não estamos realmente em perigo. Para combater essa peculiaridade da evolução, prepare a mente para que busque por oportunidades, não ameaças. Em *Auge do Desempenho*, apresentei pesquisas que mostram que quando os atletas se aquecem fazendo "o que gostam", eles alteram seus estados hormonais de maneira positiva. O mesmo fenômeno se aplica a artistas e executivos. Quanto mais próximo você está de uma performance, mais você quer se preparar com o que faz de melhor. Revisar erros, trabalhar em pontos fracos, dizer para si mesmo "não consigo rebater o *slider*, então fique atento"[12] sai pela culatra quando você está pronto. Esses são itens que você trabalha muito antes de entrar em campo.

A verdadeira força começa muito antes de chegarmos no campo ou na mesa de reuniões. Começa com a avaliação de uma situação e as nossas capacidades. As expectativas preparam o terreno para nossas reações biológicas. Nossa avaliação pode afetar cada passo ao longo da cadeia de resistência, levando-nos a sentir mais dor e causando um surto precipitado. Antes de chegarmos no ponto em que precisamos nos recuperar depois de um combate brutal, precisamos estar no estado de espírito certo. O nosso corpo já está preparado e nos levando em uma direção particular antes de enfrentar qualquer tipo de desafio. A direção em que acabamos indo depende imensamente de como vemos a nós mesmos e o mundo ao redor.

CAPÍTULO 4

A Verdadeira Confiança É Silenciosa; A Insegurança é Barulhenta

Leonard "Buddy" Edelen era o profissional perfeito. Como um corredor de longa distância em ascensão buscando a glória olímpica, ele era extremamente meticuloso. Todas as manhãs gravava sua frequência cardíaca enquanto andava e anotava quantas horas havia dormido. Monitorava o peso, os treinos e como se sentia após completá-los — procurando aperfeiçoar o desempenho e certificando-se de que estava do lado certo da balança do preparo físico e da fadiga. Ele enviava essa coleção de dados e anotações para seu treinador, Fred Wilt [um homem que trabalhava em tempo integral como agente do FBI, mesmo que a verdadeira paixão fosse a corrida de fundo], que geralmente oferecia comentários e sugestões sobre o que ele havia feito de errado e como poderia melhorar.

Essa parceria de treinamento peculiar levou a realizações surpreendentes. A grande conquista de Edelen veio quando ele quebrou o recorde da maratona, baixando o tempo em quase um minuto, tornando-se o primeiro estadunidense a manter o recorde por quase quatro décadas. Foi um triunfo da abordagem meticulosa e profissional que Wilt e Edelen cultivaram.

Você deve estar se perguntando por que não conhece Buddy Edelen. Wilt e Edelen não se comunicavam por e-mail, mas por carta. Edelen quebrou o recorde mundial em 1963, poucos anos antes da corrida dar início à febre do *jogging*. Apesar da abordagem profissional da corrida, Edelen era professor em tempo integral, completando parte do treino correndo enquanto ia e voltava do trabalho todos os dias. Apesar do anonimato de Edelen e da relativa falta de popularidade da corrida, ambos fizeram algo impensável para a época: transformaram um estadunidense no melhor corredor do planeta.

Wilt estava na linha de frente da fisiologia e psicologia do treinamento. Em uma época em que o conhecimento sobre treinamento estava no começo, quando o medo de treinar demais prevalecia, Wilt foi inovador. Ele escreveu para os melhores corredores e treinadores do mundo, coletando amostras de treinos do mundo todo. Ele buscou um hipnotizador para mudar a mente do atleta para ver a dor como algo que deveria aceitar em vez de evitar. Wilt e Edelen ultrapassaram os limites. Porém, apesar do sucesso, a natureza humana ainda apareceu.

Em uma das correspondências, em um rabisco nas margens próximo de uma entrada detalhando uma corrida dois dias antes de uma competição importante, Fred Wilt escreveu: "Não posso dizer que essa corrida de 40 minutos irá te ferir. Posso dizer que não vai ajudá-lo dois dias antes de uma competição. Isso é uma manifestação de incerteza. Há o tempo para treinar e o tempo para descansar — não descansar pela metade. É uma lição amarga que você não aceitou." Um treinador dando uma bronca em seu valioso pupilo. Wilt reconheceu que, apesar de atingir grandes conquistas, Elden tinha uma óbvia insegurança. Sua obsessão — manifestada no alto volume de treinos e em registrar tudo que era possível antes mesmo de isso virar moda — também o estava atrasando. Ele não tinha a confiança para desacelerar, para descansar.

A VERDADEIRA CONFIANÇA É SILENCIOSA; A INSEGURANÇA É BARULHENTA

Edelen declarou para a *Sports Illustrated* em 1964: "Ninguém aceita que você seja uma pessoa sã se você corre tanto quanto eu em uma semana. Mas se eu descansar um dia ou dois depois de fazer essa quantidade tremenda de exercícios, sinto-me irritado e nervoso. É como se algo tivesse sido roubado de mim. Treinar me traz um sentimento de tranquilidade."[1] Edelen precisava correr não só para melhorar o preparo físico, mas para reprimir as dúvidas. Os atletas temem que se não estão treinando, estão ficando para trás, o preparo físico indo embora lentamente. Esse fenômeno é um tanto comum em todos os tipos de indivíduos com alto desempenho. O empreendedor cuja insegurança o leva a "labutar" de modo incessante, o CEO que não consegue parar nos fins de semana por medo de ficar para trás, ou quem trabalha com criação e adia a publicação de seus trabalhos até que fiquem perfeitos. Frequentemente mascaramos as inseguranças com o perfeccionismo e níveis extremos de trabalho. Buddy Edelen, um homem que ficou marcado nos anais da história por correr mais rápido do que qualquer outro no mundo naquela época, um homem que foi campeão da maratona olímpica de 1964 por quase vinte minutos em um calor de 32°C em uma época em que beber água era malvisto, não tinha confiança para seguir os planos do treinador e descansar antes de uma corrida. Se um homem como Edelen, que exalava tenacidade, não tinha confiança e não conseguia controlar as inseguranças antes de uma corrida, como meros mortais como nós podem desenvolver essa capacidade?

Dúvidas e inseguranças fazem parte da experiência humana. Mesmo que você seja o melhor do mundo. Nós todos temos dificuldades, mas queremos confiança, aquela sensação de certeza de que conseguiremos triunfar em tudo o que fizermos. Quando nos falta confiança ou crença, nossas inseguranças e dúvidas têm espaço para crescer. Elas se transformam de lembretes sutis de que precisamos alinhar as expectativas com a realidade para lembretes constantes de que não somos rápidos, fortes ou inteligentes o bastante. À medida que as dúvidas predominam, a percepção dos nossos recursos diminui e surge um desequilíbrio entre o que pensamos ser capazes de fazer e a tarefa diante de nós. Acabamos saindo

FAÇA COISAS DIFÍCEIS

para corridas curtas para reprimir as dúvidas, em vez de fazer a coisa sensata e descansar. A confiança tem um papel essencial na resistência, agindo como o contrapeso das inseguranças naturais. A confiança mantém as dúvidas sob controle, libertando-nos para ter um desempenho completo. Porém, a maneira como tentamos tradicionalmente infundi-la faz praticamente tudo, menos isso.

Confiança parece algo simples: acredite em si mesmo. Uma frase que está exposta em todas as salas de aula do mundo. E algo que todos os pais, treinadores ou professores já disseram. O modelo antigo de confiança foca no exterior, criando a aparência de alguém que parece forte e seguro de si. Dizemos para os filhos acreditarem neles mesmos sem explicar como desenvolver essa crença. Aceitamos a versão de confiança do Instagram, enfatizando a projeção da crença, em vez de trabalhar na substância por baixo. Precisamos de uma nova abordagem para criar confiança, uma que seja focada no interior.

Moldando a Forma Como Você Vê o Mundo

Em 2009, os psicólogos do esporte Kate Hays e Mark Bawden tiveram a oportunidade de se sentar com catorze dos atletas mais bem-sucedidos em seus esportes e perguntar sobre seus melhores e piores desempenhos. Treze atletas haviam ganhado medalhas em um grande campeonato [por exemplo, as Olimpíadas] e o único que não havia ganhado era recordista mundial. Esse vislumbre peculiar da mente dos melhores não era apenas uma entrevista, era parte de um estudo para o English Institute of Sport examinando o papel da confiança naqueles que atingiram o auge do desempenho esportivo.

Temos a tendência de pensar nos melhores entre os melhores como imunes aos sentimentos de dúvida e insegurança que você ou eu sentimos. À medida com que trabalhei com indivíduos de grande desempenho em nível mundial em vários domínios, notei um tema consistente:

eles são humanos, assim como o resto de nós. Não são máquinas sem emoções imunes ao efeito da pressão e do baixo desempenho. E é precisamente o que Hays e Bawden descobriram na pesquisa.[2] Apesar de terem chegado no auge, todos puderam apontar períodos debilitantes em que a confiança diminuiu e o desempenho sofreu por conta disso.

Os indivíduos de alto desempenho não apenas sofrem falhas na confiança, mas isso se infiltra e afeta os pensamentos, sentimentos e as ações. Quando a confiança estava baixa, os atletas "foram irracionais e incapazes de controlar seus nervos, pensar de modo positivo ou manter o foco em suas rotinas normais". É como se os cérebros deles tivessem sido sequestrados. A visão de mundo se tornou obscura e sombria. E as tarefas simples se tornaram difíceis. Ou como a Dra. Hays e o Dr. Bawden descobriram, os atletas sofreram três sintomas: cognição falha, afeto negativo e comportamentos ineficazes. Eles não conseguiam manter o foco à medida que as atenções iam em direção ao que os outros estavam fazendo ou foram sequestrados pelas dúvidas que tomavam conta de suas mentes. Eles sentiram uma maior variedade de emoções negativas, incluindo nervosismo, infelicidade e uma falta de capacidade de aproveitar a competição. A alegria e a emoção se transformaram em ansiedade e desespero. Eles começaram a ver a competição como um sinal de ameaça, não um desafio. E o mais importante, quando a confiança estava baixa, as reações comportamentais seguiram sua cognição e emoções. Eles ficaram tímidos, indecisos, retraídos e sem aquela garra extra que normalmente têm. Apesar de serem alguns dos atletas mais bem-sucedidos do mundo, a baixa confiança foi como *kryptonita*, deixando a cognição, emoção e pensamentos contra eles.

Quando a confiança está baixa, a caixa de ferramentas fica limitada. Nas entrevistas conduzidas por Hays e seus colegas, um atleta declarou: "Eu estava tentando usar minhas técnicas psicológicas..., mas nenhuma estava funcionando. Eu não conseguia me concentrar... tudo estava dando errado e foi apenas horrível."[3] A falta de confiança comprime nossas respostas.

À medida que o desconforto e a dúvida aumentam, a parte "diabinho no ombro" das nossas mentes entra em alerta máximo, procurando uma evidência que confirme seu ponto de vista — qualquer coisa que possa usar para justificar a desistência ou fazer menos esforço. Quando a confiança é baixa, estamos preparando as mentes para serem suscetíveis à espiral negativa. Nós já temos dúvidas sobre a capacidade de desempenho de acordo com as expectativas, então, no primeiro sinal de que é o caso, o cérebro se agarra a isso. Um empurrãozinho e estamos caminhando em direção a um surto completo.

Sem surpresa, quando a confiança está alta, sentimos o oposto. Conseguimos focar completamente na tarefa em mãos. Sentimos emoções positivas: prazer, calma e animação. A linguagem corporal muda e sentimos que estamos no controle da situação. Pesquisas mostram que somos capazes de lidar com as exigências da situação, enquadrar o nervosismo como animação e persistir diante da fadiga em ascensão. Em comparação aos dias de confiança baixa, os dias nublados e chuvosos são substituídos por céus azuis e luz do sol.

A confiança é um filtro, tingindo como vemos os desafios à frente e a nossa capacidade de lidar com eles. Ela inclina a balança em favor de uma visão otimista ou pessimista da atual situação. Quando a confiança está alta, conseguimos lidar com as exigências do evento. Podemos administrar os medos e as dúvidas, silenciar as vozes negativas e redirecionar o foco para a tarefa em mãos. A confiança expande a capacidade de agir, de administrar e de superar situações difíceis. A confiança e a força andam de mãos dadas.

Não é surpresa que vemos treinadores, palestrantes motivacionais e quase todo mundo na indústria de autoajuda divulgar a necessidade profunda de acreditar em nós mesmos. Há muito nos dizem que, por meio da autoconfiança, podemos conquistar tudo que nos dispomos a fazer. Se sabemos os benefícios da confiança, não somente para nos permitir alcançar o potencial, mas também para melhorar nosso bem-estar, por que até mesmo os melhores dos melhores são cheios de dúvidas? Uma razão: passamos tempo demais desenvolvendo o tipo errado de confiança.

Quando se trata de confiança, o antigo modelo de força enfatiza agir em vez de fazer. Nós agimos com confiança, andamos por aí com nosso peito estufado, como se tivéssemos absoluta crença e certeza em nós mesmos e no nosso trabalho. Falamos demais e nunca discutimos as inseguranças ou dúvidas. O que vale é a aparência da crença. Mas quando a situação fica crítica, essa variação externa falha. A verdadeira confiança precisa ser encontrada na realidade. E ela vem de dentro. Não se trata de ignorar a condição humana de sentir dúvida e insegurança, mas de chegar a um acordo com ela e com suas capacidades. Não se trata da eliminação da dúvida, mas de permitir dúvidas o suficiente para nos manter sob controle, enquanto estamos seguros no conhecimento de que encontraremos uma maneira de superar o obstáculo no caminho. Por tempo demais, insistimos corretamente no valor da confiança, mas seguimos criando o tipo errado.

"Fingir até conseguir!" É um conselho bem usado para atletas, empreendedores e qualquer pessoa tentando subir a ladeira corporativa. O conselho resume o que pensamos sobre confiança: que é essencial, um requisito para o sucesso. E se não pudermos exibir o tipo certo, é melhor agir como se soubéssemos o que estamos fazendo em vez de deixar a verdade transparecer. Contudo não paramos de aconselhar os adultos. A busca por uma forma artificial de confiança abrangeu uma geração inteira de crianças à medida que adotamos os benefícios e virtudes da autoestima. Não ao criar um valor verdadeiro ou por meio da superação de desafios, mas ao afirmar para as crianças o quanto são boas.

▸▸▸▸▸▸▸ MÁXIMA DA FORÇA ▸▸▸▸▸▸▸

A confiança é um filtro, tingindo como vemos os desafios à frente e nossa capacidade de lidar com eles.

Criando o Tipo Errado de Confiança

"Legal. Gentil. Um bom amigo. Um corredor rápido. Gosta de pinguins." Na lateral da geladeira dos meus pais, pelos últimos 30 anos, esse pedaço de papel laminado é um lembrete do que meus colegas de classe pensavam sobre o Steve de 9 anos de idade. Para os meus pais, era um amuleto, um sinal de que estavam educando um "bom" menino, sobre quem os colegas tinham uma boa opinião. É um gesto legal, um lembrete de uma época mais gentil e amorosa. Apesar de, para mim, na época e agora, ter um significado diferente.

Aquele pequeno pedaço de papel laminado escrito com uma boa caligrafia foi resultado de um exercício feito por uma das minhas professoras favoritas do ensino fundamental. Uma tarefa destinada a melhorar nossa autoestima, para nos ensinar a ser legais uns com os outros. E, no geral, para nos sentirmos bem com nós mesmos. Escrevemos um elogio para cada um dos colegas de classe e a professora fez o papel pessoal de elogios. Quando eu tinha 9 anos de idade, lembro de me sentir um pouco desconfortável com essa atividade. Havia alguns alunos na turma que não eram dos mais legais, tive que ir fundo para encontrar algo bom para falar sobre eles e, geralmente, escrevia algum clichê genérico como resposta, tipo, "gosta de jogar *kickball*". Quando recebi meu papel, passei o olho, fazendo a distinção entre os elogios verdadeiros e os que foram escritos como clichê por falta de opção. Alguns elogios tinham significado, outros não.

Como uma criança educada na década de 1990, fiz vários exercícios semelhantes com o objetivo de aumentar minha autoestima. Havia assembleias escolares e atividades em sala de aula com o objetivo de nos fazer sentir bem com nós mesmos. Fora dos pátios da escola, a evidência desse movimento de autoestima podia ser vista na minha estante de troféus — dezenas de prêmios que não mostravam nada além de que eu havia pagado para fazer parte de uma equipe. Ganhando ou perdendo, todos recebíamos um troféu.

Eu fui um *millennial* que sentiu o auge da febre psicológica que infiltrou as mentes, escolas e campos de treinamento dos Estados Unidos. O segredo das doenças da nossa infância e da sociedade foi encontrado: falta de autoconfiança.

Em 1986, George Deukmejian, governador da Califórnia, assinou uma legislação criando uma força-tarefa que prometia mudar como lidávamos com os problemas da sociedade. O arquiteto da força-tarefa era John Vasconcellos, um político californiano com um jeito para o extravagante. Vasconcellos uniu dezenas de profissionais de vários ramos para combater o aumento das taxas de criminalidade, abuso de drogas, o declínio do padrão educacional e uma variedade de outros males que afetavam a Califórnia na década de 1980. Eles formaram a California Task Force to Promote Self-Esteem and Personal and Social Responsibility [Força-tarefa da Califórnia para a Promoção de Autoestima e Responsabilidade Individual e Social, em tradução livre].

Depois de passar por uma terapia focada na autoestima para ajudar sua própria saúde mental, Vasconcellos transformou-se em um evangelista, pregando os benefícios da autoestima para quem quisesse ouvir. Sua lógica era direta: se ele pudesse fazer todas as pessoas sentirem que têm valor e mérito, então cada uma delas poderia alcançar seu potencial completo. Se as pessoas sentiam que não valiam a pena, então não era surpresa que iam em busca de drogas, álcool ou tinham comportamentos criminosos. Embora seu comitê tenha sido inicialmente ridicularizado, Vasconcellos buscou sua missão com um fervor religioso. Ele ia mudar o mundo para melhor.

Dois anos depois do início da missão, Neil Smelser, o sociólogo que Vasconcellos recrutou para pesquisar sobre o impacto da autoestima, apresentou um relatório preliminar informando para a força-tarefa que "estas descobertas correlacionais são realmente muito positivas, bastante convincentes."[4] Vasconcellos encontrou sua prova — e uma frase de efeito. Ele as espalhou por todos os programas de notícias que encontrou, aparecendo no *Oprah Winfrey Show* e no *Today*.

FAÇA COISAS DIFÍCEIS

Em 1990, Vasconcellos produziu sua obra-prima, intitulada *Toward a State of Esteem*.[5] No sumário executivo, a baixa autoestima foi declarada um fator contribuinte para uma série de males, incluindo o abuso de drogas e álcool, crime e violência, pobreza e dependência de auxílio do governo e problemas familiares e no ambiente de trabalho. O relatório de 161 páginas dá a entender como se o grupo tivesse encontrado o segredo para consertar a sociedade. Na verdade, isso realmente é dito na página 21: "A autoestima é a candidata mais provável para uma vacina social, algo que nos capacita a viver de forma responsável e que nos dá imunidade contra as tentações do crime, abuso de substâncias, violência, gravidez na adolescência, dependência crônica de auxílio do governo e fracasso educacional."

Havia apenas um probleminha. As conclusões eram falsas, baseadas em opinião, não no que realmente a pesquisa havia descoberto. De acordo com os dados, o único cientista, Smelser, concluiu: "A autoestima permanece indefinível porque é difícil detalhar de forma científica... As associações entre a autoestima e as consequências esperadas são mistas, insignificante ou ausentes." A validação científica não estava presente.

E aquela frase de efeito brilhante que Smelser repetiu no *Oprah Winfrey Show*? Foi tirada de contexto. Quando o escritor Will Storr ouviu novamente a gravação da apresentação dada para a força-tarefa para um artigo no *Guardian*, ele descobriu a citação no meio do problema. A frase de Smelser apareceu quando ele estava discutindo um segmento muito pequeno da pesquisa sobre desempenho acadêmico antes de completar com: "Em outras áreas, as correlações não parecem tão boas, e não temos muita certeza do porquê. E, quando temos correlações, não temos certezas das causas."[6] Sua conclusão geral? A autoestima não tinha muito valor.

Não importava que a pesquisa era, na melhor das hipóteses, inconclusiva. A narrativa já havia sido escrita. Os políticos e as mídias pegaram o movimento da autoestima e lançaram para a estratosfera. As escolas implementaram intervenções à autoestima que eu e milhões vivenciamos quando éramos crianças. Até mesmo a maneira como falávamos com os filhos havia mudado. De acordo com a psicóloga Jean Twenge, a frequência de slogans como "Acredite em si mesmo e tudo é possível" disparou na década de 1980 e 1990. Pôsteres com dizeres positivos enfeitavam as salas de aula por todo os Estados Unidos. Antes disso? Nem tanto. Como Twenge contou ao *Cut*: "Eles eram muito individualistas, muito egoístas e muito delirantes. 'Acredite em si mesmo e tudo é possível?' Não, não é verdade."[7]

Como *millenials*, minha geração costuma ter uma má reputação. Somos descritos como autocentrados, egocêntricos e um pouco narcisistas. Somos confiantes demais, todos acreditando que devemos subir a escada do sucesso, pular o período mundano de "pagar nossas dívidas" e fazer o que nos deixa felizes. Cada geração difama a outra, mas há uma pontinha de verdade nas reclamações. De acordo com pesquisas, *millennials* podem ter um nível mais alto de narcisismo.[8] Eles têm maior probabilidade de verem a si mesmos como acima da média e têm níveis maiores de autoestima. Mas, em vez de reclamar sobre a geração, deveríamos nos perguntar: O que mais se deve esperar de um grupo que teve enfiada em suas cabeças a ideia de que eram especiais e que podiam ter sucesso no que quisessem?

O Valor Próprio Contingente e a Busca pela Autoestima

Sentir-se bem consigo mesmo tem um apelo natural. É fácil entender por que uma geração de pais, professores e administradores renderam-se à importância do conceito. A autoestima se correlaciona bem com um número de fatores importantes relacionados à saúde e bem-estar, incluindo satisfação de vida.[9] Autoestima é uma coisa boa. Porém erramos em pensar que a autoestima em si deve ser o objetivo. Pensar que deveríamos lutar pelo sentimento, em vez de ter autoestima como um subproduto, algo que ocorre em vez de ser buscado. O problema com o movimento foi colocar a autoestima como foco, algo para buscarmos. Algo que elogios, confetes e recompensas podiam curar. A autoestima e a confiança andam de mãos dadas. Elas só funcionam se forem fundadas na realidade.

De acordo com uma teoria proeminente, a autoestima funciona como um tipo de sensor, alertando-nos sobre o senso de mérito ou valor. A teoria do sociômetro sugere que a autoestima representa um resumo do senso de aceitação, tanto de nós mesmos quanto do nosso grupo social. Quanto maior o nível de aceitação, maior nossa autoestima. Pessoas bem-sucedidas costumam ter uma autoestima maior não porque estão buscando a autovalorização, mas porque ela é um subproduto de desafios já superados e de fazer conexões significativas com outras pessoas. Nossa narrativa interna muda quando somos desafiados e quando superamos alguma adversidade. Quando colocamos esforço em uma tarefa difícil, internalizamos que temos uma forte ética de trabalho. Tornamo-nos adeptos a saber que nós, também, podemos "dar duro" em um problema. Autoestima duradoura não vem de escutar que somos bons. Vem de realmente trabalhar nela e de fazer conexões verdadeiras.

Com o movimento da autoestima, invertemos o roteiro, tentando oferecê-la sem a ação e o trabalho que a acompanham para validá-la. Pior ainda, mudamos o foco da alegria de realmente trabalhar na autoestima para elogios externos e recompensas. Estamos criando um tipo de autoestima artificial, uma que é frágil e baseada em uma ilusão. Criamos uma autoestima que era contingente e focamos na parte externa.

Quando nosso valor próprio é dependente de fatores externos, temos o que os pesquisadores chamam de uma autovalorização contingente. Obtemos o senso de identidade dos pensamentos alheios e de como somos julgados. Nós damos controle para fatores externos. Quando utilizamos elogios fúteis e combinamos isso com recompensas não merecidas, criamos um ambiente propício para desenvolver a autovalorização contingente. Como Mark Freeman resumiu em seu livro *You Are Not a Rock* [sem tradução até o momento]: "A busca pela autoestima logicamente o prepara para uma baixa autoestima. É a mesma emboscada novamente: Se você acredita que seu valor vem de pessoas que lhe dão coisas, então você entrega o controle da sua imagem para elas. Se não lhe dão essas coisas, então seu cérebro conclui de forma lógica que você não deve ter valor."[10]

Da mesma forma, quando o senso de identidade alterna para receber elogios e recompensas externas, nossa motivação alterna com ele. Em 2012, eu era um jovem treinador com um grupo de 30 voluntários ao meu dispor. À minha frente estava um grupo de universitários corredores de fundo que eu chamava de minha "equipe de maltrapilhos desajustados". Eles não se encaixavam no molde tradicional de uma equipe universitária de *cross-country*. Eram uma mistura de classes econômicas e sociais, etnias e origens que se encaixavam na nossa universidade no centro da cidade. Com a tarefa de melhorar o grupo e recrutar corredores cada vez melhores com recursos limitados, comecei a ver se conseguia encontrar pistas sobre como melhorar o desempenho e focar em selecionar os indivíduos que se destacassem. Fiz meus atletas passarem por vários testes psicológicos, avaliando tudo, desde garra a estados mentais, até como eles lidavam com o estresse. Houve achados interessantes, mas o valor real não deu frutos até muito tempo depois.

Cinco anos depois, tinha esquecido da maior parte dos dados que coletei. Estavam guardados no meu computador. Mas à medida que refletia sobre outra temporada de desempenhos, decidi voltar e calcular o quanto cada atleta havia melhorado. Alguns tiveram uma grande melhoria, indo de figurantes para alguns dos melhores da história da faculdade. Outros começaram como fenômenos e não corresponderam às expectativas. Eu estava acostumado a avaliar a falta de desempenho deles por meio da lente de treinador. De acordo com a lógica, o treino funcionava ou não funcionava. Contudo, ao examinar a variedade das curvas de melhorias, os dados psicológicos que coletei há muito tempo me vieram em mente.

Quando voltei e comparei estilos de motivação com a melhoria do desempenho durante a carreira de cada atleta, um fator se destacou. Aqueles que tiveram pontuação alta em um tipo particular de motivação extrínseca chamada de regulação externa tiveram taxas de melhoria mais baixas. A regulação externa é definida quando "o esporte é desempenhado não por diversão, mas para obter recompensas [por exemplo, elogios] ou para evitar consequências negativas [por exemplo, críticas dos pais]."[11] Os cinco atletas que mais pontuaram em regulação externa foram os que mostraram menos melhorias. À medida que lemos os nomes deles, meu assistente, Nate Pineda, exclamou: "Que loucura! Que correlação." Ficamos impressionados com os nomes no topo da lista. Foram aqueles que, como treinadores, lutamos para entender uma forma de ajudá-los a melhorar.

Quando se tratava de autoestima, nós tentamos impulsionar uma geração com métodos que nos levavam a ter o tipo contingente e motivado por elementos externos. Quando a autoestima é contingente, ela é frágil. Quando tem base em prêmios ou elogios externos, é dependente de algo que temos pouco controle. Quando se trata de desenvolver confiança, muitas vezes temos o mesmo destino. Nós tentamos criar um senso frágil de confiança, um com base em bravata e exibições externas. Tentamos impulsionar os níveis de confiança com elogios, recompensas e até mesmo inflação de notas, que geralmente não são merecidas. Acreditamos que qualquer tipo de fracasso deva ser evitado em vez de aceito, porque quebra nossa confiança. Estamos cometendo os mesmos erros, preparando-nos para uma confiança baseada nos elementos externos, não nos internos.

A Arrogância Baseia-se Em Insegurança; A Confiança Baseia-se em Experiência

No programa da ESPN, *Always Late with Katie Nolan*, a apresentadora pediu para que um estudante universitário chamado Darrell participasse de um famoso exercício de futebol americano, a corrida de 40 jardas. Darrell não era um participante sortudo, ele estava no programa por conta da arrogância, pois *twittou:* "Eu realmente quero saber como me sairia na corrida de 40 jardas. Estou confiante de que poderia correr em um tempo de jogador 4.4." Nolan desafiou Darrell, um ávido rato de academia, a fazer o que estava prometendo. Antes de Darrell amarrar os cadarços, Nolan perguntou: "Confiante de que pode correr em um tempo de jogador 4.4? Você acha que é Odell Beckham Jr.?" Darrel respondeu: "100%". Darrel não correu exatamente como um jogador 4.4. Com um passo largo que parecia mais que estava arrastando os pés do que correndo, ele fez um tempo de 5.5. Isso o colocaria mais entre os mais lentos dos jogadores mais lentos. Ou em um universo completamente diferente de seu objetivo.

Confiança é algo que nós entendemos de forma intuitiva. É um sentimento que nos faz pensar: "Eu consigo." Quando pensamos em indivíduos fortes, geralmente imaginamos aqueles irradiando confiança. Mas, em vez disso, o que recebemos não é um tipo de confiança segura e fundamentada, mas uma que parece com a do amigo Darrell das 40 jardas, um tipo falso.

Assim, como com a autoestima, há uma versão real — uma que é profunda, baseada em evidências e compreensiva — e uma versão falsa da confiança, com base em bravata. A versão falsa é derivada da insegurança. É uma máscara que uma pessoa usa, tentando fingir durante uma tarefa ou querendo fazer um show para os amigos. Homens parecem ser mais vulneráveis ao tipo falso, talvez mais bem demonstrado pelo fato de que um entre oito homens, de alguma maneira, pensam que podem ganhar uma partida contra a superestrela do tênis Serena Williams.[12] A ilusão e a falsa confiança andam de mãos dadas.

Essa ousadia ou arrogância é um fenômeno confuso. Um que transcende os esportes. Ninguém exemplifica isso melhor do que o ex-presidente dos Estados Unidos, Donald Trump, que já declarou uma longa lista de assuntos sobre os quais ele sabe "mais do que qualquer pessoa", incluindo orçamento de campanhas, órgãos jurisdicionais, redes sociais, energia renovável, impostos, construções, tecnologia e uma dezena de outros itens.[13] Falar alto e de forma exaltada não sinaliza confiança. É o oposto. Pesquisas recentes descobriram que aqueles que tendem a gritar mais alto — tanto de modo presencial quanto virtual — fazem isso porque falta confiança interna.[14] Com muita frequência, nós confundimos arrogância e ousadia com confiança. Confundimos exposições externas com indicações de trabalhos internos, sem perceber que a necessidade de proclamar que uma pessoa é confiante é, sem dúvida, um sinal de que ela é tudo menos isso.

Nós até incentivamos essa conceituação. Nós demonizamos as dúvidas. Mostrar qualquer tipo de fraqueza, sentir qualquer hesitação, com certeza é um sinal de que você não merece um aumento. Humildade e vulnerabilidade são sinais de que você não consegue aguentar situações "difíceis". É uma mensagem que absorvemos desde o futebol infantil. Agir de forma confiante nos leva ao sucesso. Deixe qualquer dúvida ou incerteza entrar na mente e você estará do lado errado da equação, indo em direção ao fracasso e à queda.

Dizemos uns aos outros para fingir até conseguir. Ou, depois de um baixo desempenho, dizemos aos atletas como agir de modo confiante, como se fosse algo que eles pudessem ligar e desligar. Confundimos as exibições externas com uma confiança interna. Pensamos que, se podemos falar, vamos conseguir fazer. Assim como com a autoestima, entendemos errado. Confiança precisa vir de dentro.

Quando enfrentamos um desafio, as expectativas e a realidade devem ter um alto nível de sobreposição. Sempre que isso não acontece [por exemplo, um alto senso de confiança e uma baixa habilidade de atender às exigências da tarefa, ou vice-versa], então a probabilidade de persistirmos durante uma tarefa ou até mesmo de ter o melhor desempenho é bastante reduzida. É mais provável que pegaremos a saída mais rápida. Que iremos parar, iremos desistir. Que iremos encontrar uma solução que não envolva confrontar o que quer que esteja à nossa frente. Por que iríamos nos preparar com uma expectativa exagerada e inalcançável, somente para a realidade dar um tapa em nossos rostos quando entrarmos em campo?

Quando o seu latido não faz jus à sua mordida, seu cérebro já está ciente. Ele não é burro. O trabalho dele é proteger em vez de deixar seu ego estúpido entrar no caminho. Quando temos confiança demais, nos preparamos para o fracasso. Isso não é uma hipótese clichê: pesquisadores encontraram esse fenômeno em tudo, desde os esportes de competição até decidir se você quer ficar em um relacionamento ou se quer pedir demissão. É fácil se sentir confiante no começo, mas quando encaramos a realidade de que não alcançaremos nossos objetivos, sentimos o que os psicólogos chamam de uma crise de ação.[15] Mudamos de uma orientação direcionada aos objetivos, em que a motivação para alcançá-los é o foco, para um estado em que pensamentos e sensações negativas persistem. Deixamos de ser motivados pelo sucesso para negociar com nós mesmos sobre abandonar o objetivo. A falsa confiança influencia esse ponto fundamental da balança das nossas capacidades versus a dificuldade da tarefa. Se superestimamos as capacidades, então no primeiro momento em que nossa mente percebe, "espera, estamos nos precipitando", ela aperta o botão de proteção. Nós paramos, vemos a tarefa como uma ameaça e guardamos nossa energia para algo que valha mais a pena.

Por exemplo, observe os alunos que vão fazer uma prova agindo com confiança, mesmo quando fizeram o mínimo de estudar para se prepararem. É claro, eles podem fingir, se entusiasmar, se convencer de que podem contar com a capacidade de mentir na redação ou usar a prova de múltipla escolha a seu favor. Mas no momento em que encontram algumas questões que os deixam sem esperanças, a realidade se infiltra, seus corpos são invadidos pelos hormônios do estresse e o pânico toma conta de suas mentes. Quanto maior o desequilíbrio entre as expectativas e a realidade, piores eles estarão.

Ming Ming Chiu, um professor da Universidade de Buffalo, em Nova York, se propôs a avaliar o impacto da confiança nos níveis de leitura das crianças.[16] Ao observar estudantes de 34 países diferentes, Chiu e seus colegas descobriram que, embora um pouco de confiança possa ajudar, confiança demais pode ser prejudicial. O excesso de confiança foi ligado às piores interpretações de texto. Explicando as descobertas, Chiu relatou: "Se um estudante com excesso de confiança escolhe um livro muito difícil — como *O Senhor dos Anéis* em vez de *Harry Potter e a Pedra Filosofal* —, ele ou ela talvez pare de ler depois das primeiras páginas e deixe o livro na estante. Por outro lado, um estudante mais autoconsciente provavelmente terminará um livro mais fácil e continuará lendo outros."

Se elevamos a confiança de modo artificial, dizendo para nós mesmos que será mamão com açúcar ou como tirar doce de criança, o cérebro está recebendo de modo constante a mensagem de que não precisamos nos esforçar para alcançar nosso objetivo. Se é supostamente fácil, por que deveríamos gastar recursos em excesso? Quando a realidade bate, vamos direto para um surto. "O que está acontecendo? Achei que isso seria fácil ou estaria dentro das nossas capacidades", nossa mente pode pensar. Cultivar a falsa confiança cria insegurança para nossa mente explorar.

Essa é a diferença entre uma confiança externa frágil e uma interna segura. Em um estudo com mais de doze mil indivíduos, pesquisadores descobriram que fingir talvez ajudasse um pouco em comparação àqueles que não tinham confiança. Mas, quando comparados com aqueles que possuíam confiança interna, falharam. Nas classificações de automotivação, autoestima, resiliência, mecanismo de defesa, adaptabilidade e assertividade, ter um alto nível de confiança externa pode ter levado a uma pequena melhora nas medidas citadas, digamos, de 35 a cada 100 para 42. Mas aqueles com um alto nível de confiança interna segura estavam pontuando na casa dos 70 e 80 nas mesmas medidas. Confiança interna nos leva a mudanças significativas. Como Ilona Jerabek, presidente da empresa envolvida na pesquisa, comentou ao refletir sobre os resultados do estudo: "Fingir ter confiança pode ser eficaz até certo ponto... No entanto, como qualquer farsa que criamos, não dura."[17]

A falsa confiança ajuda em situações em que praticamente não precisamos de um empurrãozinho extra. Fingir funciona em tarefas fáceis, em que o desafio é mínimo e um pouco de motivação extra é necessária para começar. No ambiente de trabalho, pesquisas mostram que a falsa confiança pode enganar aqueles que não conhecem um certo assunto, mas aqueles com um conhecimento moderado sobre o tópico irão farejar sua falta de tino. Em situações que exigem força, a falsa confiança vai basicamente fracassar. A confiança externa é frágil, fugindo quando a pressão ou incerteza surgem. Uma confiança interna segura é forte. Embora vejamos adversários e executivos fortes como tendo uma crença inabalável neles mesmos, a realidade é que o melhor jeito de estar preparado para um desafio não é tendo coragem, mas um otimismo trágico, um senso de realidade no curto prazo, mas uma esperança em longo.

Como Criar Confiança Interna

Criamos confiança de forma errada, pensando que isso deve significar que somos confiantes em todas as situações, independentemente das nossas capacidades para encarar o desafio. Que os que são fortes podem passar por qualquer coisa. Precisamos baixar as expectativas e perceber que confiança simplesmente significa ter segurança em saber que você pode conquistar qualquer coisa que esteja dentro das suas capacidades. Não é ser capaz de fazer o impossível. Aqui estão os quatro passos para desenvolver a verdadeira confiança interna:

1. Baixe as expectativas. Aumente a realidade.

2. Destrua a perfeição. Aceite quem você é.

3. Confie no seu treinamento. Confie em si mesmo.

4. Desenvolva um ego silencioso.

1. Baixe as expectativas. Aumente a realidade.

Ao tentar melhorar, a maioria de nós vai pela abordagem extrema, julgando-nos com base no melhor desempenho. Na corrida, nós nos definíamos pelo recorde pessoal para um evento. Melhorar significava correr mais rápido do que nunca. Brian Barraza, um corredor profissional, vê o desempenho de uma forma diferente. "Meu objeto é aumentar a realidade. Ter confiança de que sempre que eu pisar na pista, vou conseguir correr um certo tempo." Em vez de entrar com tudo, Barraza estabelece uma expectativa mínima. "Quando você aumenta a realidade, permite que aqueles dias em que tudo está funcionando bem superem as expectativas. Não é que estejamos baixando a guarda ou ficando na zona de conforto, apenas desenvolvemos a confiança para saber que o desempenho X é algo que podemos repetir. Saber que, enquanto fizermos o que está no nosso controle, podemos alcançar um certo padrão, independentemente das circunstâncias", Barraza me disse depois de um treino. À medida que vi essa ideia se infiltrar entre os atletas, notei uma tendência. Aqueles que aumentavam a realidade tinham uma confiança interna neles. O que uma vez pareceu loucura, agora era a norma.

Brian Zuleger, um psicólogo esportivo da Adams State University, me ensinou um exercício para reformular as expectativas. Em vez de buscar o melhor desempenho, algo que só podemos conquistar raramente, busque aperfeiçoar sua melhor média. Quando nos julgamos com base no melhor, inevitavelmente fracassamos com mais frequência. Em vez disso, a média dos cinco desempenhos mais recentes nos fornece um objetivo ainda complicado, mas alcançável.

O objetivo é, primeiramente, ser consistente. Não baixe suas expectativas apenas para se tornar confiante. Entenda do que você é capaz e estabeleça um padrão dentro deste âmbito ou apenas um pouco para fora. Encare a realidade. Entenda que um avanço não vem de criar um falso senso de confiança; ao desenvolver a crença de que você pode alcançar um certo padrão, você se liberta para correr riscos quando a oportunidade aparecer.

2. Destrua a perfeição. Aceite quem você é.

A verdadeira confiança está em entender quem você é e do que você é capaz. Está em ser vulnerável, não em um machismo delirante. Você não aumenta a realidade desenvolvendo uma visão irrealista de si mesmo. Você faz isso dando uma boa olhada no lugar em que está no momento. Entender do que você é capaz, quais desafios a tarefa traz e em quais pontos suas fraquezas podem estar. A verdadeira força reside em ser humilde e inteligente o bastante para reconhecer as forças e fraquezas. Em encontrar o ponto certo entre o risco e a recompensa, equilibrar a escala das expectativas versus demandas. Vulnerabilidade — em reconhecer que você não será inabalável, impenetrável à dor e pressão ou que nunca irá fracassar — é a única forma de obter confiança interna. Indivíduos realmente fortes não se importam de explorar as fraquezas. Eles desenvolvem a capacidade de expressar vulnerabilidade e dor sem medo de serem ridicularizados. A recusa em explorar ou reconhecer as fraquezas é um sinal de insegurança, não de confiança.

Quando estamos vulneráveis, as palavras, frases e críticas que podem nos afetar perdem o poder se as reconhecermos e entrarmos em acordo. Quando tentamos esconder as inseguranças é quando elas podem ser exploradas. Desenvolver uma falsa confiança é uma forma de mascarar — uma ilusão para tentar nos levar a pensar que temos o que é preciso. Criamos falsa confiança pela mesma razão que construímos uma autoestima falsa: para proteger partes sensíveis do ego e para esconder as fraquezas e inseguranças do mundo, por medo de sermos expostos como uma fraude ou como se não fôssemos bons o bastante.

Se pudermos chegar a um acordo com quem somos, com os defeitos e tudo mais, desarmaremos lentamente as inseguranças, como a tendência a estremecer quando criticam a aparência, inteligência ou as habilidades de escrita. Podemos reformular nosso relacionamento com esses itens, tratando-os não como coisas para mascarar ou esconder, mas como itens a conhecer e aprender com eles.

Quando chegamos a um acordo com os defeitos, podemos adotar um senso de identidade seguro. Neste capítulo, discutimos a batalha humana com duas grandes construções psicológicas: autoestima e autoconfiança. Ambas se resumem no mesmo problema: como vemos a nós mesmos e o mundo ao redor. Em outras palavras, nós nos enxergamos com claridade ou com ilusão? Nosso senso de identidade interpreta um grande papel em como vemos o mundo. Quando somos jovens, experimentamos diversas identidades, brincando entre músicos, atletas, *nerd* ou quaisquer outros rótulos que adolescentes utilizam. Trocamos um pelo outro em um período tão curto quanto as férias de fim de ano. À medida que envelhecemos, nossa identidade começa a cimentar. Mas o quanto ela enrijece depende de nós.

Podemos não querer a identidade camaleônica dos anos adolescentes, porém quem somos também não deveria ser algo imutável. Precisamos nos sentir confortáveis com quem somos, mas sermos capazes de mudar. Precisamos de uma identidade segura, mas flexível. Se a identidade se torna algo imutável, então qualquer tipo de ameaça contra a narrativa interna será interpretado como um ataque. Vamos lutar, defendendo quem somos a todo custo e utilizando o viés cognitivo para manter o senso de identidade intacto. Se, por outro lado, reconhecermos as fraquezas, então podemos sair dessa posição defensiva, com um conhecimento estável de quem somos, mas com os detalhes sujeitos a revisão. Não é um ataque, porém, uma ajuda para entender as fraquezas.

3. Confie no seu treinamento. Confie em si mesmo.

No começo do capítulo, discutimos sobre o treinador Fred Wilt repreendendo o maratonista Buddy Edelen por sua insegurança. A mensagem de Wilt era simples e foi repetida por treinadores durante gerações: confie no seu treinamento, confie na sua aptidão física. Essas expressões simples transmitem uma mensagem muito mais profunda: que a verdadeira confiança está fundada em dar duro.

A confiança não vem de dar duro por medo ou neuroticismo — praticar porque você está com medo de perder ou falhar. Quando o medo está na frente da motivação, a insegurança penetra. Quando o trabalho é feito em nome da melhoria, por gostar do processo ou por buscar a maestria, então a confiança cresce pouco a pouco. Um sentimento de "Já estive aqui antes, estou preparado para este desafio". É o escritor que vai até sua mesa todos os dias e escreve. A dançarina que passa incontáveis horas aperfeiçoando sua coreografia. O executivo que planejou todos os cenários possíveis. O resultado pode nem sempre ser o que você esperava, mas dar duro fornece uma confiança segura fundada em algo concreto.

LeBron James é, sem dúvida, o melhor jogador de basquete do planeta. Em 2014, ele adicionou um novo elemento ao treino: uma competição individual em que as cestas só contavam se você fizesse o arremesso com o pé e a mão errada. James estava subestimando um ponto fraco em seu jogo. Arremessar com o pé e a mão errada nunca seria tão natural quanto seu lado dominante, mas permitiu ter competência o bastante caso fosse colocado nessa situação durante um jogo. Ele deu uma chance para si mesmo.

Não é surpresa que seu colega na discussão de quem é o melhor jogador da história, Michael Jordan, uma vez disse: "Se você tem dúvidas ou preocupações sobre um arremesso, ou sente a 'pressão' dele, é porque não praticou o bastante. A única forma de aliviar essa pressão é construir seus fundamentos, praticá-los repetidas vezes, logo, quando o jogo começa, você consegue lidar com tudo que aparecer."[18] Para ganhar confiança, dê duro por crescimento, não medo. A coragem é conquistada, não assumida.

4. Desenvolva um ego silencioso.

O ego é como uma criança tentando se encaixar no ensino fundamental. Ele só quer que gostem dele. No momento em que o fracasso ou a vergonha estão aparecendo no horizonte, ele rapidamente encontra uma saída, desviando-se da responsabilidade e distanciando-se da situação. É a criança que tenta culpar seus irmãos mais novos pelo leite derramado no tapete ou que encontra qualquer desculpa — "A professora está me perseguindo!" — sempre que traz para casa um teste de história com uma nota vermelha. O ego consiste em proteção.

Gostamos de andar por aí com uma história em mente, de que somos pessoas boas, decentes e competentes. Sempre que uma evidência do contrário se apresenta, o ego se esforça para racionalizar, justificar ou explicar por que o oposto não pode e não deve ser verdade. Nosso ego faz muitas coisas boas por nós, agindo como um sistema imunológico social que afasta ameaças psicológicas. Mas se ele é fértil, apoiando um senso de identidade que não reflete a realidade, então é tão prejudicial quanto um sistema imunológico hiperativo. Não queremos desligar o ego. Queremos diminuí-lo até um nível razoável.

A psicóloga social Heidi Wayment foi pioneira da ideia de um ego silencioso.[19] De acordo com o que ela contou para a revista *Scientific American*, com um ego silencioso "o volume é diminuído para que ele possa ouvir aos outros tanto quanto a si mesmo em uma tentativa de abordar a vida de uma forma mais humana e compassiva".

Um ego silencioso consiste em se manter em equilíbrio — chegar em um acordo com a necessidade de ter confiança, mas estar profundamente ciente dos pontos fortes e fracos de nós mesmos e da situação. É ser aberto e receptivo com outras pessoas, ao invés de defensivo e fechado. É ter a capacidade de se afastar, ganhar perspectiva e entender que um fracasso em curto prazo geralmente faz parte de uma vitória em longo prazo. Como silenciamos nosso ego? Pergunte-se: o que faz você atacar, refletir e se afastar? O que faz com que você fique na defensiva? Você descarta as críticas imediatamente ou as considera e avalia? O que você procura é uma pitada de autoconsciência e reflexão combinadas com um senso seguro de quem você é. Um pouco de dúvida e insegurança é normal. Atitudes defensivas e proteção demais são sinais de que o ego está falando alto demais. Quando misturamos percepção, consciência e segurança, podemos superar o estilo de confiança de falsa coragem que permeia o mundo. Confiança é fazer coisas difíceis, algumas vezes fracassar, mas compreender onde você está e voltar a dar duro.

▶▶▶▶▶▶▶

O que fazemos quando fracassamos? Se você tira nota vermelha em matemática, você pensa que é ruim na matéria? Que não é sua praia? Se você exceder sua meta de ganhos trimestrais, você atribui à sua habilidade para negócios? Uma grande parte de desenvolver confiança está em criar um senso de identidade seguro, mas flexível. E uma parte maior ainda depende de como integramos o sucesso e o fracasso em nossa história interna.

Em sua tese de doutorado, a psicóloga esportiva Jennifer Meggs, da Universidade Teesside, descobriu que geralmente assimilamos crenças positivas e negativas ao senso de identidade de duas maneiras diferentes, seja por compartimentalização ou integração avaliativa. Quando compartimentalizamos, é tudo ou nada. Vemos o item como inteiramente positivo ou inteiramente negativo. Veja o exemplo de repetir uma matéria na escola: a compartimentalização diz que isso é bem ruim e que provavelmente não temos um futuro na área.

Por outro lado, aqueles que têm uma integração avaliativa trazem mais nuance para a discussão. Eles podem ver o lado bom e o lado ruim da situação. Podem se sentir ansiosos ou frustrados, porém, ainda acreditam que podem desempenhar a tarefa em mãos. Não é tudo ou nada. Quando os pesquisadores testaram indivíduos com base em qual grupo autoestruturado que se enquadravam e compararam com as pontuações na escala de resistência, os resultados foram claros. Aqueles que eram melhores em integração em vez de compartimentalização eram mais fortes e melhores em "prosperar em circunstâncias adversas."[20]

E essa é a chave para uma verdadeira confiança. Reconhecer o lado bom e o lado ruim, os pontos fracos e fortes. Viver e lidar com a realidade em vez de colocar uma máscara. Estabelecer os próprios padrões. E perceber que, como Alain de Botton disse em seu livro *Confiança*: "O melhor caminho para uma confiança melhor não é nos assegurarmos de nossa própria dignidade: é ficar em paz com o nosso inevitável lado ridículo."

CAPÍTULO 5

Saiba Quando Parar e Quando Cair Fora

Nos experimentos originais do fisiologista russo Ivan Pavlov sobre condicionamento clássico, ele condicionou cães a salivarem quando um sino fosse tocado. Com o tempo, com o badalar de um sino na hora da comida, os cães ligaram o barulho com a ideia de que a comida estava a caminho. Combine um estímulo com uma reação positiva e você terá cães salivando em antecipação à comida assim que o sino tocar, mesmo se a comida nunca vier. Décadas depois, o laboratório de Richard Solomon, na Universidade da Pensilvânia, estava estudando um primo próximo da condição clássica, mas com uma reviravolta negativa. Em vez de ligar o barulho do sino à comida, a reprodução de um toque era associada a receber um choque elétrico. Eles estavam testando o condicionamento pelo medo. Um som era reproduzido; os cães recebiam um choque. Repetidas vezes, até que o som se tornou um sinal de aviso de que um choque estava a caminho. Depois de 24 horas, os cães condicionados foram postos em uma caixa com apenas uma curta barreira, mantendo-os presos. Era fácil de escapar. O laboratório de Solomon acreditava que, com o condicionamento pelo medo, os cães tentariam correr, pular ou o que quer que fosse para escapar assim que ouvissem o som.[1] Afinal, um choque estava a caminho. Exceto que os cães não tentaram escapar. O som foi reproduzido e eles ficaram lá, sentados.

Martin Seligman e Steven Maier eram dois estudantes de graduação que haviam acabado de ingressar no laboratório de Solomon. Eles estavam convencidos de que "uma grande falha na fuga era *o* fenômeno" a ser estudado.[2] Perplexos com a apatia dos cães, que sabiam que um som significava um choque doloroso, Seligman e Maier buscaram entender o que estava acontecendo. Em uma série de experimentos, eles novamente deram choques nos cães. Dessa vez, em vez de ficarem presos, alguns tinham uma saída. Para metade dos cães, se quisessem evitar a dor, desligar o choque, tudo o que eles tinham que fazer era pressionar a cabeça contra um painel. Esses cães rapidamente aprenderam como acabar com o experimento. Para a outra metade, o painel não funcionava. Eles tinham que ficar sentados, sem poder controlar quando os choques iriam começar ou terminar. Eles passaram por choques aparentemente aleatórios durante o tempo de teste. Um grupo podia escapar. O outro estava preso e tinha que suportar.

Depois da experiência com o aparelho de choque, os dois grupos foram colocados dentro de uma gaiola composta por dois compartimentos retangulares, separados por uma pequena barreira de madeira a apenas alguns centímetros de altura. O jogo cruel de choques e evasão ainda não havia acabado. Dessa vez, o choque vinha do chão de um dos compartimentos, mas não do outro. Diferente da primeira rodada, todos os cães tinham a mesma oportunidade de evitar o choque. Pule a pequena barreira de madeira para o outro compartimento e a dor será evitada. Para todos, a segurança estava apenas a um passo.

O que Seligman e Maier descobriram foi impressionante. Os cães que aprenderam a escapar dos choques no experimento inicial, ao pressionar o painel, tiveram a mesma atitude sensível no experimento final: eles pularam a barreira de segurança. Os cães que não conseguiram parar os choques no experimento inicial? Apesar de terem a mesma oportunidade e capacidade de pularem para ficarem em segurança, eles não

SAIBA QUANDO PARAR E QUANDO CAIR FORA

pularam. Mais de dois terços dos cães nem tentaram encontrar uma escapatória, mesmo depois de dez tentativas. E aqueles que eventualmente entenderam que podiam escapar levaram quase até o final do experimento, enquanto seus equivalentes descobriram no primeiro choque. Os pobres cãezinhos que tiveram dificuldade de escapar ficaram apáticos, tristes e curvados em um canto. Eles perderam a capacidade de tentar.[3]

Seligman e Maier se depararam com o que chamaram de desamparo aprendido. Os cães aprenderam que a dor e o sofrimento estavam fora de seus controles. Eles não tinham nenhum poder sobre o que estava acontecendo com eles, então o único recurso era ficar sentado e aguentar. O mesmo fenômeno foi replicado em outros animais. Quando pesquisadores deram choques exatamente na mesma quantidade em ratos, aqueles que não conseguiram pressionar uma alavanca para escapar demonstraram uma maior reação ao estresse e o dobro de quantidade de úlcera gástrica. Quando os ratos não tinham o controle de seus destinos, eles imitaram os cães: pararam de tentar escapar da situação em que estavam. O padrão era claro. Retire o controle e os animais se entregarão ao destino. Eles desistem. Mesmo que o caminho para evitar a tragédia esteja bem na frente deles.

Os ambientes de trabalho modernos, ligas esportivas e, até mesmo escolas, muitas vezes nos treinam para ter a mesma reação. Eles, assim com o modelo antigo da força, se apoiam com frequência no controle e na restrição. Eles retiram a escolha. É o treinador ditador que motiva por meio do medo e da punição. O chefe que pratica o microgerenciamento. A empresa que rastreia cada minuto que os funcionários gastam em uma tarefa e quando se distraem e clicam no Facebook. O pai que restringe e controla tanto o filho que corta a tendência natural que eles têm para a exploração. Acontece que, quando o controle e a escolha são retirados dos humanos, agimos como os cães indefesos no experimento.

Perdemos a habilidade de tentar. A falta de controle apaga a chama até dos mais motivados. Quando nos falta controle, quando sentimos que, não importa o que fazemos, não faz nenhuma diferença, o cérebro está recebendo a mensagem "Para quê?". No ambiente de trabalho moderno, vemos a transformação diante dos olhos. O funcionário júnior jovem e entusiasmado se transforma gradualmente em um ocupante irracional de um cubículo. Transformamo-nos de prósperos para sobreviventes. Há uma razão para o esgotamento ser tão desenfreado em praticamente todas as profissões. Passamos anos treinando a desesperança em nome de uma falsa disciplina. Uma nova abordagem é necessária, com base na retribuição e no fortalecimento da autonomia. Uma que nos permita desbloquear as ferramentas para superar o desconforto.

Desistite

Em 1606, 105 homens zarparam a bordo dos navios Susan Constant, Godspeed e Discovery para atravessar o Oceano Atlântico e estabelecer Jamestown, a primeira colônia inglesa permanente no Novo Mundo. Sobrevivendo a uma jornada de quatro meses, o grupo misto de cavalheiros, ferreiros, carpinteiros e faz-tudo de todos os cantos estabeleceu seu novo lar às margens do rio James no dia 13 de maio de 1607. Dadas as expedições fracassadas que procederam os colonos de Jamestown e o risco e perigo inerente de viajar para terras ainda não exploradas ao redor de um vasto oceano, os aventureiros estavam bem cientes dos perigos diante deles.

No final do primeiro ano, somente 38 homens entre os colonizadores originais permaneceram vivos. Apesar das taxas de mortalidade astronômicas, os colonos continuavam a chegar. Como colônia, Jamestown enfrentou grandes dificuldades. Eles passaram por secas intensas, dificuldades em estabelecer plantações, infiltração de mosquitos transmissores de doenças e situações hostis com os ameríndios. Desespero, isolamento, fome e morte eram comuns.

Em cartas enviadas para casa, os colonos relataram letargia e apatia se espalhando por todo o povoado. Em uma carta de 1610, William

Strachey escreve sobre a extrema ociosidade, uma incapacidade dos colonizadores de "semear milho para suas próprias barrigas, nem plantar uma raiz, erva etc. para seu próprio bem em seus jardins ou outro lugar..."[4] Enquanto outro colono relatou, alguns anos depois, que "a maioria desiste e morre de melancolia."[5]

Analisando esse período difícil, a explicação comum para os relatos constantes de apatia e ociosidade é que a fome sugou dos colonos qualquer energia e desejo de trabalho. Ou eles estavam despreparados para a dura realidade do Novo Mundo. A historiadora Karen Kupperman tem uma opinião diferente. Embora a fome fosse ameaça real e constante, e se o custo psicobiológico de viver com a morte e o desespero como companhias constantes levasse à própria morte?

Como Kupperman descreveu em seu artigo *Apathy and Death in Early Jamestown*, houve uma breve trégua nas taxas de mortalidade astronômicas do início de Jamestown. Quando John Smith, aventureiro e posteriormente lenda do conto da Pocahontas, assumiu o comando com um novo lema, "trabalhe ou morra de fome", as mortes diminuíram por um tempo. Exigindo que cada colono trabalhasse nas plantações durante quatro horas por dia, Smith relatou depois que somente sete ou oito homens morreram durante seus dez meses no comando. Uma taxa drasticamente menor do que antes ou depois. Smith argumentou que "ociosidade e descuido" eram a verdadeira causa da preocupação em Jamestown. Outros pareciam concordar. Em 1620, o colono George Thorpe relatou: "Mais homens morrem aqui de doenças da mente do que do corpo."[6] O simples desejo de viver não era o bastante para motivar os colonos de Jamestown a se reerguerem e cultivarem pelo bem da própria sobrevivência? Ou eles estavam desamparados?

Na Guerra da Coreia, os prisioneiros vivenciaram uma nova doença. Os pacientes sucumbiam à sensação de apatia, como se a emoção e a própria vida fossem drenadas deles. Com o tempo, eles enfraqueciam, abrindo mão de suas rotinas e da higiene pessoal. Até os movimentos seguiam um padrão de zumbi, os pés levantando do chão o mínimo possível, como se estivessem conservando cada pingo de energia. A doença não mostrava sinais de falência de órgãos ou sofrimento interno, mas o prognóstico era horrível: morte. A doença era a *desistite*.

A *desistite* não nasceu na Guerra da Coreia. Relatos semelhantes são abundantes entre aqueles que enfrentam experiências traumáticas extremas. Durante a Segunda Guerra Mundial, os que sofreram nos campos de concentração relataram vivências comparáveis, histórias de amigos cuja luz interior desaparecia de maneira lenta à medida que se transformavam em seres apáticos. Mais recentemente, indivíduos que ficaram à deriva no mar relatam que companheiros de embarcação que não sobreviveram à jornada vivenciaram um fenômeno semelhante.[7]

Em 2018, o psicólogo John Leach acompanhou a história e ciência desse fenômeno em um relatório chamado *Give-Up-Itis Revisited*. De acordo com Leach, aqueles que sofrem de *desistite* progridem por uma série de cinco estágios. Começa com um afastamento geral antes de se transformar em apatia, perda de resposta emocional e falta de resposta a qualquer estímulo externo. No caminho, a motivação para fazer serviço braçal se corrói até que tarefas mais simples não podem mais ser completadas. A apatia toma conta. O último estágio é a morte psicogênica.

O estranho caso da *desistite* é fácil de descartar. Morrer de falta de motivação para continuar a viver não se encaixa em nossas mentes médicas. Precisamos de uma causa, uma falência de órgãos, uma doença que se espalha. Mas vimos o mesmo fenômeno em cães que foram submetidos a choques e torturas — a queda até um estado passivo em que a fuga é impensável. E, em outra pesquisa, ratos condicionados pelo desamparo aprendido desistiram e se afogaram dentro de poucos minutos quando foram colocados em um aquário, embora demonstrassem a capacidade de nadar por muito mais tempo, alguns por horas a fio.[8] A *desistite* pode nem sempre levar à morte, mas o sentimento de apatia quando nos falta controle é real e frequente. Em uma reviravolta triste, a CIA incorporou essas descobertas nas técnicas brutais de interrogatório, como o afogamento simulado, que foram utilizadas no começo da década de 2000. De acordo com um relatório do Senado, a CIA esperava eliminar qualquer "senso de controle e previsibilidade" para criar o desamparo aprendido e apatia.[9]

Pode haver uma cura para a *desistite*. Viktor Frankl, psiquiatra e sobrevivente do Holocausto, notou que quando ele estava em Auschwitz, outro prisioneiro disse que, para aumentar as chances de sobrevivência, ele deveria fazer duas coisas simples: barbear-se e manter a cabeça erguida. Em outras palavras, controle o que você conseguir. Não é muito diferente do conselho que John Smith deu para seus colegas em Jamestown. John Leach acredita que levar algum tipo de normalidade para situações de perigo "requer uma avaliação de que a pessoa tem pelo menos algum controle sobre a situação, e não aceitou a derrota mental". Ele conclui: "A sensação da escolha indica uma reversão da derrota mental e a reimposição de algum controle pessoal sobre a situação, que é um fator-chave na recuperação... [*Desistite*] é a expressão clínica da derrota mental; sobretudo, é uma patologia de uma resposta de adaptação normal e passiva."[10]

A *desistite* não é restrita àqueles que estão se mudando para terras distantes ou vivenciando atos extremos de sobrevivência; de muitas formas, é um flagelo da modernidade. Não, a morte não é o resultado final nesse caso, mas a apatia com certeza é. O trabalho não é mais das 8h às 18h. Os e-mails precisam ser respondidos a todo tempo. Estamos online de forma constante, sempre conectados. Se você não responde a um dos seus pais, ao chefe ou cliente a qualquer hora do dia, você está encrencado. A expectativa é que "labutemos" de forma infinita em nossas carreiras. E se nos sentirmos sobrecarregados, há dezenas de outras pessoas esperando por uma chance em nossos empregos. No ambiente de trabalho moderno, abrimos mão de qualquer senso de autonomia em troca do direito de labutar por uns trocados extras. À medida em que o trabalho se infiltra em todos os aspectos da vida, estamos treinando o desamparo aprendido de forma ativa. Somos os cães que aprenderam que não importa quantas vezes apertamos o botão de ajuda, ninguém vai aparecer. Não é surpresa que decisões difíceis agora parecem esmagadoras. Ou porque muitos de nós sentem dificuldade de sair de casa para fazer exercícios ou até mesmo de lavar a louça à noite. Culpamos a falta de vontade ou motivação, mas a verdade é que, quando não temos um senso de controle sobre nossas vidas, a apatia assume o comando naturalmente.

Escolhendo Ser Forte

Depois de receber seu diploma de Doutor em Medicina da Universidade Emory em 1962, Peter Bourne serviu o Exército dos Estados Unidos por três anos durante a Guerra do Vietnã, um conflito que sintetizou os horrores da guerra em um ambiente diferente de outros conflitos recentes.[11] Os ataques surpresa e armadilhas substituíram as guerras estruturadas dos anos anteriores. Para alguém com um grande interesse em como os indivíduos respondiam ao estresse, o Vietnã serviu como o lugar perfeito para Bourne entender como o corpo reage a tais perigos. Com o acampamento situado na trilha Ho Chi Minh, uma rota de abastecimento direta para os vietcongues, Bourne começou a fazer medições diárias do hormônio do estresse, o cortisol, em vários soldados, oficiais e operadores de rádio, em antecipação a um ataque iminente. Bourne estava tentando entender como o corpo esperava e respondia ao estresse, mas também como se recuperava. Quando o ataque inevitável finalmente chegava, Bourne continuava monitorando os níveis do hormônio do estresse à medida que a luta reduzia e a normalidade retornava.

Quando ele comparou a reação do cortisol entre os diferentes grupos, um padrão surgiu. Os soldados viram seus níveis de cortisol cair de forma considerável no dia do ataque esperado, enquanto os operadores de rádio e oficiais vivenciaram o oposto, um aumento. Depois do ataque, os níveis de cortisol dos soldados aumentaram, enquanto dos oficiais diminuíram, ambos retornando para o padrão. Os níveis dos operadores de rádio permaneceram elevados mesmo depois da conclusão do ataque.

Todos os homens estavam no mesmo acampamento, vivenciando o mesmo tipo de ambiente, esperando o mesmo ataque, no entanto, tiveram reações diferentes ao estresse. Bourne acreditava que a diferença estava no nível de controle perceptível.

Por meio de uma combinação de treino e circunstâncias, os soldados conseguiam lidar com o ataque iminente. Eles haviam se preparado para a luta. Foram treinados diversas vezes sobre o que fazer. O trabalho não era projetar o plano ou desenvolver táticas. Era seguir ordens. E eles tinham uma crença inerente de que, se seguissem as instruções, teriam sucesso. Afinal, eram o exército mais bem treinado do mundo. Eles não tiveram tempo para refletir sobre o assunto. Como os colonos da Jamestown de John Smith séculos antes, os soldados tinham tarefas a cumprir. Eles tinham que preparar o acampamento, garantir que o perímetro de defesa fosse forte e preparar suas armas. Graças ao treinamento, eles sentiram que tinham um nível de controle sob uma situação arriscada.

Os oficiais não tinham esse luxo. Pode parecer que teriam mais controle, mas quando se tratava de afetar os resultados potenciais, os oficiais tinham menos. Eles tinham mais informação e inteligência do que os soldados em campo. Mas recebiam ordens de comandos superiores, depois faziam a melhor escolha sobre estratégia e tática, e esperavam que funcionasse. De forma semelhante, os operadores de rádio eram repórteres de informação. Eram intermediários: importantes, mas tinham pouca influência ou impacto no que estava acontecendo no campo de batalha.

O nível de controle muda a forma como respondemos ao estresse. Não somente no campo de batalha, mas em todos as áreas da vida. Imagine: uma gerente de nível médio que se sente presa entre as ordens de seu chefe e as necessidades dos funcionários, ou o professor que é instruído a não se desviar do currículo escolar padrão aprovado, mesmo que seus estudantes estejam ficando cada vez mais atrasados. Quando nos falta controle, o estresse aumenta.[12] Quando sentimos que podemos impactar a situação, a resposta de cortisol é reduzida. O controle não só altera a resposta hormonal, mas as experiências que acompanham o estresse. Quando pesquisadores observaram os cérebros de indivíduos com máquinas de ressonância magnética, eles descobriram que quando a dor era controlável, os participantes tinham taxas mais baixas de ansiedade, assim como uma resposta mais baixa na área de detecção de ameaças do cérebro [amígdala].[13] Eles não só tinham uma resposta de alarme mais baixa da amígdala, mas também um comando mais bem equipado [o córtex pré-frontal] que conseguiu intervir e apagar o fogo de forma muito mais rápida. Quando temos um senso de controle, o alarme é mais silencioso e mais fácil de ser desligado.

O controle altera não só a resposta psicológica ao estresse, mas também na capacidade de persistir. Quando acreditamos que temos influência sobre um resultado, é mais provável que iremos perseverar, mesmo se enfrentarmos um contratempo.[14] O teste tradicional de capacidade de resistência é um teste de VO_2 máximo. É uma tarefa cruel que tem sido um marco na fisiologia do exercício há um século. Corra em uma esteira ergométrica, enquanto o fisiologista aumenta a velocidade ou a incline a cada um ou dois minutos até você escolher parar ou sair voando pela parte traseira por pura exaustão, tudo enquanto respira por uma geringonça que combina uma máscara com um tubo e mede o quanto o sistema cardiovascular é forte e eficiente.

Realizei vários testes como este na minha carreira, mas algo sempre me incomodou. Eles têm pouca semelhança com uma verdadeira corrida. Quando está competindo na pista ou no asfalto, está no comando de quando acelerar e quando desacelerar. No teste de VO_2 máximo, essa escolha é retirada. Então, um dia, no outono de 2014, eu subi em uma esteira ergométrica determinado a fazer um tipo diferente de teste, um que devolvesse o controle para o atleta. No novo teste, o objetivo não era suportar até jogar a toalha; era me deixar exausto dentro de 10 minutos. Eu estava no comando do ritmo, podendo aumentar ou diminuir a velocidade e a inclinação como quisesse. Quando subi na esteira ergométrica, o medo sumiu. Eu estava acostumado a levar meu corpo à exaustão, especialmente quando sabia onde era a linha de chegada. Ao completar o teste, não só me diverti mais, mas a quantidade de oxigênio que meu corpo pôde absorver e utilizar foi consideravelmente maior.

O próximo passo era óbvio: perguntar para alguns atletas que eu treinava se eles queriam ser cobaias. Durante a semana seguinte, eu os submeti a dois testes de VO_2 máximo, o tradicional, em que o controle estava em minhas mãos e a nova versão, em que eles estavam no comando. Quando analisamos os dados, os atletas que eram mais rápidos nas pistas foram melhores no novo estilo, alcançando um VO_2 máximo maior quando estavam no comando. Por outro lado, aqueles que não eram tão rápidos nas pistas se saíram um pouco melhor no teste tradicional.

Em uma discussão com os atletas depois, ficou claro que os corredores melhores precisavam de liberdade. Eles queriam explorar seus limites e estar no comando de como fariam isso. Para os corredores não tão rápidos, reduzir a tarefa em persistir ou desistir simplificava o objetivo. Eles conseguiam manter o foco em uma coisa e apenas continuar correndo, o que ajudava em seu desempenho. Para os corredores melhores e com mais experiência, isso não era o bastante. Eles precisavam estar no comando para conseguirem escolher a melhor forma para correrem.

▶▶▶▶▶▶▶ MÁXIMA DA FORÇA ▶▶▶▶▶▶▶

Nosso nível de controle muda a forma como respondemos ao estresse. Quando temos um senso de controle, o alarme é mais silencioso e mais fácil de ser desligado.

FAÇA COISAS DIFÍCEIS

A Ciência da Escolha

A capacidade de escolher não está apenas relacionada à persistência e ao desempenho. É profundamente arraigada e necessária para sermos seres humanos com funcionamento normal. As duas teorias mais proeminentes relacionadas à motivação e ao desenvolvimento humano são as teorias da autodeterminação e da autoeficácia. De acordo com a teoria da autodeterminação, o nível de autonomia ou o "desejo de sermos agentes etiológicos em nossas próprias vidas", está ligado de forma intrínseca ao bem-estar.[15] Serve como uma das três necessidades psicológicas que nos permite desenvolver e fortalecer nossa motivação. Na influente teoria da autoeficácia do lendário psicólogo Albert Bandura, o controle interpreta um papel igualmente grande.[16] De acordo com Bandura, a autoeficácia "reflete confiança na capacidade de exercer controle sobre a motivação, comportamento e ambiente social de uma pessoa". Ambas as teorias estão ligadas à motivação, desempenho no trabalho, felicidade, bem-estar, satisfação de vida e sucesso acadêmico. Quando sentimos que podemos ter um impacto no que fazemos, nos tornamos melhores. A capacidade de ter controle é fundamental não só para superar adversidades, mas para sermos seres humanos felizes e saudáveis. E isso é refletido em nossos cérebros.

Quando nos dão uma escolha, o cérebro responde como se ter uma escolha fosse a recompensa em si. O estriado, uma área ligada ao processamento de recompensas, é ativado quando temos a capacidade de escolha.[17] No laboratório, quando recebemos uma recompensa por escolher a resposta certa, o estriado se acende. Quando recebemos a mesma recompensa com base na sorte ou ao acaso, o estriado permanece em silêncio.[18] A capacidade de escolher melhora o desempenho não só em tarefas atléticas, mas também nas do cotidiano. Dar aos moradores de casas de repouso mais autonomia e escolha sobre seus cuidados e seus arredores melhora o humor, a atenção e o bem-estar.[19] No ambiente de trabalho, aqueles que relatam sentir mais autonomia e menos microgerência têm níveis maiores de satisfação e desempenho no emprego.[20] Temos uma necessidade profunda de estar no comando dos nossos arredores e, sobretudo, de nossas vidas. Quando abrimos mão dessa sensação, perdemos o senso de identidade. E se fizermos isso várias vezes, perdemos a capacidade de responder até mesmo aos desafios mais simples.

Em 2011, quando Steven Maier, o cientista que foi pioneiro no trabalho do desamparo aprendido, voltou a utilizar a neurociência moderna para expandir seu influente trabalho, ele fez um ajuste sutil em sua teoria original. O desamparo aprendido significava que os cães estavam aprendendo a não tentar. Que depois do sofrimento e desespero, eles desistiram. Maier e seus colegas avaliaram ratos usando um paradigma de choque semelhante ao que usaram na década de 1960, com alguns deles recebendo choques controláveis e outros não controláveis. Mas, dessa vez, depois de revisar o protocolo do choque, eles colocaram os ratos em uma jaula com um deles mais jovem enquanto monitoravam seus cérebros. Quando os ratos encontram um ao outro, eles agem de forma semelhante aos cães, com o dominante ou mais velho cheirando o mais novo. Os ratos que receberam os choques fáceis de interromper ou controlar seguiram o padrão típico, cheirando seus equivalentes mais novos. Os que receberam choques incontroláveis? Ficaram encolhidos em um canto, mal reconhecendo o rato mais novo.

Quando Maier examinou os cérebros dos ratos de maneira interna, ele notou uma diferença distinta. A área do núcleo dorsal da rafe [NDR] no cérebro se acendeu e permaneceu ativada nos ratos encolhidos. A NDR é uma área cerebral primitiva que responde ao estresse e libera serotonina em áreas adjacentes do cérebro. Os ratos que conseguiam parar os choques também sentiram uma resposta inicial ao estresse, mas uma área no córtex pré-frontal logo se acendeu, interrompendo a resposta primitiva ao estresse do NDR. Se você lembra do começo do capítulo, o córtex pré-frontal atua como um controle, sinalizando para diminuir o alarme. Maier foi mais longe, estimulando o córtex pré-frontal dos ratos que tiveram uma resposta ao estresse hiperativo [NDR] graças aos choques incontroláveis. De repente, os ratos se transformaram, não mostrando mais nenhuma característica associada ao desamparo aprendido. O alarme havia sido desligado, silenciado. Como Maier contou para a Associação Americana de Psicologia: "É como se o prosencéfalo estivesse falando: 'Acalme-se, tronco cerebral, a situação está sob controle.'"[21]

Os ratos e cães não estavam aprendendo a serem indefesos. Esse era o estado padrão. Os cães precisavam aprender que tinham controle. Que podiam, em termos científicos, ativar o córtex pré-frontal. Ligar o controlador, o que permitia desligar o alarme. Se sentissem que tinham controle sobre a situação, não iriam sucumbir à apatia que a falta de controle parece profetizar. Precisamos treinar para conseguirmos desligar o alarme. Não era desamparo aprendido. Era esperança aprendida.

Quando a vida parece estar saindo de controle, ou quando a tarefa que está na sua frente parece insuperável, é fácil optar pela falta de esperança. Para o modo "Para quê?". É natural. O corpo evoluiu para conservar energia. Precisamos treinar a esperança. Limpar o caminho para continuarmos. Não precisamos de esforços grandes e heroicos para treinar a esperança. Pequenos sinais de que você está no controle, que você pode ter um impacto, serão o bastante para ligar o córtex pré-frontal novamente. Se muitos e-mails estão causando consternação, defina uma hora específica de cada dia para respondê-los. Se o luto destruiu sua motivação, dê permissão a si mesmo para sentir as emoções fortes, maratonar na Netflix, mas também para seguir em frente. Não precisa estar "de volta ao normal" um dia depois de uma grande perda, mas pode dar pequenos passos em direção à normalidade para exercitar seu músculo do controle: sair para caminhar em vez de um treino completo, encontrar seus amigos para um cafezinho, passar uma hora por dia se dedicando ao seu projeto do trabalho. Com muita frequência, ficamos presos no buraco da apatia porque não exercitamos nosso músculo da esperança. Pequenas ações que lembram que você tem uma escolha são úteis para treinar a capacidade de ligar o cérebro novamente.

Outras pesquisas confirmam as descobertas de Maier sobre o papel do córtex pré-frontal. A ativação do córtex pré-frontal quando sentimos dor reduz a reação emocional negativa. Por outro lado, indivíduos que sofrem de depressão têm uma capacidade reduzida de ativá-lo. Outras pesquisas mostram que pacientes com Alzheimer que chegaram a um estado em que a apatia é predominante tiveram atividade reduzida no córtex pré-frontal. Todos os sinais apontam para a importância dessa área do cérebro em ajudar a regular não somente as emoções, porém a apatia comportamental que as acompanha. Quando temos controle e podemos escolher de maneira ativa, ligamos o córtex pré-frontal, que nos dá a capacidade de regular a resposta emocional ao estresse ou à adversidade. Quando nos falta a capacidade de escolher, o córtex pré-frontal aprende a se desligar e deixar a resposta ao estresse correr solta. Não é surpresa que nos transformamos em respondentes apáticos em quaisquer desafios que enfrentamos. Nós desistimos. Quando retiramos a escolha, nosso cérebro aprende a ser indefeso em vez de esperançoso.

Em uma revisão sobre o assunto para a *Trends in Cognitive Sciences*, os pesquisadores Lauren Leotti, Sheena Iyengar e Kevin Ochsner enfatizam a importância da necessidade de controle. Em sua conclusão, eles declaram: "A evidência sugere que o desejo de exercer controle e, assim, o desejo de fazer escolhas, é essencial para a sobrevivência." Eles continuam a resumir suas descobertas: "O desejo por controle não é algo que adquirimos por meio do aprendizado, mas é inato e, dessa forma, provavelmente motivado de maneira biológica. Nascemos para escolher."[22] Temos uma necessidade básica inerente de ter algo semelhante ao controle sobre qualquer coisa que estivermos enfrentando. Ambientes de trabalho restritivos e controladores tiram isso de nós, levando-nos a desistir no primeiro sinal de desconforto. A autonomia é o interruptor que nos permite persistir.

Treinando a Esperança Aprendida

"Nosso objetivo é poder passar por todas as salas de aula no corredor e cada uma ser indistinguível. Vocês devem ensinar a mesma matéria, usando a mesma atividade, ao mesmo tempo." Essas instruções podem parecer do início da década de 1900, talvez para a inovadora linha de montagem de Henry Ford. Mas, como você deve ter adivinhado, vieram de uma escola moderna dos Estados Unidos. Quando falei com os professores, eles relataram várias vezes a mesma história sobre como não era realmente permitido ensinar. Era algo mais parecido com as instruções da atividade de pintar de acordo com os números que davam aos estudantes. Cada minuto do dia deles era programado. O currículo escolar oferecia um roteiro para repetir para as crianças, palavra por palavra, antes de distribuírem a atividade pré-planejada que o acompanhava.

Isso pode ser uma surpresa, já que as escolas são repletas de declarações sobre as missões e valores do aprendizado individualizado para receber os alunos no nível em que estão. Mas, com o aumento da pressão de melhorar as notas dos estudantes estadunidenses, vem a reação do controle administrativo. Os professores são vistos como mensageiros de qualquer currículo padronizado no qual o distrito escolar gastou centenas de milhares de dólares, acreditando que a mágica está no material, não no professor. Eficiência e controle substituíram a criatividade e o fortalecimento. Como um professor me relatou: "Sinto que posso ser substituído por qualquer pessoa com um cérebro. Siga o roteiro. Não desvie do plano. Para que fui para a faculdade? Meu conhecimento e minha experiência são desperdiçados." Somos ensinados principalmente a seguir. Até mesmo aqueles que deveriam estar liderando e guiando.

Nas atividades atléticas é a mesma coisa. Aventure-se pelos campos de futebol das escolas de ensino médio e faculdades e assista a qualquer time treinar durante o horário do condicionamento físico. O treinador dita precisamente o que necessita ser feito. Os atletas têm pouco ou nenhum controle. O exercício seguinte, a quantidade de peso a ser levantado, o número de voltas a correr, o tempo do descanso ou até mesmo quando beber água, é ditado e controlado. O atleta é ensinado a seguir ordens. Para treinadores menos progressivos, pode haver até punição por não seguir a norma. Se um atleta não completa a última volta no tempo exigido, ele, ou o time inteiro, devem dar mais uma volta. Independentemente de estar [ou observar] em um time com um treinador progressivo ou regressivo, o que está faltando nesses cenários comuns? Escolha. Os atletas não têm nenhuma.

Quando se trata de treinamento tradicional de resistência, os treinadores visam levar os atletas à beira da exaustão até vomitarem ou não conseguirem mais avançar. Eles acreditam que esse estilo de treinamento irá imunizar os atletas contra a dor e fadiga. No ambiente de trabalho, pode não existir o modo de treinar até vomitar, mas a "resistência" é desenvolvida por meio da labuta. Os funcionários de nível júnior trabalham oitenta horas por semana em prol de provar seu valor. Como um dos meus clientes, um banqueiro de investimentos, me contou, estagiários e novos funcionários usam aplicativos para agendar o envio de e-mails tarde da noite, de forma a fazer parecer que estão trabalhando quase o tempo todo. Ao mesmo tempo que o *New York Times* relatou em 2015 que "e-mails chegam depois da meia-noite, seguidos por mensagens de texto perguntando por que não foram respondidos."[23] A cultura do trabalho de autoafirmação e de impressionar os superiores mostrando que nós também podemos "labutar", é predominante em todas as áreas. Os funcionários que sobrevivem são os durões, que podem suportar os rigores do ambiente de trabalho.

Mas o que está faltando é que, em tais cenários, os jogadores e funcionários só têm uma escolha: persistir ou desistir. E por conta das dinâmicas de poder, essa escolha é geralmente artificial. Sobreviva o máximo que puder. Como os corredores na esteira ergométrica para o teste VO_2 máximo, eles limitaram suas capacidades de estarem no comando. Os indivíduos não podem escapar, especialmente se o fracasso, a demissão ou a repreensão forem suas recompensas se não persistirem. Em vez de treinar seus córtex pré-frontais para possuírem a capacidade de serem ativados, para lidar com as emoções negativas que a fadiga traz, estamos ensinando-os a serem indefesos. Nós os treinamos para ser o cão apático, incapaz de pular uma pequena barreira para ficar em segurança.

Pior ainda, não é apenas desamparo. Ao utilizar essas táticas, estamos ensinando as pessoas a responderem ao medo. Se a única razão pela qual você persiste é para evitar que gritem com você, não sofrer punição física ou ser demitido, então a mensagem que está arraigada é ser motivado apenas quando alguém estiver gritando no seu rosto ou quando uma punição estiver em jogo. Quando chega a hora de jogar, quando estão sozinhos no campo, qual reação esperamos? A que arraigamos.

Jim Denison é um ex-atleta e sociólogo do esporte que foi por um caminho um pouco diferente ao estudar sobre desempenho. Apesar de ter visto alguns dos maiores atletas do planeta quando se envolveu na educação de treinadores como diretor do Canadian Athletics Coaching Center, ele não acreditava que os treinadores precisavam de mais treinamento sobre tornar alguém mais forte, mais rápido ou mais apto. Em vez disso, ele e seu colega Joseph Mills procuraram inspiração em Michel Foucault, um filósofo francês que provavelmente nunca discutiu desempenho atlético em sua vida.

Quando conversei com Denison sobre como Foucault poderia impactar o treinamento atlético, ele apontou para as visões do filósofo sobre poder. Na conceituação de Foucault, o poder era utilizado para regular o tempo, espaço e esforço. No ambiente político, ele era crítico aos efeitos do poder em um indivíduo. Ele acreditava que o poder influenciava o controle e, quando era abandonado, o indivíduo se tornava passivo e dócil. Denison e Mills acreditavam que essa ideia se aplicava aos atletas e treinadores. Conforme declararam: "O treinamento pode facilmente tornar-se... um procedimento tecnocrático com menos investimento no conhecimento do treinador sobre tudo o que o treino faz, e mais no poder dele ou dela de controlar, monitorar, interferir, regular, diferenciar e corrigir seus atletas. No entanto, de modo contraditório, não há nada estruturado e certo sobre uma corrida. O que acontece durante uma corrida de longa distância está sujeito a mudanças constantes, os atletas precisam tomar decisões incontáveis que se relacionam com seus muitos estados corporais." Denison e Mills continuaram: "Portanto, o que nos diz respeito é o quanto o plano de treino pode ser eficaz se o corpo nas arquibancadas — o treinador — e não o corpo na pista — o atleta — estiver em controle total do processo de treinamento?"[24]

Quando os atletas competem, eles estão sozinhos na área de competição. Eles tomam as decisões. Porém, durante o treino, o treinador fica com o manto de tomada de decisão. Denison e Mills sugeriram virar o conceito de ponta cabeça. Não, não deixando os atletas no comando de seus próprios treinos, mas devolvendo para eles uma grande parte do controle. Ao colocar os atletas em uma posição de escolha — seja para acelerar, desacelerar, fazer mais uma repetição ou encerrar pelo dia — podemos tirar proveito do poder de escolha. Quando colocamos as pessoas em uma posição de escolha, podemos "ativar" e treinar o córtex pré-frontal, permitindo que elas entendam e regulem as sensações de dor, fadiga e ansiedade que geralmente vêm com momentos tão difíceis. Permitimos que eles tentem, ajustem e até fracassem, mas, acima de tudo, que aprendam. No modelo de Denison e Mills, o treinador passa de ditar a colocar os atletas em uma situação na qual são desafiados, mas então dar a eles a liberdade de procurar, encontrar e escolher como lidar com esse cenário.

As ideias de Denison e Mills têm mérito além de um melhor desempenho. Um estudo com mais de duzentos homens e mulheres descobriu que quando os atletas treinaram em um ambiente que apoia a autonomia, houve uma correlação com a satisfação de suas necessidades psicológicas básicas de bem-estar.[25] Ambientes controladores eram associados à frustração das necessidades básicas de um indivíduo e com baixa satisfação geral. Ademais, eles descobriram que aqueles em um ambiente de apoio tendiam a ter níveis maiores de resistência mental e melhores desempenhos.

O segredo para melhorar a resistência mental não está em restringir e controlar indivíduos. Não está em desenvolver punições agressivas para ensinar uma lição a eles. Não está em gritar com uma pessoa para completar qualquer tarefa exigente que esteja em suas mãos. Quando nós não temos controle, perdemos a capacidade de superar. A resistência é treinada quando temos uma escolha. O cérebro literalmente se ativa, procurando uma maneira de lidar com a situação em mãos. Nascemos para escolher, então deixe-nos aprender como fazer isso.

▸▸▸▸▸▸▸ MÁXIMA DA FORÇA ▸▸▸▸▸▸▸

Quando não temos controle, perdemos a capacidade de superar. A resistência é treinada quando temos uma escolha.

Treinando Para Ter Controle

Seja nos campos atléticos ou no ambiente de trabalho, se seu objetivo é treinar resistência, você precisa oferecer um grau de autonomia para as pessoas. Sofrer ou vivenciar o desconforto por si só não é o bastante. Para treinar a resistência, precisamos desenvolver e manter uma sensação de controle.

Liderando a Si Mesmo

Nos quatro exercícios seguintes, resumi como desenvolver aquela sensação de controle em si mesmo.

1. De Pequeno para Grande

Pegue uma situação difícil que o deixa desconfortável; talvez seja ansiedade relacionada ao desempenho ou uma conversa que está temendo. O que muitas vezes fazemos é tentar controlar "a coisa". Então, se a ansiedade é o problema, tentamos atacar os nervos e o medo. Tentamos nos forçar a desligar a tensão. E se não funcionar depois disso, o cérebro chega à conclusão lógica de que não temos controle sobre nosso corpo ou sobre a situação. "Não consigo controlar minha ansiedade, então por que tentar?"

Em vez de lutar com o monstro gigante, comece com o menor item sobre o qual você tem controle e que é relacionado ao problema. É a sua respiração? Você consegue desacelerar sua respiração de maneira intencional? Ou talvez seja algo tão simples como chegar na hora em um lugar ou passar do primeiro quilômetro da sua maratona. Resuma em algo manejável e viável. O objetivo não é parar por aí, mas conseguir um ponto de apoio para que consiga subir ao próximo nível de modo gradual. Quando tiver uma sensação de controle sobre o item menor, então você pode passar para algo um pouco maior. Passe do pequeno para o grande.

2. Dê uma Escolha para Si Mesmo

Sem saber, muitas vezes nos confinamos em um canto, tirando de perto tudo que se parece com uma escolha. Nos sentimos presos, pressionados a persistir seja como for. Sempre que não temos uma escolha, não estamos treinando resistência. Se, por exemplo, você disser que precisa completar uma tarefa até as 15h, isso pode funcionar se a tarefa for manejável. Mas quando enfrenta algo além do alcance, é mais provável que jogue a toalha e diga "isso é impossível" em vez de persistir.

Muitas vezes nos dizem que, quando criamos um hábito, como ir para a academia, precisamos ser rígidos e específicos. Malhar todos os dias às 7h e nunca faltar. Mas o que pesquisas mostram é que ter uma escolha, como "posso faltar dois dias na semana se precisar", resulta em um hábito mais duradouro e mais sustentável. Katy Milkman, cientista comportamental e autora do livro *Como Mudar*, chama isso de permissão de restauração. É por isso que pesquisas mostram que, em dietas, o dia do lixo realmente ajuda.[26] Tudo ou nada muitas vezes te deixa com nada.

Dar uma escolha a si mesmo às vezes significa considerar a ideia da desistência, de desacelerar ou até mesmo de desistir. Não é que eu quero que você faça isso. Contudo, ao ter uma escolha, ao precisar tomar uma decisão, você está desenvolvendo um senso de controle. Ao considerar a desistência como uma opção, agora tem influência sobre o resultado, mesmo que este seja negativo. Ao considerar desistir de forma ativa, em vez de ver como algo a evitar e que nunca pode passar pela sua mente, agora está treinando a resistência. Considere como seria abandonar seu objetivo ou pedir demissão do seu emprego.

3. Mude o Roteiro

Era a noite anterior do campeonato regional de *cross-country* da NCAA e o meu time estava prestes a enfrentar os melhores corredores do Texas, Arkansas e da Louisiana. A equipe feminina terminou com a melhor classificação em mais de uma década, liderada por um trio forte que estava prestes a conquistar o status *all-region*. O único problema era que a aluna do último ano, Meredith Sorensen, estava em ótima forma física, mas sofrendo de um dos piores casos de ansiedade de desempenho que já vi. Duas semanas antes, no campeonato de conferência, enquanto esperava a arma disparar na linha de partida, ela se virou de costas, vomitou por todo o chão, e começou a correr. Para Meredith, isso era normal. Ficava tão nervosa que não conseguia manter a comida no estômago. Ela terminou aquela corrida no ambulatório com medicação intravenosa. Duas semanas depois, ela foi liberada fisicamente para correr. E eu fiquei empacado em como ajudar Meredith a chegar a um ponto em que pudesse competir no nível do seu potencial.

Na noite anterior à corrida, encontrei-me com Andy Stover em um bar da região. Andy era ex-corredor universitário de longa distância e assistente social com um jeito para abordagens inovadoras. E também foi padrinho do meu casamento. Enquanto eu repassava todas as técnicas tradicionais que tentei com Meredith — preparando-a para o desconforto, visualizando, mudando seu estado mental para ver a ansiedade como ânimo — ele brincou: "Mude o roteiro. Devolva um pouco do controle para ela." Vendo o olhar confuso no meu rosto, Andy continuou: "Se ela vomita antes de todas as corridas, isso se tornou parte da rotina. Ela espera que isso aconteça e, provavelmente, tem medo. Então, quando acontece repetidas vezes, enquanto ela tenta tudo o que pode para evitar, o cérebro entende que ela não está no controle. Faça com que ela pare de lutar contra si mesma. Devolva o controle para ela."

No dia seguinte, quando Meredith começou a se aquecer, ela veio até mim e disse: "Sinto que vou vomitar." Eu respondi: "Ótimo! Quando você quer fazer isso?" Seu rosto se transformou de preocupação para confusão. "Eu não quero." Vendo sua confusão, respondi: "Eu sei, mas vai acontecer. Então, que horas você gostaria de vomitar? Pode ser antes da sua corrida de aquecimento, depois dos seus exercícios, ou talvez um pouco antes da sua caminhada? Em qual parte, você gostaria de inserir a hora de vomitar na sua rotina de aquecimento? A corrida começa às 10h. Para que horas devo agendar seu vômito?" O olhar confuso em seu rosto ainda estava lá, mas ela parecia ter aceitado e entrou na onda. "Para 9h45, bem antes da minha caminhada final." Tentando parecer o mais confiante possível nessa ideia maluca, respondi: "Ótimo, então será às 9h45. Vou colocar um despertador para nós dois ficarmos atentos e ir logo com isso."

Quando chegou o horário, meu despertador tocou e fui até Meredith, dizendo para ela que era hora de vomitar, então vamos logo. A única coisa era que ela não precisava mais vomitar. Pela primeira vez em várias corridas, nenhum vômito ocorreu. Ela não estava perfeita ou livre da ansiedade, mas recuperou controle o bastante para que sua mente estivesse livre para focar no que ela estava fazendo e não se preocupar com a ansiedade e com o vômito a caminho. Ela fez a melhor corrida de sua carreira, melhorando quase vinte posições de seu recorde anterior e ficando de fora de um cobiçado lugar no *all-region* por meros segundos na corrida de vinte minutos.

Fora da pista de corrida, você pode mudar o roteiro ao notar o que o empurra em direção ao medo e evasão. Esses gatilhos geralmente são um sinal de que precisamos mudar o roteiro. Está se sentindo como um impostor em seu atual trabalho? Pergunte aos seus amigos se eles realmente têm ideia do que estão fazendo, e é provável que respondam que estão entendendo à medida que avançam. Está se sentindo sobrecarregado enquanto faz uma apresentação para toda a empresa? Conte para o público. No começo de uma apresentação na frente de treinadores e executivos esportivos, eu mostrei uma foto minha aos 8 anos de idade jogando esportes infantis e disse: "Esse foi o auge do meu conhecimento em futebol. Todos nessa sala sabem mais do que eu, então fico um pouco nervoso. Mas eu entendo de ciência do desempenho e, se me derem uma chance, acho que isso poderá ajudá-los." Quando mudamos o roteiro, tiramos o poder "da coisa". Damos a nós mesmos permissão para fazer algo que pensamos ser negativo. E, com frequência, descobrimos que essa mudança sutil nos fornece a liberdade para desempenhar.

4. Adote um Ritual

À medida em que chegava até a caixa do rebatedor, o defensor interno Nomar Garciaparra, estrela do Boston Red Sox, começou sua rotina minuciosa. Ajustando as luvas de batedura nas duas mãos, puxando a faixa em seu braço esquerdo, repetindo o processo de novo e de novo, batendo na viseira de seu capacete e em várias outras partes do corpo, voltando a bater no capacete, fazendo o sinal da cruz sobre sua camisa, depois rodando seu taco como um cata-ventos até estar pronto para bater. Garciaparra não é o único jogador de beisebol com um ritual elaborado de batedor, nem mesmo o único atleta. Estrelas do tênis como Rafael Nadal e Serena Williams possuem suas manias particulares — amarrando seus cadarços da mesma maneira, garrafas de água colocadas no mesmo local, assim por diante, até entrarem em campo para a dominação. Por que esses bastiões da superioridade atlética recorrem a rituais minuciosos e aparentemente bobos? Controle.

De acordo com a teoria do controle compensatório, tentamos estabelecer ordem no mundo externo em uma tentativa de ganhar controle no mundo interno. Chegar até a caixa do rebatedor, na qual até mesmo os melhores jogadores precisam de um pouco de sorte, e enfrentar a incerteza de qual arremesso de 140km/h está vindo em sua direção, os rebatedores exercem influência sobre o único aspecto da situação que podem controlar. Quando utilizamos rituais, mudamos o foco para os comportamentos que estão em nosso comando, ignorando itens que temos pouco controle. Rituais são mecanismos de defesa para o nosso cérebro, convencendo-o que temos mais controle do que realmente temos. Se você está completando uma tarefa com um alto nível de incerteza e um baixo nível de controle, criar um ritual pode ser uma maneira bem-sucedida de manter as vozes internas e emoções negativas afastadas.

Liderando Outros

Grande parte deste livro foca no que podemos fazer para melhorar a própria força. Mas, às vezes, o nível de controle que sentimos sobre nossas vidas e nossos desempenhos se resume parcialmente às atitudes de chefes, treinadores ou indivíduos em liderança. Se você está liderando, carrega o fardo de treinar e potencializar o controle. Para essa lição, vamos abordar de forma rápida exercícios que podem ajudá-lo a desenvolver um senso de controle naqueles com quem você trabalha ou lidera.

1. Aprenda a Abrir Mão

Quando está em uma posição de liderança, seja como treinador, diretor ou executivo, é tentador microgerenciar seu caminho até o sucesso, detalhando exatamente quando e o que todos deveriam estar fazendo e onde deveriam estar durante todo o dia de trabalho. A microgerência ocorre devido ao medo de que outra pessoa não esteja fazendo o serviço. Quando dita e controla, está enviando a mensagem: "Eu não confio em você para o serviço."

Como aqueles nas Forças Especiais costumam dizer: "Confie, mas verifique." É um equilíbrio entre a confiança e o gerenciamento macro, mas geralmente ficamos muito longe do último. Afinal de contas, reputação e ego estão em jogo se estamos liderando. Em vez disso, solte as rédeas um pouco, ensine as habilidades e deixe-os caminhar. Verifique de maneira ocasional para ter certeza de que estão indo na direção certa. Com o tempo, as rédeas devem ficar cada vez mais longas. Seu objetivo é colocar as pessoas em posição para fazer o trabalho.

2. Defina os Limites e Deixe-os Caminhar

Abrir mão do controle não consiste em deixar as pessoas correrem soltas sem direção. Defina os limites e deixe-as caminhar. Quando um funcionário é novato, isso é particularmente importante. Você não dá liberdade para alguém e espera que seja bem-sucedido. Defina limites e deixe-os explorar dentro deles, enquanto mantém algum controle em áreas essenciais para as quais podem não ter as habilidades necessárias ainda. Por exemplo, no esporte, informe ao atleta que ele precisa completar 10 voltas de 100 metros, porém ele define o quanto de descanso terá entre cada volta. Deixe-os escolher. No ambiente de trabalho, diga para aqueles que você está gerenciando que trabalhará com eles para marcar os três slides mais importantes do relatório trimestral, mas dê liberdade para que projetem e desenvolvam o resto.

Sempre digo para todos com quem trabalho que meu objetivo é me tornar obsoleto. Estou tentando treiná-los para se tornarem independentes, não dependentes. Devemos começar com pouco, permitindo que o atleta decida um treino a cada mês. Contudo, com o tempo, gradualmente entrego mais responsabilidade para aqueles com quem trabalho — guiando-os durante o caminho, corrigindo quando saem do percurso, mas nunca interrompendo e declarando: "Viu! Você precisa de mim. Vamos voltar para a parte que digo exatamente o que precisa fazer."

3. Permita que Eles Fracassem, Reflitam e Melhorem

Parte de devolver o controle é permitir que cometam erros. Isso significa dar mais autonomia e controle em projetos do que podem aguentar. Não jogue alguém no fundo do oceano com uma tarefa incrivelmente exigente e diga: "Você vai descobrir", e depois, assista-os afundar. Abra mão do controle em pequenas partes que eventualmente se tornarão algo muito mais significativo. Depois, tenha um sistema que permita a reflexão e o crescimento. No mundo do esporte, depois de um jogo, os treinadores analisam as filmagens. Bons treinadores não repreendem os atletas por cometerem erros, pois já ocorreram. Eles usam a revisão em vídeo como uma oportunidade para ensinar a alguém o que fazer. Nas Forças Armadas, durante o treinamento, os soldados substituem a munição com bolas de tinta e treinam por meio de simulações realistas de operações. Concluindo, eles passam por um processo de revisão pós-ação [AAR], em que avaliam o que deu certo e o que pode ser melhorado. Eles não repreendem uns aos outros pelos fracassos durante os treinos. Eles reconhecem, então voltam a treinar para não cometerem o mesmo erro novamente.

Dar espaço para as pessoas falharem é algo que às vezes fazemos bem na área dos esportes, mas negligenciamos no mundo dos negócios. Crie condições que permitam às pessoas tropeçar e cometer erros de uma forma que não façam com que você perca um grande cliente ou um grande jogo.

▷▷▷▷▶▶▶▶

Quando não nos sentimos no comando, as emoções e vozes interiores saem de controle. As tarefas parecem mais difíceis, a dor parece mais intensa e as dúvidas parecem mais sonoras. Nossa motivação despenca à medida que vamos em direção à apatia e uma falta de vontade de agir. É quase impossível ser forte quando não há esperanças de superar a situação atual. É como se déssemos de ombros e falássemos: "Para quê?" Ser forte consiste em superar essa experiência para que possamos continuar em frente. A força não consiste apenas na persistência diante de um desconforto. Consiste em tomar uma *boa* decisão.

Às vezes a decisão forte é dar as costas, ir embora e desistir. Pense em uma alpinista que passou anos se preparando para uma escalada. Ela chega a poucos metros de alcançar o topo e seu corpo e sua mente estão insistindo para que siga em frente. "Se eu apenas conseguir chegar no topo..." pensa ela enquanto ignora a fadiga e as dúvidas. A decisão difícil é permitir esses pensamentos e sentimentos, reconhecer que ela não possui a energia para alcançar o topo e depois descer a montanha. O ego está incentivando-a. A decisão difícil é virar as coisas. Frequentemente igualamos a força com persistência, mas em alguns casos, é o exato oposto. Força é navegar pelo turbilhão interno para tomar uma boa decisão. Às vezes, é persistir. Outras, é desistir.

A escolha nos permite recuperar o controle, conseguir tomar aquela decisão. É um tipo de superpoder que resgata a confiança, ajuda-nos a lutar com as emoções e nos permite aprender, adaptar e crescer. Tanto que as pessoas relatam que mesmo que a escolha apresentada durante uma tarefa seja completamente insignificante e inconsequente, essa tarefa parece ficar um pouco mais agradável, um pouco mais manejável.[27] Se quisermos desenvolver indivíduos fortes, temos que colocá-los em uma posição para tomar decisões e capacitá-los para isso. Treinamos o desamparo por tempo demais. O jogador de futebol americano que é instruído a fazer *burpees* até não aguentar mais. O professor que é instruído a seguir o currículo escolar de forma exata e, caso desvie, será descontado do salário. Transformamos o nosso mundo, e muitos dos nossos treinamentos, em uma versão da experiência VO2 máxima na esteira ergométrica. Sobreviva ou desista. É hora de expandir ao invés de restringir. Dar escolhas para as pessoas e deixá-las treinar a esperança.

O SEGUNDO PILAR DA FORÇA

OUÇA O SEU CORPO

CAPÍTULO 6

Suas Emoções São Mensageiras, Não Ditadoras

Feche os olhos e imagine o momento mais feliz da sua vida. Talvez seja a imensa alegria de trazer uma criança ao mundo. Ou talvez tenha sido o dia em que você ficou de frente para o parceiro, inundado por um sentimento transcendente de amor e conexão, enquanto prometia amar e apoiar ele ou ela pelo resto da vida. É provável que, até mesmo relembrar esses momentos felizes, traga uma variedade de emoções boas.

Vivemos e valorizamos os momentos que nos trazem amor, felicidade e prazer. Eles tornam a vida especial e digna. Mas, e se você não pudesse sentir amor ou alegria? E se você fosse indiferente às sensações ou incapaz de entender o que as borboletas no estômago significavam enquanto estava na frente do altar?

Em 2009, um homem chamado Stephen [não sou eu, para deixar claro] se casou com o amor de sua vida. Como é de se esperar, ele estava com um sorriso de orelha a orelha, um sinal da felicidade pura do momento em que estava vivendo com a esposa. O único problema era que Stephen estava fingindo. Não por um motivo nefasto. Ele realmente gostava da companhia da futura esposa. Mas simplesmente não conseguia sentir o amor ou a alegria. Ele tem alexitimia.

Discutindo a condição, Stephen contou ao *Mosaic*: "Do ponto de vista de um sentimento interno, tudo o que eu faço que exige uma reação emocional parece uma farsa. A maioria das minhas reações são aprendidas. Em um ambiente em que todos estão felizes e se divertindo, parece que estou mentindo. Atuando. E estou. Então, é uma mentira."[1]

Alexitimia tecnicamente não é um distúrbio; é um termo genérico que significa, de modo literal, não ter palavras para emoções. É destinado a definir aqueles que possuem dificuldades para descrever ou identificar emoções. Há uma grande variação de gravidade naqueles que possuem alexitimia, indo de indivíduos que não sentem nada até aqueles que sentem algum tipo de sensação, mas possuem dificuldade em colocar a experiência em palavras. Stephen refletiu sobre essa complexidade quando descreveu sua condição: "Eu sinto algo, mas sou incapaz de distinguir de qualquer forma verdadeira o que é esse sentimento." Sem surpresas, existem consequências negativas para aqueles que sofrem de alexitimia. O distúrbio é associado ao TSPT em soldados e a pensamentos suicidas na população geral. No caso da alexitimia, não é só o corpo interno de uma pessoa que está falando um idioma diferente. É que o idioma está em uma forma que não conseguimos nem começar a tentar entender. É como ver hieróglifos pela primeira vez sem a Pedra de Roseta. O mundo interno da pessoa não faz sentido.

Embora a alexitimia represente um cenário extremo, todos nós variamos em capacidade de leitura, distinção e entendimento das emoções. É uma habilidade. Os sentimentos e as emoções fornecem uma visão geral da função homeostática de todo o corpo, um tipo de atualização de status. As emoções ajudam a alertar, aconselhar e regular. Porém, no modelo antigo de força, nos dizem que devemos ignorar ou reprimir as emoções. Em vez de aceitar o que sentimos, nós fugimos. O modelo antigo deixa a desejar. Para superar o desconforto, precisamos ouvir as mensagens que o corpo está enviando.

O Poder Do Que Sentimos

Sentimentos e emoções são primos próximos e geralmente usamos os dois de forma intercambiável. É fácil se perder na diferença entre nervosismo e medo, ou entre desagradável e desgosto. Quando se trata de força, uma distinção simples pode ser feita. Os sentimentos são mensageiros que incentivam. Eles são o corpo dizendo: "Hum… algo está diferente", antes de nos mandar em uma aventura para entender por que nos sentimos de certo modo.

Emoções, por outro lado, são mais complexas. Elas exigem contexto e significado. Para ir de um simples descontentamento para tristeza, precisamos saber o que a tristeza implica. Combinamos uma sensação crua [prazer] com o que está acontecendo nos mundos internos e externos, adicionamos uma pitada de experiência e, de repente, sentimos a versão da emoção amor. Se sentimentos são feitos para informar e incentivar, emoções são os alarmes, gritando para você que algo mudou e que você precisar tomar uma atitude. As emoções nos levam do incentivo para a saída.

Quando se trata de força, os sentimentos e as emoções têm um papel fundamental. Sempre que encontramos situações em que precisamos ser fortes ou tomar decisões difíceis, os sentimentos e as emoções preparam o terreno. Eles nos influenciam em direção a uma resposta particular. Mas não nos controlam. Como Robert Wright escreveu em seu livro *Por Que o Budismo Funciona*: "O que as emoções fazem — para que elas servem — é ativar e coordenar as funções modulares que são, em termos darwinianos, apropriadas para o momento." Em outras palavras, elas são o primeiro passo em uma cascata projetada para nos preparar para a ação.

Imagine que está caminhando por um beco escuro em uma cidade desconhecida. Há uma pitada de desconforto. Os cabelos em sua nuca se arrepiam. E a tensão chega aos seus ombros. Você não está ciente de nenhum sinal de perigo, mas o corpo está em alerta máximo, como se um assaltante estivesse escondido na próxima esquina mal iluminada. De onde vêm essas sensações? Você teria o mesmo sentimento se fosse dia ou se estivesse caminhando por um beco em seu próprio bairro? Para entender de onde esses sentimentos e sensações vêm, precisamos dar uma olhada em como o cérebro processa dados sensoriais.

Os olhos observam o cenário, notando movimentos nas sombras, uma poça d'água na calçada. O nariz sente os cheiros e aromas no ar. Os ouvidos escutam o ruído da grama. A pele talvez sinta as folhas roçando ou o vento passando por ela. Internamente, um batimento cardíaco acelerado, um aumento da temperatura corporal ou até mesmo uma mudança na acidez dos músculos fornecem informações que o cérebro deve interpretar e entender. Fibras nervosas percorrem pelo corpo, transmitindo informações sobre mudanças em estados mecânicos, químicos, metabólicos, térmicos, hipóxicos e hormonais de cada músculo, articulação ou órgão disponível.[2] Em outras palavras, temos um sistema de vigilância que usa esteroides, como uma loja de departamento com um sensor acoplado em cada cabideiro, tomada, ar-condicionado e equipamento. Todos transmitindo sempre que um item é tocado, movido ou quando simplesmente não está fazendo o que deveria. Todos reportando a um algoritmo de controle máximo que decide se deve alertar a segurança, soar os alarmes ou deixar pra lá.

No corpo, essa rede sensorial tem um nome — interocepção — e um local — o cérebro, estendendo-se do córtex cerebral ao córtex cingulado anterior [CCA] e córtex pré-frontal [PFC] descendo até a ínsula.[3] O sistema interoceptivo fornece uma visão geral da função homeostática de todo o corpo, um tipo de atualização de status de como ele está. Sua temperatura está normal? Seus níveis de glicose estão muito altos? O sistema interoceptivo é ativo em uma grande variedade de sensações incluindo sede, toque, coceira, excitação sexual, calor, frequência cardíaca e até a experiência sensorial relacionada à degustação de vinhos.[4] Seu sistema interoceptivo ajuda a alertar, aconselhar e regular.

É como o painel de instrumentos que um piloto tem à disposição — zunindo, apitando e indicando. Só que o corpo não possui um display digital, uma forma de comunicar os dados do status interno para nosso consciente. Em vez disso, ele usa um método engenhoso: sentimentos e sensações.

Em 1896, Wilhelm Wundt, a primeira pessoa a se autodenominar psicólogo, desenvolveu a ideia de "primazia afetiva".[5] Sua teoria baseava na ideia de que pequenas sensações e sentimentos alcançavam a consciência antes de qualquer outro sinal. Como declarou: "São os elementos afetivos que, assim que são fortes o suficiente, tornam-se perceptíveis primeiro. Eles começam a se forçar de forma enérgica no ponto de fixação da consciência antes que qualquer coisa seja notada." Wundt acreditava que essas sensações quase instantâneas de prazer ou desprazer guiavam as ações, levando-nos em direção a abordar ou evitar o que quer que tenha provocado a reação. As ideias de Wundt foram ignoradas por quase cem anos até a ciência moderna se envolver.

Em seu livro *A Estranha Ordem das Coisas*, o neurocientista António Damásio resume o conhecimento atual: emoções e sentimentos "nos fornecem uma perspectiva de momento no estado da nossa saúde... Quando vivenciamos uma condição que é propícia à continuação da vida, em termos positivos a descrevemos e dizemos que é prazerosa". Sentimentos — seja animação, fadiga ou desconforto — representam um resumo do sistema interoceptivo, um sinal de que algo está diferente e que devemos nos atentar.

A função dos sentimentos não é apenas atualizar nossa condição, contudo fazer exatamente o que Wundt supôs: nos mover em direção a uma possível solução. Abordar ou evitar algo. Comer um pedaço de fruta agradável] ou cuspir [rancoroso/desagradável]. Os sentimentos levam a avaliar se um sinal significa perigo ou se devemos ignorar e seguir em frente. Se ouvirmos, os sentimentos nos informarão e guiarão.

Sentimentos São Preventivos, Não Reativos

Você já sentiu como se o celular estivesse vibrando no bolso, apenas para desbloquear a tela e não ver nenhum e-mail, notificação ou ligação? Não se preocupe. Não é só com você. Mais de 70% dos estudantes já vivenciaram essa "síndrome da vibração fantasma", de acordo com um estudo recente.[6] Esses estudantes passaram por uma predição de mau funcionamento. Seus cérebros estavam explorando o ambiente e criaram a sensação. Damos tanta importância para a caixa retangular em nos bolsos, que treinamos a mente para estar em alerta máximo constante, esperando pela próxima vibração ou toque. Não é coincidência que quanto mais dependente do seu celular você é, mais você sente vibrações fantasmas.[7]

Os sentimentos não são apenas reativos, informando-nos do que está acontecendo, mas também são preventivos, informando-nos do que está por vir. De acordo com a teoria científica mais recente, o cérebro prevê o retorno que vai receber. Voltando para a analogia do alarme na loja, pense nele não apenas como tendo um sensor esperando por retorno, mas como algo que adivinha qual cômodo ou mostruário é mais provável de estar em perigo a qualquer hora. Às vezes, até toca o alarme antes de alguma coisa ser roubada, antecipando o movimento do ladrão. O cérebro funciona de uma maneira preventiva, antecipando qual retorno sensorial irá ocorrer bem antes dos músculos, coração ou pele enviar a informação verdadeira de volta para nós.

É por isso que ouvir as emoções é essencial para a verdadeira força: elas estão nos contando informações importantes. Os sentimentos e as emoções não são apenas medidores de combustível em nossos carros, são mais como os pequenos indicadores que nos dizem quantos quilômetros você ainda pode rodar antes do tanque esvaziar. Nossos corpos estão absorvendo informações sensoriais e dando o melhor palpite sobre o que deveria nos manter informados. Pesquisadores teorizam que sentimentos e sensações indicam o nível de desgaste corporal em algo que estamos prestes a encontrar. O quanto de gasolina será esvaziado dos tanques? Você sente ansiedade enquanto espera para subir no palco para uma apresentação? É o corpo nos informando o quanto estamos prestes a tirar da norma alguns dos nossos sistemas, ou, colocando de outra forma, é um indicador dos recursos aos quais precisaremos recorrer em breve — não é diferente do sentimento de desconforto ou tensão que sentimos ao caminhar por um beco desconhecido. Nosso cérebro está apostando que é melhor prevenir do que remediar, então sentimentos que desencadeiam o potencial perigo aparecem na consciência, soando o alarme indicando que é melhor estarmos prontos para correr, mesmo se estiverem errados. Quando ignoramos os sentimentos em prol de forçar caminho por uma dificuldade e dizer que "somos fortes", arriscamos não entender as necessidades e até mesmo as capacidades. Estamos perdendo informações valiosas que poderiam nos ajudar a tomar decisões melhores. Ignorar os sentimentos é o mesmo que destruir os indicadores no nosso painel. Não precisamos saber quando a gasolina ou o gás estão acabando, vamos apenas adivinhar.

Imagine estar em uma ponte suspensa de madeira, larga o bastante para uma pessoa passar. A cada passo, a ponte balança de um lado para o outro. Você olha para baixo e vê as árvores e o fundo do rio a mais de 60m de distância. Quando você olha, a ponte vacila sob seus pés, sua pulsação acelera, a adrenalina começa a correr pelo seu corpo e um sentimento de animação ou desconforto toma conta. À medida que atravessa a ponte, alguém que acha atraente se aproxima. Ele ou ela pede para que você preencha um pequeno questionário sobre sua experiência. Quando devolve o questionário finalizado, ele ou ela escreve o número do telefone no cantinho do papel, rasga e o incentiva a fazer uma ligação se quiser conversar melhor.

Em 1974, os psicólogos Arthur Aron e Donald Dutton fizeram esse experimento na Ponte Suspensa de Capilano, em Vancouver, no Canadá. Eles não estavam avaliando o medo de altura. Pelo contrário, estavam avaliando o nível de atração pelo homem ou mulher entregando o questionário.

Ao completarem o estudo, metade dos homens que participaram ligaram para o número que a pesquisadora anotou. Quando executaram a mesma experiência em uma ponte resistente, a apenas 3m de uma vala — uma ponte que não causa medo em ninguém — somente 12,5% dos homens fizeram a ligação. A discrepância não foi causada por nenhuma diferença em coragem ou confiança. Foi o que os pesquisadores chamaram de atribuição errônea de excitação. Os homens confundiram a excitação causada por estarem em uma ponte instável com um tipo diferente de excitação, uma provocada pela mulher atraente que o interrompeu.

O ritmo cardíaco acelerado e a onda de ansiedade causada por caminhar sob uma ponte alta e instável foram atribuídas [erroneamente] à linda mulher parada em frente a eles. Seus cérebros fizeram um rápido cálculo que dizia: "Ei! Nossa adrenalina está subindo, nossa frequência cardíaca aumentou, estamos excitados e há uma mulher parada na nossa frente. Devemos estar atraídos por ela!" Esqueça os perigos da ponte. Deve ser a mulher. Os homens atribuíram de forma errada de onde estava vindo o sentimento de excitação. E esse fenômeno não ocorre somente quando estamos fazendo algo que nos deixa nervosos ou com medo. Pesquisas mostram que até mesmo fazer exercícios [ou seja, aumento de frequência cardíaca e ativação do sistema nervoso] pode nos levar ao mesmo erro.

Retornando para a analogia sobre o painel de instrumentos de um piloto, quando se trata de sentimentos, é como se o painel não tivesse etiquetas indicando para que servem os medidores: tanque de combustível esquerdo, tanque de combustível direito, altitude e temperatura. Nós só temos as sensações. Precisamos preencher o significado com contexto. Deveríamos sentir medo ou excitação? Estamos sob ameaça de cair ou estamos nos divertindo em segurança, como em um passeio na montanha-russa? Quando se trata do experimento de Aron e Dutton, os participantes do sexo masculino entenderam errado o contexto. Eles não sofriam de alexitimia, mas era como se ouvissem a palavra na forma literal e interpretassem no sentido figurado.

Os sentimentos podem ter o papel de nos informar ou de nos levar em direção a um comportamento, mas também são sujeitos a distorções. Quanto melhor entendermos os sinais interoceptivos que chegam à consciência, melhor será a interpretação — e, no final, as decisões que vêm dela. Em dois estudos na Europa, um grupo de psicólogos descobriu que indivíduos que tinham clareza sobre seus sentimentos, entendendo de onde vinham e o que significavam, tinham possibilidade mais alta de prosperar sob estresse, ansiedade e pressão. Eles transformavam a ansiedade em excitação e a pressão em informação e motivação.[8] Tudo graças à clareza da mensagem que seu corpo enviava.

Os sentimentos agem como nossa primeira linha de defesa. Não são coisas que os homens mais viris entre nós deveriam ignorar; eles fornecem informações vitais. Os sentimentos nos ajudam a tomar decisões melhores. O neurocientista António Damásio e seus colegas se encarregaram de investigar o papel das emoções na tomada de decisões ao estudar pacientes que não podiam senti-las da mesma forma que você ou eu. Eles encontraram pacientes que tinham lesões no córtex pré-frontal ventromedial [vmPFC], uma área fundamental para o processamento de emoções. Em uma série de estudos, os pacientes passaram por uma enxurrada de imagens e histórias desenvolvidas para provocar algum tipo de reação emocional.[9] Imagens que geralmente provocam alegria ou repulsa causaram quase nenhuma reação. Quando estavam diante de histórias de dilemas morais, como se assassinato fosse admissível, os pacientes com o vmPFC lesionado geralmente escolhiam o oposto do grupo de controle. Quando estavam diante de situações que exigiam avaliar um potencial dano, eles tomavam as decisões erradas. Não tinham aquela leve sensação de repulsa ou desprazer que guia as decisões, não somente no que é certo e errado, mas no cotidiano. Em seu livro *O Erro de Descartes*, Damásio descreve como os resultados laboratoriais se traduziram no mundo real. Os indivíduos eram incrivelmente ruins em tomar decisões durante as atividades do cotidiano. A vida dos pacientes era muitas vezes arruinada por decisões ruins que impactaram as vidas profissionais e pessoais. Quando se trata de tomar decisões, os sentimentos e emoções não são ruins. São necessários.

A pesquisa é clara. O modelo de força dos Garotos de Junction que nos ensina a ignorar ou reprimir o que sentimos vai contra o funcionamento do cérebro e corpo. O mantra de "superar suas dificuldades" só faz sentido se você realmente fizer um levantamento do que está superando. Foi nisso que a velha definição de garra errou. Sentimentos são sinais que precisam ser entendidos. A dor não é algo para temer ou pela qual precisamos forçar caminho, é uma mensagem que precisa de interpretação. Às vezes, precisa de atenção. Em outras, precisamos ultrapassar. E se confundirmos um desafio com um perigo ou um ataque de ansiedade, não importa o quanto somos "fortes", estamos indo em direção a um "surto". O primeiro passo para a resistência é treinar seu corpo e mente a entender e interpretar os sinais que você está recebendo.

▶▶▶▶▶▶ MÁXIMA DA FORÇA ▶▶▶▶▶▶▶

Sentimentos são sujeitos a distorções. Eles dependem de contexto e interpretação. Quanto melhor conseguirmos interpretar, melhor será nossa decisão final.

O Sentimento é de Decisão

Em todos os parâmetros, o filme *Titanic* foi um fenômeno cultural. O longa dirigido por James Cameron arrecadou mais de 2 bilhões de dólares de bilheteria e teve catorze indicações ao Oscar, com onze vitórias. Os críticos e os fãs ficaram igualmente impressionados com a obra de arte de Cameron. Contudo, duas décadas depois, ainda há controvérsias sobre uma decisão tomada pelo diretor.

Na cena do clímax, os heróis, Rose e Jack, estão se debatendo na água congelante depois que o navio afundou. Eles se depararam com destroços, como uma porta, boiando no oceano. Rose e Jack fazem uma tentativa rápida de subir os dois na porta antes de caírem. Depois da única tentativa, Jack toma a decisão nobre de desistir e dar prioridade para a vida de Rose, ajudando-a a subir na porta e convencendo-a a ficar ali enquanto ele fica ao seu lado na água. Jack se sacrifica, morrendo na água congelante para salvar a mulher que ama. O maior ato altruísta de todos.

"Eu acho que ele, na verdade, podia caber naquela porta", Kate Winslet, a atriz que interpretou a Rose no filme, contou para Jimmy Kimmel em 2016.[10] Winslet estava se referindo ao que ficou conhecido como "*Doorgate*", o debate raivoso da internet sobre a possibilidade de Jack ter sobrevivido se tivesse subido na porta com Rose. Os detetives da internet passaram incontáveis horas tentando resolver esse dilema, mapeando a área da porta e calculando sua flutuabilidade. Até mesmo Cameron opinou na briga, declarando: "A resposta é muito simples, porque diz na página 147 [do roteiro] que Jack morre."[11]

Todos concordamos que as ações de Jack foram nobres e possivelmente heroicas. Cameron precisava que Jack fizesse o sacrifício. Então, no mundo do cinema, Jack precisava morrer. Mas, e se a situação fosse diferente? E se, em vez de Jack escolher se sacrificar, Rose exigisse: "Não, Jack, desça da porta! Preciso sobreviver!" Isso mudaria a sua visão sobre a cena?

E se, em vez de sacrifício, Rose e Jack tentassem várias vezes encontrar uma maneira de boiar juntos na porta? Porém, depois de muitas tentativas, Jack percebesse que ambos iriam morrer se tentassem boiar juntos, então empurrasse Rose na água? Como você se sentiria quanto a Jack?

Ou, e se os dois heróis estivessem na porta com um estranho, os três boiando no oceano congelante, mas rapidamente percebessem que, embora os três estivessem na porta no momento, ela simplesmente não conseguiria continuar boiando, então empurrassem o estranho para que pudessem sobreviver? E se, em vez de um estranho, fosse o "vilão" do filme, o arrogante Cal Hockley, o homem abusivo de quem Rose escapou?

Com cada mudança de cenário, você deve ter notado um sentimento ou sensação diferente. Jack e Rose empurrando um estranho da porta para se salvarem deve trazer um pouco de repulsa e alterar sua visão sobre os heróis. Quando o estranho é transformado no vilão do filme, em vez de repulsa, você talvez tenha sentido vindicação. Apesar de executarem a mesma ação egoísta, agora parece estar justificada. Quando um grupo de pesquisadores da Universidade da Pensilvânia observou cenários semelhantes, em que a violência era justificada [como o assassinato de um parceiro abusivo] ou fora da situação de um filme, os participantes não somente se sentiam diferentes, mas seus cérebros também reagiam de modos diferentes. Quando os participantes viram a violência justificada, uma área no cérebro relacionada à avaliação moral se acendeu, indicando que o espectador enxergava a violência como algo aceitável.[12]

Filósofos e psicólogos utilizaram esses cenários por décadas para avaliar como as pessoas enfrentam decisões morais complicadas. Como sabemos o que é certo e o que é errado? Esses cenários geralmente são chamados de "dilema do bonde", em que o final é o mesmo em todos os cenários [por exemplo, alguém morre], mas o contexto de como chegam naquele ponto muda. O clássico dilema do bonde envolve um indivíduo parado em uma ferrovia com um trem carregando cinco pessoas. O indivíduo é apresentado a uma escolha: ele pode mover uma manivela e desviar o trem para um trilho alternativo com apenas uma pessoa nele ou pode não fazer nada. Então, em vez de matar cinco pessoas, somente uma morre. Em um cenário alternativo, em vez de mover uma manivela

SUAS EMOÇÕES SÃO MENSAGEIRAS, NÃO DITADORAS

para desviar o trem, o decisor tem que empurrar um indivíduo na frente do trem para salvar os cinco. Isso muda se seguiríamos ou não com a ação e as opiniões sobre ser moral ou não?

Em 2001, Joshua Greene, psicólogo de Harvard, apresentou muitas variações do dilema do bonde para indivíduos enquanto escaneava seus cérebros com uma máquina de ressonância magnética.[13] Metade das histórias apresentadas continha cenários em que os participantes precisavam lesionar alguém para salvar outros [por exemplo, empurrar alguém na frente do trem]. As outras histórias focavam em danos impessoais, como apertar um botão. As primeiras histórias tendiam a provocar um sentimento de repulsa ou desprazer, enquanto as últimas não. Quando você faz algo ser impessoal, a reação visceral diminui. E conforme Greene e os colegas analisaram os exames de ressonância magnética, quando os participantes leram uma história de dano pessoal, as áreas no cérebro relacionadas ao processamento emocional se acenderam. Essa oscilação de sentimento e processamento emocional também estava ligada à decisão que cada participante tomou sobre a moralidade da cena. A força do sentimento previu a decisão.

Em seu livro *A Mente Moralista*, Jonathan Haidt descreve a evolução do raciocínio moral desde o trabalho de Greene. Apesar de gostarmos de pensar que a lógica nos leva a julgar algo como moral ou não, Haidt acredita que os sentimentos, não a razão, interpretam um papel fundamental. No livro, Haidt concluiu: "Quando estamos tentando decidir o que pensamos sobre algo, olhamos para dentro, para como estamos nos sentindo. Se estou me sentindo bem, devo gostar, e se estou sentindo algo desagradável, isso deve significar que não é do meu agrado." E enquanto focamos em julgamentos morais, os sentimentos interpretam o mesmo papel em basicamente qualquer decisão que tomamos. Os sentimentos, como o de repulsa, nos enviam uma mensagem, dizendo se algo é bom ou ruim para nós. Os sentimentos não só comunicam; eles nos levam em direção a um comportamento. Nos incentivam a agir. Eles nos ajudam a decidir qual caminho escolher.

Acompanhar qualquer situação difícil é uma cacofonia de sentimentos e emoções. Entender o papel deles como mensageiros e incentivadores permite que você encontre clareza em vez de ficar soterrado pela confusão. Os sentimentos dão uma dica do que seu corpo está prevendo. Um toque de ansiedade sinaliza que pode estar um pouco desconfiado do que está por vir, mas que está completamente preparado para levar adiante. Uma sensação de pavor, e você sabe que seu corpo está se preparando para o pior, pronto para apertar o botão de ejetar, e talvez você precise tentar uma estratégia de defesa diferente para chegar até a outra extremidade do desafio. Os sentimentos fornecem dicas de onde o corpo está apostando. E a parte mais bela é que quanto mais clareza possui, é mais fácil de escolher se segue em frente com aquela decisão ou se traça uma nova rota.

▶▶▶▶▶▶ MÁXIMA DA FORÇA ▶▶▶▶▶▶

Os sentimentos enviam uma mensagem, transmitindo informação e nos levando em direção a um comportamento.

Avaliação: Lendo os Sinais

De acordo com uma análise de 2015, quase 17% dos adolescentes já se cortaram ou praticaram alguma forma de automutilação.[14] Na maioria das vezes, as pessoas se cortam não para causar dano profundo e duradouro, mas como uma forma de enfrentar uma situação. Para lidar com os rigores da vida, se cortar oferece um sentimento sem relação com qualquer problema que a pessoa esteja lidando. Uma troca de uma sensação [dor emocional] por outra [dor física].

Em uma série de estudos saídos da Swansea University, psicólogos ofereceram uma explicação adicional sobre por que as pessoas praticam

SUAS EMOÇÕES SÃO MENSAGEIRAS, NÃO DITADORAS

a automutilação. Em vez de focar no elemento de enfrentamento da automutilação, eles investigaram as sensações e as emoções que acionam o comportamento. Hayley Young e os colegas levantaram a hipótese de que as diferenças individuais na capacidade interoceptiva — ou a capacidade de processar e conceituar os vários sinais que o corpo envia para nossa mente — estavam em jogo. O estudo inicial encontrou uma conexão entre aqueles que praticavam automutilação e como eles autoavaliavam suas capacidades interoceptivas. O grupo da automutilação tinha uma ambivalência interoceptiva maior e uma apreciação interoceptiva menor.

Assim que essa conexão foi estabelecida, eles avançaram mais. Pediram para que os participantes se sentassem silenciosamente e contassem os batimentos cardíacos. A pegadinha era: eles não podiam colocar o dedo no pulso ou usar qualquer outra solução simples. Esse teste das capacidades interoceptivas nos força a focar no retorno interno mais básico, os batimentos cardíacos. Quanto mais precisos somos em adivinhar a frequência cardíaca, melhor é a a capacidade de ler o status interno do corpo. Quando Young e seus colegas compararam aqueles que tinham um histórico de automutilação com um grupo de controle, os participantes com histórico de automutilação estavam mais cientes de seus sentimentos e sensações, mas tiveram um desempenho melhor na tarefa interoceptiva.[15] Eles sentiam mais, mas não conseguiam distinguir ou interpretar o que aqueles sinais significavam. Como os autores concluíram, a automutilação "pode servir para solucionar o estado resultante de incerteza emocional e interoceptiva associada com a função do corpo na experiência emocional".

De certa forma, esse é um primo próximo dos indivíduos que foram enganados por seus sentimentos enquanto estavam em uma ponte. Um era uma atribuição errônea de um sentimento, o outro uma incapacidade de processar ou entendê-lo. Se não somos capazes de ler com precisão os sinais que o corpo e a mente estão enviando, então, para lidar com eles, escolhemos o caminho mais fácil: ignorar ou eliminar a sensação. Em casos extremos, isso pode significar automutilação.

A consciência interoceptiva comprometida foi encontrada em tudo, desde vícios até distúrbios alimentares.[16] Quando não conseguimos dar sentido ao mundo interno, recorremos às formas externas de lidar. Isso vale para outros sentimentos e sensações. Os alunos do jardim de infância que não entendem a vergonha ou a angústia de se encrencar pela primeira vez recorrem a birras. Ou a pessoa que, depois de um dia frustrante no trabalho, desconta a raiva no cônjuge. Quando não temos clareza no mundo interno, tendemos a recorrer a mecanismos menos efetivos. Uma capacidade de ler e identificar o mundo interno nos dá a flexibilidade de responder de uma maneira mais produtiva.

Se você já foi para a academia depois de ficar um tempo sem malhar, sabe muito bem sobre a dificuldade de ler o retorno interoceptivo. Talvez o seu machismo leve a melhor e o transporte de volta para os seus dias de faculdade, realizando um treino que o Joãozinho ou a Mariazinha de vinte e poucos anos de idade poderiam aguentar, mas certamente a versão de quarenta e poucos não. Você acorda no dia seguinte com dor e rigidez gritando nos músculos e nas articulações. Quase incapaz de se levantar da cama e mancar até a porta, se pergunta se isso é alguma forma de dor extrema ou lesão catastrófica. É só andar que passa ou você precisa ir ao seu ortopedista agora mesmo? Esse dilema de dor versus lesão não é reservado apenas para aqueles que tentam reviver seus dias de glória. É um componente vital de aprendizado para qualquer atleta jovem. No esporte, chamamos isso de saber o que você pode treinar e o que não pode.

Um especialista em interocepção não é diferente do piloto veterano que precisa apenas olhar para o medidor em vez de ler a etiqueta ou o manual. Um atleta com experiência consegue separar a dor da lesão. Um artista de palco consegue diferenciar o nervosismo da ansiedade. Uma executiva consegue entender quando a intuição está levando-a na direção certa e quando ela deve ignorá-la.

SUAS EMOÇÕES SÃO MENSAGEIRAS, NÃO DITADORAS

Nossa capacidade de entender o simples [sensações] e o complexo [emoções] nos leva a tomar decisões melhores e, finalmente, à força. Situações que exigem força são aquelas que envolvem um alto nível de estresse, pressão ou adversidade. Essas condições são as principais para a má interpretação e atribuição de sentimentos e emoções. É fácil confundir um corpo transbordando de adrenalina e excitação por um que está repleto de ansiedade e desconforto. Pesquisas mostram que atletas mais fortes são mais capazes de entender qualquer retorno que seus corpos estão dando.[17] Pesquisas saídas da Universidade da Califórnia, em San Diego, descobriram que indivíduos que têm pontuação menor em resiliência tinham uma menor consciência interoceptiva quando colocados sob estresse.[18] E em um estudo intrigante saído do Reino Unido, psicólogos descobriram que corretores da bolsa que tinham interocepção melhor não apenas lucravam mais, mas também duravam mais em um negócio que é conhecido pela rotatividade.[19] Não foram os corretores com credenciais melhores que se destacaram, foram os que conseguiam ler seus corpos. Quando apresentei essa pesquisa para meu amigo Marcel, que trabalha em uma área semelhante que depende de avaliar e tomar decisões arriscadas, investimento bancário, ele respondeu: "O pedigree te leva até a porta, atenção e autoconsciência é o que te destaca."

Se interpretamos mal de modo contínuo os sinais que o corpo envia, as previsões do cérebro sobre o que está por vir também terão falhas. Pesquisadores que estudaram atletas de elite e forças especiais militares relataram que a "diminuição da consciência e dos sinais interoceptivos deixam os indivíduos [de baixa resiliência] despreparados à frente de uma perturbação interoceptiva... Indivíduos [de baixa resiliência] podem ser incapazes de cometer erros de previsão corporal precisos, pois o monitoramento interoceptivo reduzido pode levar a uma integração ruim dos atuais estados corporais para prever estados corporais futuros."[20] Em termos mais simples, dados ruins de entrada significam previsões ruins de saída.

Quando perdemos a capacidade de distinguir as nuances da experiência, pulamos direto para a decisão fácil. Parte de ser forte é aprimorar sua capacidade de vivenciar e decifrar o que está sentindo. Melhores habilidades interoceptivas estão relacionadas ao melhor funcionamento emocional e ligadas a níveis menores de depressão.[21] Aqueles que sofrem de depressão não são capazes de ler seus corpos tão bem quanto aqueles que não sofrem, da mesma forma que um atleta amador não consegue diferenciar a dor normal de uma lesão potencialmente debilitante.

Indivíduos fortes desenvolvem a capacidade de diferenciar nuances que a maioria de nós não consegue enxergar. Felizmente, essa é uma habilidade que pode ser desenvolvida. Como vimos neste capítulo, a distinção de nuances envolve dois componentes:

1. Consciência dos sentimentos e sensações.

2. Interpretação e contextualização dos sentimentos e emoções.

O primeiro passo para desenvolver nuances envolve ir fundo na experiência. Se direcionarmos a atenção para uma emoção ou sensação, examinando o retorno por tempo suficiente, podemos começar a distinguir tons de cinza no que, antes, havia apenas uma categoria. Vá em direção ao desconforto, focando deliberadamente sua atenção, para que você possa descascar as camadas.

Outra estratégia que nos permite entender as nuances dos sinais e fortalecer o vínculo que possuem com as ações é classificá-los. Podemos interpretar sensações muito semelhantes [aumento da frequência cardíaca, palmas das mãos suadas, uma leve agitação] de formas drasticamente diferentes — do nervosismo à excitação. Quando classificamos as emoções ou experiências, podemos mudar não só a interpretação, mas também a forma como o corpo responde à elas. Quando pesquisadores da UCLA pediram para os participantes classificarem o que estavam

SUAS EMOÇÕES SÃO MENSAGEIRAS, NÃO DITADORAS

sentindo antes de uma apresentação, eles reduziram o alarme do cérebro [a amígdala] e ligaram o controle [o PFC].[22] Quanto mais detalhadas eram suas descrições, melhor era a capacidade de lidar com o turbilhão de emoções que vinha com falar em público. Psicólogos clínicos aplicam o mesmo conceito ao utilizar itens como a roda das emoções, um gráfico que lista sentimentos comuns, como a raiva, e nos incentiva a considerar versões mais detalhadas, como ressentido, indignado, furioso, enciumado ou retraído. Como descrevemos e classificamos o que sentimos impacta o desempenho subsequente.

Quando nomeamos algo, pegamos o controle de volta — convertendo o ambíguo em algo tangível que podemos entender, manipular e entrar em acordo. Até mesmo a forma como falamos de sentimentos e emoções importa. Pegue o exemplo da depressão. É comum dizer: "Estou triste." Mas não faz sentido quando você pensa nisso. Implica que a tristeza é algo concreto, uma característica que não pode mudar. Se em vez disso disser: "Estou passando por uma onda de tristeza", implica que é uma característica que vai passar. Pode parecer trivial, mas a linguagem que usamos para descrever o que estamos vivenciando ajuda bastante a determinar se temos poder sobre as emoções ou se elas nos controlam.

Se pudermos desenvolver a capacidade de distinguir o que as sensações e as emoções estão nos dizendo, isso não só enfraquecerá a conexão delas com a cascata de pensamentos ou de ações negativas, mas também nos permitirá interpretá-las de modo mais preciso e entender que alguns sentimentos não têm sentido nem importância — alarmes falsos acionados por um eu interior hiperativo. Algo para deixar ir embora, que nos lembre que um sentimento é apenas um pedaço de informação. Quanto melhor entendermos os sinais vindos do nosso corpo, melhores serão as decisões que poderemos tomar.

▸▸▸▸▸▸▸ MÁXIMA DA FORÇA ▸▸▸▸▸▸▸

Interocepção ruim→ Previsões ruins→ Menor resistência e piores decisões tomadas

Exercícios para Desenvolvimento de Nuances

Exercício 1: Vá Fundo para Entender a Nuance

1. Seja específico

Neste exercício, você quer sentir coisas que são relacionadas com a situação em que está trabalhando. Por exemplo, para a dor de uma competição atlética, suba em uma bicicleta ergométrica e faça um treino pesado ou entre em uma banheira cheia de gelo e sinta uma dor semelhante. Para ansiedade, se for social, se coloque em uma situação social desconfortável. Ou fique de pé na varanda de um hotel se a altura causar o mesmo sentimento em você. Sempre se certifique de levar a segurança em consideração.

2. Entre nos sentimentos e emoções

Direcione sua atenção para o que você está vivenciando ou sentindo e se concentre nela. O objetivo é vivenciar sem julgar. Nosso objetivo é colecionar experiências. Não necessariamente fazer algo com elas, mas começar o processo de desvendar o que "dor" ou "ansiedade" significam em contextos diferentes.

Exercício 2: Nomeie

1. Desenvolva um vocabulário

Quando um aluno do ensino fundamental recebe instruções para descrever uma pessoa, ele foca nos adjetivos básicos: bonita, inteligente, legal. À medida que aumentam o vocabulário, eles conseguem descrever pessoas e objetos de forma mais efetiva. Quando se trata de emoções e sentimentos, a maioria de nós age como alunos do ensino fundamental. Aumentar o vocabulário nos permite encontrar nuance e clareza.

2. Descreva o sentimento

Quando estiver descrevendo o que você está sentindo, seja criativo e tente descrever o máximo possível. Por exemplo, a dor é vaga. Ela é ardente, fraca, passageira ou constante? Isso serve para o estresse ou a ansiedade. Use ferramentas como a roda das emoções ou procure sinônimos que possam descrever melhor a experiência. Quando estiver descrevendo uma experiência interior, primeiro procure por amplitude, depois profundidade.

3. Separe o sentimento da fisiologia

Quando estiver descrevendo, tente separar as sensações físicas dos sentimentos. Por exemplo, palmas das mãos suadas e batimentos cardíacos rápidos são sensações físicas. A ansiedade ou medo que geralmente entrelaçamos é separado.

4. Nomeie.

As emoções são desenvolvidas com base no contexto. Encontre a nuance entre os sinais diferentes. O nervosismo que sente antes de um discurso? Chame de adrenalina de palco. Quando nomeamos algo, exercemos poder e controle sobre ele. Estamos dizendo: "Eu sei o que você é e como lidar com você."

5. Reavalie

Reformule o sinal como informação útil. Você consegue enxergar a ansiedade, o medo, a dor e tristeza como sinais contendo uma mensagem? Agora que você entende as nuances dos sentimentos e das emoções e deu um nome para o que está vivenciando, assuma o controle da mensagem. Você enxerga a ansiedade como excitação? O medo que você vivencia é um lembrete de que o cuidado tem valor. A tristeza, depois de uma perda, é um lembrete para valorizar e se reconectar com aqueles que ainda estão com você. Reformular emoções e sentimentos como informações que pode escolher ouvir ou simplesmente deixar passar é uma ferramenta poderosa para navegar pelo mundo interno bagunçado.

Mensageiro ou Ditador?

Quando se trata de sentimentos, a tendência é focar no último passo, a regulação. Será que os ignoramos ou nos rendemos? Homens são geralmente ensinados desde muito jovens a ignorar ou bloquear o que sentem, enquanto mulheres são ridicularizadas por serem "emotivas demais". Ambos os sexos passam uma mensagem semelhante, de que sentimentos e emoções são coisas para serem reprimidas, exceto por algumas situações particulares. Ensinam-nos a ir atrás da paixão quando se trata de escolher um emprego ou a ouvir o coração quando se trata de encontrar o amor. Recebemos mensagens em contraste para ouvir algumas emoções, mas bloquear outras. O foco é no que fazer com elas.

A regulação emocional interpreta um papel na tomada de decisões e na força [algo que veremos no capítulo nove], mas é o último passo em uma cascata. Quando chegarmos na regulação, se o vínculo entre o que sentimos e a resposta comportamental subsequente for muito estreito, nenhuma quantidade de força de vontade ou garra pode romper essa conexão. Como uma criança que vai direto de ser insultado para fazer birra, se o vínculo for estreito demais, não há muito que possa ser feito.

SUAS EMOÇÕES SÃO MENSAGEIRAS, NÃO DITADORAS

Se focarmos na extremidade dianteira, interpretar e entender as emoções, temos o potencial para impactar tudo o que vem depois — desde para onde vai a atenção até o diálogo interno e a resposta comportamental. Damos a nós mesmos uma melhor chance de atrasar o salto de sentir estresse para ter um surto completo. A capacidade de ler e entender o mundo interno determina se estamos em prejuízo, adivinhando qual alarme vai disparar ou saber qual mensagem o corpo está tentando enviar. Se soubermos a mensagem, escolher a solução correta se torna muito mais fácil.

A força consiste em ler esses sinais de forma precisa — saber o que seu corpo está dizendo e conseguir decidir responder ou não. Não é que precisamos ceder a cada desejo, cada sinal. Alguns podem estar errados. Outros [por exemplo, a ânsia de comer doces] podem ser um resquício de um passado em que calorias eram muito mais difíceis de aparecer. Ler seus sentimentos e emoções ajuda a dar a capacidade de escolher dar atenção a eles, simplesmente deixá-los passar ou utilizá-los como motivação. Quando testaram como indivíduos funcionam em situações de alta pressão, pesquisadores na Espanha descobriram que as pessoas poderiam tirar vantagem da ansiedade que vem com a pressão. Poderiam persistir por mais tempo em uma tarefa, alcançar um nível maior de desempenho em uma avaliação acadêmica ou até mesmo ter uma maior satisfação profissional. Tudo graças ao sentimento da ansiedade. O que separava aqueles que conseguiam usar a ansiedade a seu próprio favor? Se eles tinham ou não clareza no que estavam sentindo. Os pesquisadores concluíram: "Indivíduos que são claros sobre seus sentimentos têm maior probabilidade de prosperar na ansiedade." Até mesmo os sentimentos denominados negativos podem ser benéficos. Tudo se resume à clareza do mundo interior.

Quanto melhor pudermos ler e distinguir os sinais internos que o corpo está enviando, melhor conseguiremos usar os sentimentos e as emoções como informações para ajudar a guiar as ações, em vez perder o sinal ou ir direto do sentimento para a reação. Uma revisão sistemática descobriu que quanto melhores são nossas capacidades interoceptivas, melhor lidamos com o estresse. De atletas de elite até militares e aventureiros que vivenciam extremo estresse, os pesquisadores descobriram que um dos segredos para atuar em tais condições era a capacidade de ouvir e entender seus estados internos. Eles conseguiram combinar o retorno que suas emoções estavam oferecendo com uma resposta apropriada. Aqueles que pareciam sucumbir aos perigos da situação tinham dificuldade de ler os sinais internos. Eram como atletas novatos que não conseguem distinguir entre uma dor passageira e uma dor que sinaliza lesão.

Quando temos clareza no que estamos sentindo, podemos manter esse sinal como informativo com um pequeno incentivo, em vez de um alarme que dita e impõe. A incerteza soa como um alarme. A clareza nos permite encontrar o botão apropriado para apertar. Os sentimentos e emoções são mensageiros que precisam de informação? Ou são ditadores nos levando em direção a uma reação com pouco ou nenhum controle sobre o resultado? Nosso objetivo é mantê-los em grande parte como mensageiros.

CAPÍTULO 7

Comande a Voz na Sua Mente

Em 1981, um veleiro de aproximadamente 6 metros partiu dos Estados Unidos para atravessar o Oceano Atlântico. A jornada até a Inglaterra foi bastante descomplicada. Exceto pelo surgimento de alguns pequenos problemas. Eles passaram um tempo no Reino Unido antes de viajarem para o sul da Espanha e finalmente para as Ilhas Canárias, localizadas na ponta noroeste da África. Em janeiro de 1892, era hora de voltar para casa. O pequeno barco partiu para o oeste em direção ao retorno para os Estados Unidos.

Sete dias depois da partida, o capitão e o tripulante foram acordados por uma pancada alta no meio da noite. Colidiram com uma baleia, pensaram. O impacto abriu um buraco no fundo do barco e a água rapidamente começou a entrar. Reagindo em disparada, eles jogaram o bote salva-vidas no mar e tudo o que conseguiram pegar dentro dele. Antes que o barco afundasse, eles fizeram uma última tentativa de pegar tudo de útil que conseguiam achar: um kit de emergências e o máximo de comida que pudessem carregar. Quando o barco afundou, eles estavam em um bote que media aproximadamente 1,80m, com equipamentos de sobrevivência limitados e comida o suficiente para durar no máximo duas semanas e meia. À deriva no Oceano Atlântico, eles encararam a realidade. Havia duas possibilidades de sobrevivência: um navio identificar o pequeno bote em um oceano enorme ou boiar com a correnteza em direção a algum lugar do Caribe — uma jornada que estimavam que levaria pelo menos dois meses.

Achar uma forma de sobreviver com comida e água suficientes se tornou a maior das prioridades. Os mantimentos eram escassos, então tentaram aumentá-los. Eles criaram uma lança para pescar e um dispositivo para purificar a água do oceano por meio da evaporação. Até mesmo essa engenhosidade, quando combinada com a nutrição ocasional da chuva, rendia por volta de uma latinha de refrigerante de água por dia, o bastante para manter a desidratação longe.

À medida que os dias se transformaram em semanas, a sede assolava seus corpos e mentes. A conversa era pouca. Porém, um dia, quando o tripulante estava à beira do desespero, um diálogo conciso começou:

— Água, Capitão. Por favor? Água… mais água, Capitão. Precisamos de mais.[1]

— Não! Não! Bem, talvez. Não! Não pode mais. Nem uma gota.

— Por favor, Capitão. Água. Agora, antes que seja tarde demais.

— Tudo bem, a água poluída. Pode beber o quanto quiser. Mas a água limpa, não. Uma dose por dia. É o limite.

O capitão severo, apesar de estar à beira da desidratação e inanição, permanece firme de forma estoica. Ele sabe que, para sobreviver, eles não podem ceder aos desejos imediatos. Estão nessa situação a longo prazo com um único objetivo: sobrevivência. Por 76 dias, o capitão e o tripulante ficaram à deriva no Oceano Atlântico, passando por nove navios que não identificaram o pequeno bote ou o sinalizador que dispararam às pressas. Ninguém respondeu ao transmissor de localização usado em emergências (EPIRB). Em vez disso, por semanas a fio, o capitão tomaria as decisões difíceis, insistindo no objetivo da sobrevivência. Uma dose de água por dia, porções escassas de comida, mantendo seu tripulante focado e uma pitada de esperança por um milagre. O milagre eventualmente aconteceu quando de alguma forma eles cruzaram o Oceano Atlântico até a pequena ilha caribenha Maria Galante. Eles sobreviveram, em grande parte, graças à engenhosidade e firmeza do capitão.

O único problema com a narrativa? Havia apenas um sobrevivente, Steven Callahan. O capitão e o tripulante eram a mesma pessoa. Ele estava cruzando o Atlântico sozinho. No entanto, o diálogo aconteceu. Como relatou mais tarde em seu livro, *À Deriva*, Callahan dividiu sua mente em personagens diferentes. Um eu racional, físico e um eu emocional. O tripulante reconhecia a realidade da situação: suas dores, medos e desejos. O capitão mantinha-o sob controle e tomava as decisões difíceis que eram necessárias para sobreviverem. Como Callahan declarou: "Meu eu emocional sente medo e o meu eu físico sente dor. Confio de forma instintiva no meu eu racional para comandar sobre o medo e a dor."

Os personagens fragmentados de Callahan foram um resultado da sua loucura enquanto estava perdido no mar? Foi um mecanismo de sobrevivência em resposta ao perigo extremo? A sabedoria convencional pode pensar que sim, mas nos dividimos em personagens semelhantes em quase todas as situações estressantes. Nós todos vivenciamos a batalha que é travada em nossa mente. O diabo interno que reclama sobre a fadiga, constantemente levantando dúvidas e razões para você desistir. Enquanto outra parte, o anjo no ombro, revida com mantras motivacionais e diálogos que aumentam a confiança para que continue a persistir. Esse debate interno ocorre quando estamos correndo uma maratona, pensando em comprar ou não aquele vestido caro na loja ou decidindo se deveríamos pedir demissão e ir atrás das nossas paixões. A voz interna do "diabinho" pode estar tentando tirar você da leitura deste livro e mandando fazer algo "melhor" agora mesmo. A única diferença entre a experiência com os diálogos internos e a de Callahan é que ele deu um nome para as duas vozes. Embora possa parecer estranho, de acordo com as teorias mais recentes na neurociência e na psicologia, a mente funciona como as identidades fragmentadas de Callahan, diferentes personalidades discutindo uma com a outra, competindo por atenção.

"Não posso fazer isso, eles irão enxergar minha verdadeira personalidade" é um pensamento que aparece em sua mente enquanto você se senta na sala de reuniões, o estômago embrulhado, esperando pela única chance de impressionar um grande cliente. Antes de entrar em pânico, outro pensamento surge: "Espera um pouco. Você está preparado. Sabe isso de cor e salteado. Você consegue!" O antigo modelo de força acaba com esse debate interno, preferindo ignorar ou não reconhecer qualquer voz que julgamos destrutiva. Como se a voz negativa fosse uma falha de caráter, um sinal de "fraqueza" aparecendo. Mas novas pesquisas mostram que ambas as vozes estão dizendo algo importante. Nem bom nem ruim; elas estão transmitindo informações que às vezes queremos ouvir, outras que deixamos passar. Quando reformulamos a força como algo definido pela consciência dessas vozes, elas se tornam ferramentas que nos ajudam a tomar decisões melhores quando as coisas dificultam.

A Teoria Modular da Mente/ Personalidades Múltiplas

Temos tendência em pensar no cérebro como um computador com um comandante central sentado no centro, integrando todas as informações e tomando decisões por nós. Presumimos que as áreas diferentes do cérebro estão interconectadas, capazes de se comunicarem uma com as outras. E que o comandante tem acesso a todos os dados, retornos e informações para que possa tomar uma decisão. Infelizmente, esse não é o caso. O cérebro é uma bagunça remendada.

Se pensarmos em como o cérebro se desenvolveu, ele não era um aparato em que cada parte foi projetada e integrada para funcionar como um todo. Em vez disso, foi montado ao longo de milênios à medida que os humanos e a estrutura gosmenta dentro do crânio evoluíram. Nós adicionamos ao modelo já existente, ajustando, atribuindo novos papéis, e fazendo com que funcione diante de qualquer exigência que enfrentamos.

É semelhante a comprar uma residência histórica construída durante a década de 1800 e fazer ajustes para satisfazer o padrão moderno de vida. As paredes da casa não são construídas para ar-condicionado ou aquecedor central. Não havia coisas como tomadas elétricas, TV a cabo ou até mesmo encanamento moderno quando a casa foi construída. Demolir paredes e começar do zero seria inaceitável, então você quebra galhos. Tenta encontrar soluções alternativas para oferecer conveniências modernas dentro da estrutura que tem. Talvez você reaproveite os componentes, transformando a cozinha anexa em uma garagem. Você pode adicionar unidades de ar-condicionado de janela ou arrancar o assoalho para descobrir um jeito único de instalar os sistemas de aquecimento ou resfriamento. Talvez possa demolir uma parede do quarto, juntando quartos adjacentes para fazer uma suíte. Ou transformar a anacrônica sala "de desmaio", popular durante a era vitoriana, em um terceiro banheiro. Independentemente das alterações feitas, você precisa construir por cima de uma estrutura que já estava lá. Você não pode projetar uma casa que utiliza métodos modernos de integração de aquecimento, resfriamento, eletricidade e outros, de uma forma mais efetiva. Você quebra galhos.

O resultado de um cérebro montado é um que funciona como uma série de módulos — não compartimentos isolados, mas uma mistura de áreas que talvez possam se comunicar diretamente com uma área, enquanto fazem contato indireto com outra. Ficamos com um sistema que pode armazenar informações contraditórias em várias partes do nosso cérebro. Um módulo pode receber a informação de que a temperatura central está aumentando de forma alarmante, enquanto outro módulo foca na forte motivação e grau de importância da tarefa atual. Uma personalidade nos incentiva a completar o objetivo; a outra quer nos parar antes de alcançarmos o perigo iminente. Se elas não conseguem se comunicar de forma direta uma com a outra, quem sai ganhando?

Em vez de ter um CEO tomando decisões finais, os módulos funcionam como uma série de subpersonalidades, uma coleção de diferentes áreas no cérebro que podem se comunicar facilmente umas com as outras. Elas podem trabalhar em conjunto para atingir objetivos diferentes. Embora provavelmente existam várias subpersonalidades, os pesquisadores identificaram pelo menos sete até agora: autoproteção, atração por um parceiro, retenção de parceiro, afiliação, cuidado familiar, status social e prevenção de doenças.[2] Sempre que nos encontramos em uma situação incerta ou estressante, a subpersonalidade mais bem preparada para lidar com a circunstância irá se manifestar.

Se você assistiu ao filme da Disney e Pixar *Divertida Mente*, então já é um especialista na teoria modular da mente e como as subpersonalidades prevalecem. O filme apresenta emoções como Alegria, Tristeza, Nojinho e Raiva como personagens diferentes na mente da protagonista Riley. À medida que os personagens emocionais absorvem informações do mundo de Riley, eles discutem entre si, lutando pelo controle do centro de comando cheio de botões que correspondem a diferentes ações e comportamentos. Quando um dos personagens emocionais assume o controle, ele ou ela pressiona um botão de comando que incentiva Riley a agir de certa forma. Assim como na vida real, os personagens emocionais possuem informações incompletas. Em uma cena, a Nojinho lamenta: "Riley está tão estranha. Por que ela está estranha? A Alegria saberia o que fazer."[3] Alegria, Tristeza, Raiva e Nojinho podem nem sempre saber qual é a melhor reação, mas eles discutem, brigam e gritam, para somente um deles ganhar e assumir o comando da consciência de Riley apertando apenas um botão.

Assim como acontece em *Divertida Mente*, sentimentos e emoções agem como gatilhos, ativando módulos, criando debate interno e nos incentivando a uma atitude. Quando vivenciamos medo, talvez vindo de um animal selvagem que se aproximou do acampamento, o módulo de autoproteção pode entrar em ação, atraindo a voz interna e gritando para abandonarmos a posição e correr. E se, em vez de estarmos sozinhos em um acampamento, somos pais de um jovem menino? Em vez de temer por nós mesmos, vivenciamos o medo pelo filho. A autoproteção não seria a principal preocupação, esta seria a proteção do filho. Nossa subpersonalidade do cuidado familiar é ativada e nos sentimos forçados a ficar no meio do perigo, formando uma barreira entre o animal e o filho. Nós também podemos ver o impacto do nosso cérebro modular em estados não ameaçadores. Em uma pesquisa, quando um grupo de homens assistiu a parte de um filme assustador, eles descreveram depois imagens de homens de diferentes grupos étnicos como mais irritados do que se tivessem assistido a um filme relaxante.[4] Nesse caso, o sentimento causado pelo filme acionou um módulo defensivo e protetor que vem de quando tínhamos que ter cuidado com aqueles fora da tribo.

Embora a Pixar tenha tomado algumas liberdades com *Divertida Mente*, a atual teoria de emoções e subpersonalidades se alinha muito bem com a descrição do desenho. No entanto, diferente da animação, as emoções não apenas debatem para ver quem vai ficar no comando da consciência, uma batalha completa acontece. Alegria, Tristeza, Raiva e outras emoções podem ser vistas como indivíduos competindo pelo controle da personalidade consciente. Em alguns casos, fica claro quando uma subpersonalidade diferente sequestrou a mente. Relembre uma discussão que você teve com sua cara-metade. Horas antes, vocês dois estavam enchendo um ao outro de amor e afeto. Agora, estão trocando farpas e listando tudo o que o outro fez de errado. Vocês se transformaram em duas pessoas diferentes? Os dois enlouqueceram? De acordo com Robert Wright, como descreve em seu livro *Por Que o Budismo Funciona*, uma situação dessas é uma clara "advertência de que o cérebro está sob nova direção".

Porém, de forma mais frequente, o cérebro modular não funciona como um interruptor, que nos transforma em algo aparentemente irreconhecível. As subpersonalidades funcionam mais como uma luta entre Muhammad Ali e Joe Frazier — um vai e vem, com os lutadores trocando golpes. Em alguns pontos, parece que um tem vantagem enquanto o outro se recupera. As subpersonalidades lutam de maneiras semelhantes, tentando tirar a consciência da outra. É aí que os pensamentos entram na jogada.

Nossa Voz Interior

Você já esteve dirigindo e, do nada, um pensamento estranho e preocupante apareceu na sua cabeça: "O que aconteceria se eu virasse o carro no sentido contrário no meio do trânsito?" Ou talvez, enquanto esteve em uma ponte ou varanda alta, pensou no que aconteceria se você pulasse. Não, você não é louco. Mais de 94% das pessoas têm pensamentos intrusivos semelhantes que, se disséssemos em voz alta, levariam-nos para um consultório psiquiátrico.[5] De onde vêm esses pensamentos indesejados?

Uma teoria propõe que são simulações mentais — o corpo avaliando cenários possíveis para nossa atual situação, um deles sendo a morte. No exemplo mencionado anteriormente, não havia um forte motivador emocional por trás do pensamento. E você provavelmente não teve medo de que fosse seguir com aquele comportamento terrível. O pensamento apareceu na sua consciência e saiu, talvez com um toque de ansiedade, o que fez com que você se afastasse da borda ou permanecesse focado na direção em vez de checar o celular. Por que um pensamento tão estranho entra na nossa mente se há poucas chances de seguirmos adiante com ele?

Quando se trata de lidar com situações estressantes, nossas várias subpersonalidades fazem várias simulações sobre o que pode ou não acontecer. De acordo com uma teoria proposta por Wright, os módulos geram pensamentos no subconsciente, e os pensamentos que atravessam e alcançam a consciência se tornam o diálogo interno. Wright acredita que os pensamentos atravessam com base no grau de importância. Se uma voz em particular alcança a consciência, é porque existe um sentimento ou sensação mais forte por trás dela. Juntando tudo isso, se o mensageiro (o sentimento) grita alto o bastante, um pensamento correspondente irá entrar em nossa consciência para nos motivar em direção a uma resposta ou ação comportamental. A sequência da força que traçamos no capítulo 2, a transformação dos sentimentos para pensamentos interiores, para o desejo de agir até uma decisão, deve estar ficando mais claro.

Pensamentos intrusivos são apenas uma parte do vasto diálogo interno. Os pesquisadores definem dois tipos principais de diálogos internos: integrado e confrontante. Devemos vivenciar uma voz interna singular alcançado a consciência, uma versão calma do discurso interno em que listamos as tarefas que precisamos completar ou fazemos uma anotação mental de algo que queremos contar para os cônjuges. Em outros casos, simulamos uma conversa com uma pessoa da vida real, trabalhando os tópicos e como esperamos que a outra pessoa responda. Esses exemplos são o que os psicólogos chamam de diálogo integrado. Nesse tipo de discurso interno, é menos parecido com um debate em que há um vencedor e um perdedor e mais sobre lidar com um cenário — praticar o que você pode responder, levar em conta diferentes pontos de vista e passar por eles.

Por outro lado, o diálogo interno pode aparecer como a luta de boxe mencionada anteriormente, com vozes competindo para ganhar uma discussão. Duas vozes que representam duas personalidades diferentes tentando nos levar a conclusões e ações concorrentes. Ao se sentar em um restaurante e tentar decidir entre um hambúrguer suculento ou uma salada saudável, duas vozes podem aparecer do nada para defender por que a opção saudável ou a indulgente é melhor. Os psicólogos chamam esse tipo de discurso interno de diálogo confrontante. Um tipo de negociação acontece, com vozes diferentes competindo pela "vitória". Em situações que exigem força, o diálogo confrontante é a norma. Quanto mais altas as apostas, maior o perigo em potencial e mais alto as personalidades em contraste gritam.

Sentimos essas vozes concorrentes como indivíduos com motivações diferentes. Um pode estar cuidando da sua saúde, enquanto o outro se importa apenas com a potencial recompensa ou prazer. A psicóloga Małgorzata Puchalska-Wasyl, da University of Lublin, na Polônia, procurou classificar o vasto leque de vozes interiores se baseando nas emoções e motivações ligadas a elas. Depois de analisar a descrição dos participantes sobre seus diálogos internos em vários cenários, ela reduziu as vozes em cinco tipos que pareciam ser mais prevalentes[6]:

- A Amiga Fiel — ligada à força pessoal, relacionamentos e sentimentos positivos.

- A Responsável Ambivalente — associada à força, amor e crítica atenciosa.

- A Rival Orgulhosa — uma voz que aparece distante e orientada para o sucesso.

- A Calma Otimista — uma voz relaxada com uma perspectiva positiva.

- A Criança Indefesa — incorpora emoções negativas e uma falta de senso de controle.

Essa lista não tem a intenção de ser abrangente. Mas demonstra que as diferentes vozes tendem a servir propostas diferentes. Elas podem ser positivas ou negativas, solidárias ou prejudiciais, animadas ou calmas. E podem parecer próximas de nós ou como se estivessem desconectadas. Cada voz leva uma mensagem distinta, incentivando-nos a um comportamento diferente. Algumas informam; outras instigam. Algumas servem para nos manter fora de perigo; outras para nos

COMANDE A VOZ NA SUA MENTE

dar motivação. Algumas focam na nossa atenção; outras tentam nos distrair.

Não é só a forma como descrevemos as vozes interiores que as distingue. Neurocientistas descobriram que diferentes tipos de discursos ativam diferentes áreas do nosso cérebro. Em um estudo, pesquisadores descobriram que o diálogo autocrítico ativa uma parte do cérebro ligada ao processamento e à resolução de erros, enquanto o diálogo interno relacionado à tranquilização ativa áreas relacionadas a expressar compaixão e empatia. Em outro estudo, diferentes formas de diálogo interno foram associadas às regiões relacionadas com a fala e a audição.[7] Embora a neurociência por trás dos diálogos internos ainda seja nova, é evidente que a forma como falamos com nós mesmos durante situações estressantes influencia a resposta comportamental subsequente.

O antigo modelo de força nos disse para nem mesmo reconhecer a maioria das vozes interiores. Se você admitisse ter pensamentos sobre desistência, ou dúvidas internas sobre ser bem-sucedido, seria melhor usar uma letra escarlate. Você é fraco. Pessoas fortes não deixam a negatividade entrar em suas mentes. É claro, isso não caminha com a realidade. Todo mundo tem um diabinho interno estimulando medos e dúvidas. Ao reconhecer o que realmente acontece dentro das nossas mentes à medida que enfrentamos um desafio, podemos nos preparar e lidar com o que surgir. Podemos tirar vantagem das vozes interiores.

O diálogo interno pode assumir várias formas. Pode parecer uma conversa com um estranho, um comando que enviamos para nós mesmos ou uma voz estranha, mas familiar, que de repente aparece em nossa mente. Nosso diálogo interno pode assumir muitos papéis: motivar, informar, instruir ou incentivar a uma ação. No livro *The Voices Within* [sem tradução até o momento], Charles Fernyhough explica que a voz interior "pode nos ajudar a planejar o que estamos prestes a fazer e regulamentar uma linha de ação quando começarmos; pode nos oferecer um incentivo para manter a informação sobre o que devemos fazer em nossas mentes, e nos motivar a agir em primeiro lugar."[8] Como o filósofo Peter Carruthers propôs, o discurso interno serve para integrar nossa variedade de sistemas ou personalidades. Para levar preocupações e motivos até a consciência e decidir o que fazer com eles.

A voz interior age como um mecanismo de segurança, traduzindo o mundo interno para algo que possamos processar e lidar. De acordo com o Hearing Voices Movement, que desafia a noção de que ouvir vozes é um sinal de doença mental, o diálogo interno é uma maneira de fazer o que sentimos e vivenciamos ser algo tangível. Podemos sentir estresse ou ansiedade, mas temos opções limitadas para lidar com a sensação. Como Fernyhough argumenta: "Vozes e pensamentos negativos podem ser desagradáveis, mas ao menos podemos nos envolver com eles. Nesse caso, a dominação do discurso interno pode, por fim, refletir seu papel evoluído em tornar o organismo resistente ao estresse."[9]

As vozes nos permitem tomar uma atitude sobre como nos sentimos. Envolver-nos e negociar de forma ativa. Em alguns casos, isso pode significar uma conversa interna com nós mesmos. E, em outros casos, pode se tornar um caso como o do marinheiro à deriva, ouvindo vozes que podem parecer pessoas completamente diferentes. Em ambas as situações, o corpo transmitiu algo vago como sentimentos para algo que podemos interagir de forma ativa. Passamos de poder apenas ignorar ou aceitar para poder negociar, criar distância e espaço, ou simplesmente rejeitar uma personalidade que não vale a pena escutar.

Qualquer que seja a forma em que o diálogo interno se apresente, temos controle sobre como reagimos e nos envolvemos com ele. Seja indo para o fundo do poço graças a um discurso interno negativo ou ignorando como se fosse sua amiga "doida" dizendo teorias da conspiração que não fazem sentido, podemos mudar as vozes interiores. Podemos mudar o diálogo de maneiras produtivas ou nos distanciar da resposta emocional que pode surgir de algumas vozes mais debilitantes. Podemos assumir estratégias conscientes para ter certeza de que o diálogo interno está trabalhando para nós em vez de contra nós.

▸▸▸▸▸▸▸ MÁXIMA DA FORÇA ▸▸▸▸▸▸▸

Se o mensageiro (o sentimento) grita alto o bastante, um pensamento correspondente irá entrar em nossa consciência para nos motivar em direção a uma resposta ou ação. O discurso interno serve para integrar a variedade de sistemas ou personalidades. Para levar preocupações e motivações até a consciência e decidir o que fazer com eles.

Vencendo o Debate Interno

O que fazemos com as vozes na cabeça? Até agora, discutimos como os pensamentos surgem e por que, durante os momentos mais estressantes, andamos com um anjo e um diabo em nossos ombros. Agora, é hora de mudar de marcha para como administramos e utilizamos nosso diálogo interno.

"Eu não quero estar aqui!" grita a voz interior enquanto você está parado na coxia, prestes a ser empurrado para o palco. Outra voz surge: "Você consegue!" estimulando você a dar aqueles poucos passos que o separam da anonimidade oculta e do palco central na frente de centenas de pessoas. Esse ato contraditório do anjo versus diabo que acontece dentro da mente é normal. Às vezes parece que essas vozes surgem do nada e a única escolha é ignorá-las ou combater o adversário interno. Outras vezes, essas vozes interiores são conscientes e premeditadas, como diálogo interno e mantras positivos. O segredo para ganhar o debate interno está em utilizar as duas estratégias: lidar com as vozes que parecem surgir e usar a voz interna sobre a qual parecemos ter controle.

O que significa ganhar o debate interno? Às vezes, significa ouvir o anjo no ombro em vez do diabo. Em outras, significa deixar a voz negativa passar longe como se fosse seu "amigo" fazendo um textão no Facebook. Lembre-se que os pensamentos permitem nos envolver com o caos interior. Algumas vezes queremos entrar nessa briga. Outras, queremos redirecioná-la. Quando se trata de ganhar o debate interior, há três táticas que podemos utilizar e desenvolver:

1. Mude sua voz: interior vs. exterior.

2. Saiba qual voz ouvir: positiva ou negativa.

3. Diminua o vínculo: de mim para ela.

1. Mude Sua Voz: Interior vs. Exterior

Emily estava andando pelo cômodo de modo desajeitado, aparentemente alheia à minha existência, enquanto eu ficava parado do lado oposto. Seus olhos estavam fixados em um objeto enquanto ela falava, de forma periódica: "Bola... pegar bola... jogar... bola", antes de completar a ação, sorrindo e batendo palmas para si mesma. Ela não estava falando comigo. Não estava falando com ninguém. Estava falando com ela mesma. Eu tinha 13 anos de idade na época, assistindo minha irmã de 2 anos de idade perambular pelo cômodo, divertindo-se sozinha. Eu tive um assento na primeira fila para assistir ao desenvolvimento do discurso interno.

De acordo com a teoria do psicólogo Lev Vygotsky sobre o desenvolvimento cognitivo, nem sempre somos capazes de ter essas conversas interiores. Ao invés disso, o diálogo interno se desenvolve a partir do discurso externo inicial. A experiência da minha irmã de verbalizar o que ela estava tentando fazer não é incomum. É uma parte natural do desenvolvimento que toda criança vivencia. Passamos por um período de desenvolvimento em que nosso discurso externo é fragmentado e direcionado, informando-nos o que estamos tentando fazer e ocasionalmente nos motivando. Pais e professores reconhecerão esse tipo de diálogo externo, principalmente quando uma criança está envolvida em uma tarefa cognitivamente exigente. A criança irá falar durante qualquer coisa que estiver fazendo, lembrando a si mesma do próximo passo da tarefa e o que estão tentando cumprir. O discurso não é direcionado a ninguém; serve para informar, lembrar, motivar e incentivar em direção a uma ação.

Vygotsky teorizou que, à medida que nos desenvolvemos, esse estilo de discurso externo lentamente se torna interno. De início, ele notou as semelhanças entre os dois, observando como crianças usavam abreviações e fragmentos, assim como a voz interior adulta tende a fazer. Além disso, há uma qualidade de diálogo em ambos, um tipo de conversa interior que acontece. E se a teoria dele está correta, então a voz interna deve ter o mesmo papel que a voz externa tem para uma criança: autorregulação e direcionamento para uma ação. Embora haja muito para ser aprendido, a pesquisa moderna validou em grande parte a teoria do desenvolvimento cognitivo de Vygotsky, que foi proposta há quase 100 anos.[10] Mas o que acontece se voltarmos para a abordagem infantil, se pegarmos o interno e o tornarmos externo? Assista qualquer esporte com base em habilidade e você verá um jogador falando consigo mesmo. Um jogador de tênis faz fortes críticas a si mesmo depois de acertar a rede, enquanto uma jogadora de golfe murmura pontos focais de última hora enquanto pratica seu swing. Às vezes, esse diálogo externo é instrutivo, em outras, motivacional, porém serve ao mesmo propósito que o diálogo interno. Mas funciona?

Quando estava competindo nos campeonatos regionais de *cross-country* da NCAA, sabia que estava metido em confusão. Eu tinha uma boa chance de me qualificar para as nacionais como atleta individual, e alguns dos meus colegas de equipe também. Tínhamos uma chance mínima como time se todos dessem seu melhor. Depois de apenas 1 km da corrida de 9,97 km, senti as minhas chances como atleta individual e como time sumirem. A corrida tinha sido muito mais rápida do que eu tinha previsto e, como resultado, nosso planejamento como equipe foi pelo ralo. Eu deveria estar do lado do meu colega de equipe, Marcel, já que terminávamos a poucos segundos um do outro em todas as corridas daquele ano. Porém, quando olhei para cima, vi-o longe, atrás do pelotão de elite. E eu aqui tentando me aguentar. Dentro da minha cabeça, eu continuava repetindo que estava bem, que era o início da corrida e que não precisava entrar em pânico, mas conseguia sentir a nuvem de preocupação se formando. Esse foi um momento decisivo na corrida. E, de repente, falei em voz alta: "Você está bem. Olha, está conseguindo falar. Não está nem respirando com tanta dificuldade."

Fui pego de surpresa porque conseguia falar uma frase ou duas no meio de uma corrida *cross-country* bastante exigente. Era como se meu corpo tivesse tirado as rédeas. Relaxei e comecei a atravessar o pelotão de corredores que estava comigo, mantendo o foco no grupo principal de que Marcel estava fazendo parte. Levei quase 5 km, mas eventualmente alcancei o grupo de seis que estava na liderança. Quando me estabilizei, fiquei do lado de Marcel e deixei escapar: "Não se preocupe, cara, cheguei." Os dois corredores do Arkansas que estavam liderando a corrida olharam para trás, surpresos. Eu recebi outra descarga de energia, como se minha mente dissesse: "Ei! Você ainda consegue falar. Não deve estar tão cansado assim, afinal!" Terminei a corrida em quinto lugar, cinco segundos atrás de Marcel. Não nos classificamos como equipe, mas Marcel, nosso corredor de número três, Scott, e eu conseguimos vagas individuais para a competição nacional. E eu descobri uma nova tática para silenciar a voz negativa que vinha junto com a dor e o desconforto da corrida.

Diante do cansaço, do desconforto e da pressão de conseguir apenas uma das quatro vagas para a competição nacional, eu não recorri à força. Recorri ao *processo*. A verdadeira força consiste em superar. Em prestar atenção nas vozes em minha mente e fazer ajustes para me dirigir a elas ou superá-las. Não as ignorar cegamente, mas levar um tempo para ver o que funciona naquele momento. Às vezes, significava dar mais poder para aquela voz falar em voz alta. Outras, significava deixar aquele pensamento interior passar.

Pesquisas parecem validar minha experiência. Um grupo de cientistas descobriu que declarações de superação eram mais efetivas quando verbalizadas. Uma explicação para isso é que a conversa interior é mais sofisticada de modo cognitivo. Como acabamos de discutir, ela acontece mais tarde no desenvolvimento cognitivo, então voltar para uma forma de diálogo mais simples pode aliviar o fardo e entregar uma mensagem mais sucinta e útil. Como uma criança de 2 anos de idade dizendo a si mesma para subir as escadas, jogar ou pegar uma bola, estamos voltando no tempo, acessando um sistema profundamente arraigado. Outra razão pela qual o uso do diálogo interno pode funcionar bem é que o torna responsável. Pesquisas feitas pelo psicólogo clínico Steven Hayes e seus colegas mostraram que quando as pessoas usavam o diálogo explícito, isso as tornava responsáveis por quem estivesse ouvindo, ao contrário do diálogo interno, que só define o padrão para você mesmo.[11]

Isso não significa que devemos andar por aí falando todos os nossos pensamentos internos em voz alta, mas ocasionalmente nos dar sermões e instruções explícitas talvez seja uma forma de alcançar uma personalidade teimosa que não estava prestando atenção na voz interior.

2. Saiba Qual Voz Ouvir: Positiva ou Negativa

Ficar em cima de um trampolim, a 10 metros de altura, é uma experiência angustiante. Para uma mergulhadora competitiva, saber que você tem poucos segundos para executar uma combinação precisa de giros e cambalhotas torna isso ainda mais angustiante. Adicione a pressão, como se o evento fosse uma qualificação para os Jogos Pan-Americanos, e você consegue imaginar os pensamentos que podem passar pela mente da mergulhadora enquanto ela sobe os degraus até o topo da plataforma. As psicólogas Pamela Highlen e Bonnie Bennett tinham assentos na primeira fila para o funcionamento interno de 44 das melhores mergulhadoras ao assumirem essa tarefa.[12] Medindo a ansiedade e o discurso interno, as cientistas descobriram a diferença entre as mergulhadoras que conseguiram se classificar para os Jogos Pan-Americanos e aquelas que ficaram de fora. As que não se classificaram usavam o discurso mais positivo.

Supomos com frequência que o melhor caminho para o desempenho interno é por meio da positividade. Se pudermos sobrecarregar o diálogo interno com palavras de afirmação e discurso positivo, então faremos o melhor dentro da nossa capacidade. Elimine as dúvidas e a negatividade com pensamentos positivos e a negatividade não terá espaço para crescer. "Eu consigo!" ou "Dei muito duro para isso!" são reafirmações comuns para combater a dúvida que surge antes de uma tarefa desafiante. Há um mérito nesse argumento, como vários estudos mostram os benefícios de desempenho nele. Porém não é tão simples assim.

Em um estudo sobre o discurso positivo, pesquisadores da Universidade de Waterloo descobriram que ele funcionava desde que o indivíduo tivesse autoestima alta.[13] Se tivessem autoestima baixa, o discurso positivo poderia ser prejudicial. Em outras palavras, seu cérebro não será enganado pela falsa coragem. Precisamos de um nível de crença de que o que estamos falando é verdade. Quando se trata de discurso interno, se você fingir, você não consegue.

Quando a psicóloga esportiva Judy Van Raalte e seus colegas da Springfield College investigaram o discurso positivo e negativo durante várias partidas de tênis, eles descobriram que os vencedores e os perdedores não diferiam na quantidade de discurso positivo que usavam.[14] No entanto, os vencedores da partida utilizavam menos discurso negativo do que seus iguais que não foram bem-sucedidos. Quando foram mais fundo nos dados, descobriram que não era uma questão de ter conversa positiva ou negativa, mas de interpretação. Aqueles que acreditavam na efetividade da conversa interna perdiam menos pontos do que aqueles que viam a conversa interna em grande parte como irrelevante.

3. Diminua o Vínculo: De Mim para Ela

O quanto é desafiador manter uma criança de 6 anos de idade fazendo uma tarefa? "É difícil. Elas não conseguem focar mais do que alguns minutos, então temos que dar intervalos para o cérebro com bastante frequência", respondeu minha esposa, Hillary, que é professora do ensino fundamental. E se houver uma distração, digamos, um iPad com jogos, por perto? "Esquece. Não tem como."

Em 2016, em um estudo conjunto entre pesquisadores da Universidade da Pensilvânia e da Universidade de Michigan, Rachel White e seus colegas aceitaram o desafio de testar a perseverança de 180 crianças entre 4 e 6 anos de idade.[15] As crianças foram apresentadas ao que os pesquisadores chamaram de uma tarefa essencial para completar, em que precisariam se esforçar para serem "bons ajudantes". Também era incrivelmente sem graça: pressionavam um botão se vissem um queijo na tela e não pressionavam nada se vissem um gato. Os pesquisadores também deixaram um iPad na mesa, com alguns jogos divertidos baixados, caso as crianças precisassem de um rápido intervalo.

Antes de saírem da sala, os pesquisadores deram instruções para cada criança sobre perseverar. Eles disseram para um terço das crianças que deveriam refletir sobre seus pensamentos e sentimentos e se perguntarem: "Estou me esforçando?" O segundo terço recebeu as mesmas instruções, mas em vez de dizer "eu", eles pediram para as crianças usarem seus próprios nomes, como: "Mariazinha está dando duro!" E o grupo final foi instruído a usar o nome de alguém que admiravam, por exemplo: "O Batman está se esforçando?" Com as instruções claras, elas foram deixadas sozinhas por dez minutos para executarem a tarefa, distraírem-se ou o que quisessem. As crianças de 6 anos que pensaram na primeira pessoa, usando "eu" para refletirem sobre a tarefa, ficaram focadas apenas por 35% do tempo, escolhendo o iPad pela maior parte dos seus dez minutos. As crianças que usaram seus próprios nomes se saíram um pouco melhor, passando 45% de seu tempo na tarefa. Mas o grupo final, que focava no Bob, o Construtor, no Batman ou na Dora Aventureira como exemplos de pessoas que se esforçavam, focou na tarefa por quase 60% do tempo. Quanto mais a criança se distanciava de seu eu interior, mais ele ou ela persistia.

"É mais fácil dar um conselho para um amigo do que para você mesmo" é uma frase que a maioria de nós já ouviu e que, em grande parte, é verdade. Devemos pedir demissão ou terminar um relacionamento? Muitas vezes estamos próximos demais do problema para ter qualquer tipo de objetividade. Lutamos com a decisão, com a nossa voz interior oferecendo uma mistura de justificações e racionalizações. Porém, se vemos a mesma situação com um amigo ou conhecido, a resposta vem quase de forma instantânea. Dizemos para nossa amiga que ela precisa largar aquele cara sem hesitar. Esse fenômeno não é verdadeiro apenas para conselhos, mas também para nos ajudar a persistir e passar por desconforto interno. Ele pode ser influenciado de maneira fácil apenas mudando a gramática.

As crianças de 6 anos de idade estavam criando o que é chamado de distância psicológica. Quando usamos pronomes da primeira pessoa como parte do diálogo interior, o vínculo entre nós mesmos e a situação é muito estreito. Quando usamos pronomes da terceira pessoa, o primeiro nome ou exemplos de outros, há um espaço entre o senso de identidade e a situação. Nos transformamos naquele amigo que dá um conselho, sem nos sentirmos cegos pela conexão com o problema. De acordo com um estudo feito por pesquisadores da Universidade de Michigan, pronomes da primeira pessoa tendem a criar um mundo autoimersivo, enquanto usar palavras e expressões que criam espaço produz uma perspectiva de autodistanciamento. Quando estamos imersos, amplificamos os aspectos emocionais da situação. O mundo se estreita e somos atraídos pela parte emocional da experiência, preparando-nos para a cascata negativa em direção a escolher o "caminho fácil" em nosso paradigma da força. E de acordo com pesquisas recentes, uma perspectiva autoimersiva nos leva a ver a situação como uma ameaça. Ficamos presos em qualquer detalhe que possa acionar o perigo. Quando adotamos uma perspectiva de autodistanciamento, a visão do mundo se amplia. Podemos abrir mão da emotividade, vendo a situação como ela é, em vez de deixá-la sair de controle. Enxergamos a atual situação difícil como um desafio.

Os psicólogos usaram o mesmo paradigma da autoimersão (como: "Eu consigo!") contra o diálogo interno de autodistanciamento (como: "João/Ele/Você consegue!") em uma variedade de situações estressantes com adultos.[16] Desde a tentativa de impressionar um interesse amoroso, falar em público e até controlar a ansiedade durante um surto de Ebola, os resultados se mantiveram. Quando passamos por situações difíceis, se usarmos o diálogo interno de autodistanciamento, ele não somente ajuda a diminuir a ansiedade, vergonha e ruminação, mas também resulta em melhor desempenho geral. Nossa oratória é considerada melhor por especialistas, somos melhores em tomar decisões baseadas em fatos, persistimos por muito mais tempo em tarefas e até temos maiores níveis de sabedoria. Isso também ajuda a processar eventos passados traumáticos.

Tudo isso trocando o *eu* por *você*.

Em um estudo da Universidade de Michigan, o psicólogo Ethan Kross descobriu que usar o diálogo interno distanciado levava a níveis mais baixos de reatividade emocional ao recordar memórias angustiantes de ser abusado, irritado, atacado, traído, degradado, envergonhado, frustrado, rejeitado ou abandonado.[17] Não apenas eram menores os níveis de reatividade emocional, mas, em um estudo sucessor publicado na *Nature*, o grupo de pesquisadores encontrou um nível mais baixo de atividade em uma área do cérebro relacionada ao processamento autorreferencial quando os indivíduos usam o diálogo interno na terceira pessoa quando relembram alguma memória negativa.

Usar a segunda ou a terceira pessoa cria uma distância entre a experiência e a resposta emocional. Esse truque linguístico permite que nos afastemos. Quando podemos criar um espaço e ampliar a visão de mundo, retardamos o caminho de reação emocional a uma luta interna para a ação. Ao criar espaço com uma simples mudança no vocabulário, retomamos o controle em vez de optar pela decisão fácil.

▷▷▷▷▶▶▶▶

Como interpretamos o diálogo interno contribui muito para determinar seu impacto. Algumas pessoas interpretam o diálogo interno negativo como benéfico. Eles o enxergam como algo motivacional, que os cutuca e os estimula a ir adiante — tanto que suas vozes interiores quase parecem um parceiro abusivo. Na minha carreira de treinador, cruzei com alguns poucos atletas que pediram para que eu gritasse coisas obscenas para eles durante as competições. Eles afirmam que a linguagem severa os arranca da zona de conforto. Também trabalhei com clientes em que o diálogo interno positivo sai pela culatra. A descarga de animação que vem com a percepção do "Eu consigo! Eu posso vencer!" leva seus corpos em direção a uma catástrofe. Seus cérebros enxergam a excitação, esquecem que é "positiva" e a interpretam de forma errada como uma razão para desligar, não para incentivar. É fácil criar regras rígidas sobre o que deveríamos ou não deveríamos dizer para nós mesmos, mas assim como ocorre com as emoções, não existem vozes interiores boas ou ruins, apenas as que precisamos e não precisamos ouvir naquele momento. Cabe a nós determinar de qual voz precisamos e quando.

O diálogo interno é complexo. Seria muito mais fácil declarar que deveríamos ser gentis e solidários conosco o tempo todo. Contudo, como este capítulo mostrou, temos muitas vozes diferentes, cada uma representando um tipo de personalidade que ocupa a mente. Em um trabalho sobre cuidado emocional, o autor e filósofo Alain de Botton sugeriu: "Uma boa voz interior é como (e tão importante quanto) um juiz verdadeiramente decente: alguém que pode separar o bom do ruim, mas sempre será misericordioso, justo, preciso em entender o que está acontecendo e interessado em nos ajudar a lidar com os problemas."[18] Não se trata de ter a voz interior otimista ou pessimista, mas de ela ser justa. Se percebemos que a negatividade interna está nos prendendo, ou se nossa voz eternamente otimista que diz "você consegue!" estiver nos atrapalhando ao enxergar a realidade, precisamos ampliar nossa experiência.

Quando estamos no meio de uma situação que exige força, o objetivo é nos certificar que a personalidade certa está no comando, que qualquer voz interior que nos levará em direção à vitória está ganhando a batalha interna. Às vezes, isso significa que precisamos combater a negatividade com a positividade. Outras vezes, significa que precisamos desligar a personalidade louca ou colocar uma distância entre nós e os pensamentos. Mas, o que está claro é que, em momentos difíceis, como respondemos ao diálogo interno é de extrema importância. Durante as situações desafiadoras, é fácil demais deixar o diabo em nosso ombro ganhar o dia e nos levar em direção ao desejo de desistir ou de jogar a toalha.

O TERCEIRO PILAR DA FORÇA

RESPONDA EM VEZ DE REAGIR

CAPÍTULO 8

Mantenha Sua Mente Firme

Dan Cleather é um homem de contrastes. Um acadêmico profundamente inteligente que se sente confortável tanto para falar sobre o esotérico e o filosófico quanto para levantar objetos grandes e pesados. O professor, que também é treinador de força e condicionamento, tem uma série de tatuagens abstratas cobrindo seu corpo inteiro. Escondida por trás da camisa está uma tatuagem de um tipo de dragão cobrindo por completo o lado direito de seu corpo. Como a maioria de seus colegas, Dan consegue levantar objetos pesados muito bem. Aproxime-se um pouco mais de suas tatuagens, no entanto, e você deve enxergar a diferença sutil entre Dan e a imagem do levantador de pesos "bombadão" que a maioria possui. As tatuagens abstratas que cobrem suas pernas representam movimentos do tai chi, uma prática que ele ama. Dan representa uma nova linhagem de treinadores de força. Um grande pensador com um doutorado que é conhecedor de tudo, desde religião até filosofia. Em um pub na cidade de Twickenham, na Inglaterra, nossa conversa mudou para o porquê das tatuagens. E ele me deu uma resposta digna de sua personalidade eclética: "Metade é pelo significado. Mas a outra metade é pelo processo. Ficar deitado por horas, sentindo a dor, apenas tendo que lidar com ela. Sei que pode parecer estranho, mas eu juro que não sou masoquista!"

Lidar com a dor é algo que está entrelaçado com a força de modo profundo. Apesar de não pensarmos na dor como uma emoção como a alegria ou a tristeza, ela funciona da mesma maneira. Sinais se fundem em uma mensagem nos dizendo que algo talvez esteja errado. Quando questionado sobre suas experiências com as tatuagens, Dan respondeu: "Às vezes, você fica deitado por três, quatro horas. E não sabe exatamente quando vai terminar. Você só precisa encontrar uma forma de passar por isso. Assim que o tatuador ou tatuadora diz que terminou, você vai de conseguir aguentar mais uma hora, se preciso, para de repente ficar inundado com todas essas sensações diferentes. Você vivencia tudo. É algo emocionalmente exaustivo nesse ponto. E se o tatuador esquecesse de algo e precisasse de mais 15 minutos para terminar, seria uma tortura. Eu não conseguiria." Embora Dan não seja um monge, ele também sente afinidade pelas tradições budistas. "O segredo para conseguir aguentar a dor e a incerteza?" Cleather brincou: "Aceitar a dor. Não lutar com ela."

Monges em uma Missão

Antoine Lutz e seus colegas no Laboratory for Brain Imaging and Behavior da Universidade de Wisconsin exploraram o mesmo fenômeno que Cleather vivenciou: a dor.[1] Só que os pesquisadores estavam procurando o funcionamento interno da mente, recrutando voluntários para entrarem em uma máquina de ressonância magnética enquanto sentiam dor. Em vez de uma tatuagem, os voluntários foram submetidos a um tipo diferente de desconforto, uma sonda quente colocada diretamente na pele abaixo do pulso. Embora metade dos indivíduos fossem pessoas comuns quando se tratava de aguentar a dor, a outra metade era um pouco diferente. Eles haviam passado mais de 10 mil horas fazendo meditações budistas.

Quando a sonda dolorosa tocava a pele, os meditadores e o grupo de controle sentiam a mesma intensidade de dor, um pouco acima de sete entre dez. No entanto, quando os pesquisadores questionavam os participantes sobre o desconforto [por exemplo, o quanto a dor os incomodou], os resultados eram diametralmente opostos. Os principiantes classificaram a intensidade da dor como quase duas vezes mais desconfortável do que era. Ambos os grupos sentiram a mesma quantidade de dor, mas a reação foi completamente diferente.

Observar os cérebros dos meditadores especialistas forneceu uma resposta sobre o motivo. Começou antes mesmo de sentirem o desconforto. Em antecipação da sonda escaldante, uma área no cérebro relacionada ao processamento emocional chamada de amígdala se acendeu nos principiantes, sinalizando que uma ameaça estava a caminho. Seus colegas que viviam como monges tiveram uma resposta comparativamente baixa. Antes mesmo de sentirem a dor, os dois grupos estavam se preparando de formas drasticamente diferentes. Um grupo estava em alerta máximo, preparando-se para a catástrofe. O outro estava ciente, mas decidiu não acionar o alarme.

Quando a sonda dolorosa tocou a pele dos participantes, os especialistas rapidamente se habituaram ao desconforto, diminuindo-o enquanto se deitavam no tomógrafo, enquanto os principiantes sentiam a dor aumentar. Não que os meditadores especialistas estivessem desligando a resposta: eles haviam desenvolvido uma maneira diferente de responder. Em vez de soar o alarme, eles pegaram uma rota alternativa para lidar com essa sensação estranha. Na verdade, eles estavam ativando a ínsula, uma parte do cérebro ligada a dar significado para as sensações que um indivíduo experimenta. A meditação os ensinou a não pular direto da dor para o surto, mas a encontrar um caminho diferente — não ignorando ou forçando, mas aceitando e entendendo como superar.

Quando os meditadores especialistas foram questionados sobre a experiência, eles não responderam com histórias sobre superar a dor ou se "fortalecerem". Em vez disso, eles descreveram a dor como "mais suave" durando por "menos tempo". Eles tinham uma "maior habilidade de aceitar o sentimento da dor e... deixar de lado a avaliação do que a dor significava para eles". Os pesquisadores concluíram que esses indivíduos de alguma forma desenvolveram a "capacidade de ajustar com flexibilidade reações automáticas condicionadas em um evento aversivo." Em termos leigos, eles entenderam como transformar uma reação quase automática em uma resposta bem pensada. Eles reavaliaram um sinal que geralmente aciona alarmes para não ser muito diferente de uma leve coceira. Eles estavam respondendo, não reagindo.

Sempre que enfrentamos um desconforto ou uma adversidade, muitas vezes vamos direto do sentimento para o surto. Da sensação da dor direto para a emoção que geralmente vem com ela. A verdadeira força consiste em expansão em vez de restrição. Não ir contra a experiência, mas criar um espaço entre o estímulo e a resposta para que possamos navegar melhor pela situação. É a criança que aprende que a frustração de cometer um erro não exige uma birra. O marido que consegue sentir decepção sem atacar quem ele ama. O atleta que consegue separar as sensações agitadas do nervosismo da resposta emocional da ansiedade ou do medo. A forma como respondemos é maleável.

Duas áreas principais do cérebro interpretam um papel na resposta. Em primeiro lugar, a amígdala, citada anteriormente, que age tanto como um sistema de alarme quanto uma intérprete de conteúdo estressante, bom e ruim. Não são somente os monges e meditadores que mostram uma resposta alterada da amígdala. Quando são expostos ao estímulo doloroso, instrutores de yoga foram capazes de diminuir o aspecto emocional.[2] Para uma pessoa comum, quando mostram imagens aversivas ou recebem um estímulo doloroso, uma menor reatividade na amígdala está ligada ao melhor controle emocional,[3] enquanto a depressão e a ansiedade são associadas a uma amígdala hiperativa.[4]

O contraponto à abordagem do botão de pânico da amígdala contra ameaças é o córtex pré-frontal [PFC]. Enquanto a amígdala pode acionar ansiedade que detona a capacidade de executar uma tarefa, o PFC atua para regular respostas emocionais e manter nosso desempenho na tarefa em mãos. Um estudo recente de Yale observou como o cérebro respondia ao estar sob ameaça de receber um choque enquanto jogava um jogo de computador de predador versus presa.[5] Os participantes mostraram uma resposta forte de estresse em antecipação a receber o choque, mas mantiveram o desempenho durante todo o tempo, em grande parte graças à conectividade entre as duas regiões do cérebro. O cérebro conseguiu ajustar como lidava com a distração emocional. O PFC [e áreas do cérebro relacionadas] age como um estabilizador, interrompendo e dizendo: "Estamos vendo que você está ansioso, mas não temos que soar o alarme." De acordo com pesquisas científicas recentes, a conexão entre a amígdala e o PFC explica grande parte das diferenças individuais na regulação emocional.[6]

Embora os monges possam ter dominado esse processo, aqueles que sofrem de exaustão vivem na outra extremidade. Você provavelmente é um deles. A exaustão é epidêmica na maioria dos países ocidentais, com pesquisas indicando que até 76% dos trabalhadores estadunidenses vivenciam seus efeitos terríveis.[7] Uma letargia geral, falta de motivação e mal-estar são sintomas característicos. A exaustão altera a forma como lidamos com desafios. Coloque aqueles que sofrem de exaustão em tarefas estressantes semelhantes aos dos meditadores supracitados e eles terão a reação neural oposta. Eles têm uma amígdala um pouco maior e uma conexão mais fraca com o PFC. Com uma conexão mais fraca entre o alarme [amígdala] e o sistema de resposta [PFC], eles não conseguem intervir até que seja tarde demais. A exaustão treina o nosso cérebro para reagir do jeito oposto da meditação: um alarme hiper-reativo sem um "freio" para controlar a resposta emocional descontrolada. O ambiente de trabalho moderno está nos treinando para perder o controle do mundo interno.

O mesmo fenômeno explica parcialmente por que alguns atletas podem prosperar em um campeonato repleto de pressão e por que outros parecem perder toda a capacidade. À medida que o estresse e a ansiedade aumentam, o PFC desliga, em grande parte, graças à inundação de adrenalina e dopamina. Excitação demais deixa o cuidadoso PFC debilitado, abrindo espaço para a amígdala instintiva entrar no comando. Se você já sentiu como se tivesse perdido a capacidade de pensar enquanto sentia uma severa crise de ansiedade pré-performance, então sabe como é essa mudança interna. Jogadores com garra conseguem manter o PFC[8] ligado, apesar dos crescentes níveis de estresse e fadiga.

Há muita coisa em risco tanto para os atletas quanto para os que sofrem de exaustão. Estamos todos tentando resolver quebra-cabeças e problemas enquanto melhoramos — e prosperamos — ao longo do caminho. Trabalhar 8 horas semanais pode parecer ser a resposta, um ato de força, o trabalho necessário para conquistar nosso objetivo. Na realidade, estamos mentindo para nós mesmos. Labutar até a exaustão, ignorar o estresse e a fadiga é treinar o cérebro para o desligamento. E, com isso, a capacidade de passar com cuidado pelo verdadeiro desafio. Prestar atenção e avaliar a situação de modo preciso treina a mente a ficar firme.

Como se espetar com uma sonda quente não fosse o suficiente, os pesquisadores da Universidade de Wisconsin foram mais além com os meditadores especialistas. Eles os fizeram confrontar não um, mas dois cenários estressantes. Primeiro, eles os fizeram passar pelo pior pesadelo de todo orador, o Teste de Estresse Social de Trier [TSST], um teste cruel desenvolvido por psicólogos que consiste em colocar duas pessoas para discursarem na frente de um painel de jurados, cujo único trabalho é criticar e insultar o pobre orador. O segundo estressor envolvia aplicar creme de capsaicina em seus corpos. Capsaicina é o ingrediente ativo que dá calor para as pimentas. Ao combinar os estressores físicos e sociais, os pesquisadores conseguiam rastrear a resposta ao estresse por meio do hormônio cortisol e a resposta inflamatória por meio da reação corporal à capsaicina. No final dessa experiência extenuante, os meditadores especialistas tiveram uma resposta inflamatória e cortisol suprimidos — uma demonstração clara que não era apenas uma mudança psicológica, mas biológica, que explicava como eles respondiam ao estresse.

A equipe de pesquisadores notou mais um fenômeno interessante. Os meditadores não estavam se enganando ou entrando em algum estado pseudorrealista que permitia suportar mais estresse, ansiedade ou dor. Eles não estavam usando distração ou se desconectando da realidade que estavam vivenciando. Os meditadores estavam aceitando a realidade. Quando os pesquisadores compararam os dados fisiológicos com os dados de autoavaliação, os meditadores tinham um alinhamento muito mais próximo entre a percepção e a realidade. Os participantes do grupo de controle, por outro lado, tinham uma resposta distorcida. A resposta emocional deles foi exagerada em comparação ao que a fisiologia previu. Os meditadores não somente tinham uma capacidade maior de regular a emoção, mas parte disso se devia ao fato de que estavam avaliando a realidade do estresse que estavam vivenciando de modo mais preciso. Eles tinham "maior precisão na percepção de seus estados internos ou menor elaboração emocional de estímulos fisiológicos."[9]

A diferença entre os meditadores especialistas e você e eu não termina quando a dor é aplicada. Richard Davidson, psicólogo e autor do livro *A Ciência da Meditação*, descobriu que o alarme no cérebro — a amígdala — tem uma resposta distinta a um estressor. Há um pico inicial dentro dos primeiros 5 a 8 segundos e, depois, um declínio na atividade pelos próximos 5 segundos à medida que o sinal retorna para a linha de base. Quando pensamos em reatividade emocional, geralmente nos preocupamos com a primeira, o choque inicial, o som do alarme. Mas pesquisas mostram que não é só se a amígdala é ativada ou não, mas também quanto tempo leva para voltar ao normal. Em um grupo de mais de 100 participantes de uma pesquisa, a recuperação mais lenta da amígdala previu como eles avaliavam o ambiente.[10] Aqueles com uma recuperação tardia eram mais prováveis de avaliar expressões faciais neutras como negativas. Além disso, também eram mais prováveis de mostrar traços de neuroticismo.

Os psicólogos chamam esse fenômeno de inércia afetiva, uma incapacidade de abandonar uma sensação ou emoção que tomou conta do cérebro.[11] Emoções ou pensamentos negativos se misturam, acionando uma reatividade maior ou uma recuperação mais prolongada. Não conseguimos parar de pensar naquele comentário sarcástico do colega de trabalho ou a dura crítica que o professor fez ao nosso trabalho na frente da turma inteira. Permanece, por horas e às vezes dias, repetindo em nossas mentes. Neste livro, chamamos essa experiência de sair do controle, pensamentos catastróficos ou os efeitos prolongados dos surtos. Quando nossas emoções nos puxam e empurram em uma direção específica. Perdemos o controle sobre nossa reação e ficamos presos na negatividade. À medida que perdemos o controle, não estamos mais respondendo ao evento estressante, mas reverberando ondas devido à inércia afetiva.

Quando combinamos a ideia da inércia afetiva com a pesquisa que mostra que meditadores especialistas podem coordenar melhor suas respostas biológicas ao estresse com a realidade do estresse que enfrentam, um padrão se torna claro. Os monges, instrutores de ioga e meditadores especialistas estão respondendo à realidade. Eles reúnem a resposta de estresse apropriada para uma situação e a deixam agir. O resto de nós está respondendo não somente ao próprio estressor, mas também às antecipações e reverberações dele. E para piorar, quanto mais "aprendemos" ou nos apegamos a essa experiência, mais poderosa será a reação na próxima vez que formos provocados. Como Davidson supôs no *Ezra Klein Show*: "De alguma forma, a pessoa comum está recebendo uma dose tripla de dor [antes, durante e depois]. Enquanto o meditador está simplesmente respondendo quando o estímulo doloroso é recebido."[12]

Embora a neurociência seja jovem e em constante mudança, a ideia de que podemos enfraquecer o vínculo entre a sensação e resposta vem de milênios atrás. Esses princípios fundamentais compõem uma grande parte de práticas budistas antigas. Desde o treinamento para não julgar os pensamentos e sentimentos até o ensinamento de ficar confortável com as sensações e experiências, as práticas de meditação budistas são focadas em nos ajudar a lidar com o funcionamento interno das mentes complexas. Recentemente, autores como Stephen Covey e Viktor Frankl apresentaram os benefícios de criar espaço entre estímulo e resposta.

Criar espaço é uma ferramenta que todos podemos aprender a usar, uma que nos ajuda a desconectar da sensação inicial da resposta emocional reverberante. E é uma habilidade que realmente define o que é ter garra porque estamos superando um desafio, não passando por ele. Podemos mudar o percurso a cada passo ao longo do caminho — sentimento, debate interno, surto. Criar espaço é um jeito de acabar com o padrão, desacelerar o pulo do sentimento para o surto. Fazemos isso por meio de mecanismos conscientes e inconscientes que podem diminuir o alarme ou nos oferecer mais tempo para trabalhar o diálogo interno para não cairmos em uma catástrofe.

A condição para grande parte dessa pesquisa era que a maior parte dela fosse desempenhada em meditadores com décadas de práticas contínuas. Algo que a maioria de nós não tem tempo ou inclinação para se comprometer. Felizmente, pesquisas mostram que apenas quatro dias de treinamento de atenção plena pode reduzir o sentimento de desconforto.[13] E a atenção plena não é o único caminho para trabalhar essa habilidade. A mesma técnica pode ser aprimorada quando você está malhando, assistindo a um filme assustador, sentado em seu cubículo ou falando com o barista na cafeteria do bairro.

Criar espaço é um conceito aplicado em um dos ambientes mais resistentes do mundo — uma sala de aula repleta de crianças de 6 anos de idade. Quando minha esposa, Hillary, começou a carreira como professora do ensino fundamental, os quadros com grampos eram o sistema padrão de comportamento. Se você não se comportasse, seu grampo se movia do verde para o amarelo e para o vermelho. Um lembrete visual, para a turma inteira ver, que você fez algo errado. Os resultados não eram promissores. "Não funcionava. Em vez de ajudar, as crianças se sentiam piores. Você pegou uma criança e despejou sentimentos de angústia, culpa e vergonha em cima de uma situação que já era tensa. As birras vinham logo em seguida," declarou Hillary.

À medida que a ciência e a psicologia mais recente entraram na gestão comportamental, a abordagem mudou. Agora, se um estudante faz bagunça ou não segue as instruções, Hillary diz: "Primeiro ofereço uma escolha, perguntando: 'Você pode reiniciar?'" Um reinício é uma pausa momentânea, uma oportunidade para a criança pensar sobre o comportamento ou erro e corrigir. Os professores explicam e praticam esses reinícios durante o ano. Se a criança reinicia, o professor rapidamente segue em frente. Como Hillary resume: "Todos cometem erros e errar não faz mal. Um reinício é uma chance de pensar nas suas emoções e voltar a ficar online. As crianças não são acostumadas ou equipadas para superar a barreira das emoções que sentem. Dê espaço para que lidem com elas." E se o comportamento continuar? "Dou duas opções. Por exemplo, você pode começar sua tarefa na sua mesa ou na minha. Ou você pode reiniciar agora ou podemos praticar o reinício durante o recreio, juntos. Eles sentem que têm o controle enquanto estão escolhendo, mas estou direcionando o comportamento deles para o que é certo. Eles podem simplesmente dizer não."

Desde que os professores adotaram uma abordagem comportamental moderna, as crianças ainda fazem bagunça e cometem erros, mas elas aprendem, se adaptam e crescem. Birras e pirraças diminuem. No fim das contas, até mesmo com crianças de 6 anos de idade, criar espaço, ajudá-los a navegar pelas emoções e dar uma escolha é fundamental para ensinar a eles como superar os momentos desafiadores da vida.

O psicólogo existencial Rollo May capturou a essência do que estamos procurando quando afirmou em seu livro *A Coragem de Criar*: "A liberdade humana envolve a capacidade de pausar entre o estímulo e a resposta e, durante a pausa, escolher a única resposta na qual desejamos ter influência."[14] Com os indivíduos com quem trabalho, até demos um nome para a busca por espaço: criar a capacidade de ter uma conversa calma.

▸▸▸▸▸▸▸ MÁXIMA DA FORÇA ▸▸▸▸▸▸▸

Responda à realidade. Para a maioria de nós, não estamos respondendo apenas ao estresse, mas às reverberações dele. Indivíduos fortes aprendem a combinar a percepção com a realidade para que possam formar uma resposta apropriada em vez de uma exagerada.

Tendo uma Conversa Calma

Quando eu era um atleta de resistência iniciante, eu tinha um método para lidar com a dor: ignorar até não conseguir mais, então forçar um caminho por ela. Nos primeiros anos da minha carreira de corredor, me foi útil. Eu era um dos corredores em nível de ensino médio mais rápidos dos Estados Unidos. E pensei que já tinha entendido toda essa coisa de correr mesmo com dor. Mas o baque físico e emocional foi profundo. Eu caía no chão, vomitando, depois de quase todas as corridas. Orgulhava--me do que pensava ser um sinal da minha resistência — um claro sinal de que eu estava me esforçando muito além dos meus concorrentes. Não era sustentável. Em corridas em que eu não tinha a reserva emocional quando se tratava de procurar algo para me ajudar a superar o obstáculo, a fonte estava seca. Com nenhuma outra ferramenta à minha disposição, eu observava meus concorrentes se afastando, enquanto eu desacelerava, à mercê da fadiga.

À medida que amadureci como atleta e lutei contra a disfunção de cordas vocais, percebi que se eu sobrevivesse, precisaria expandir meu repertório mental. Sempre que enfrentamos uma sensação desagradável ou o diálogo interno mental negativo que vem com ela, há quatro maneiras de lidar com isso:

1. Evitar ou ignorar.

2. Lutar.

3. Aceitar.

4. Reavaliar.

Minha solução inicial foi combinar as opções um e dois: ignorar até não conseguir mais e depois lutar contra. Isso é o que eu chamo de método de demolição e é a base da maior parte dos conceitos de resistência mental. Determine seu caminho por meio do desconforto. Se não consegue, isso significa que você é fraco. Não existe outro caminho a seguir além de bater a cabeça na parede até que magicamente se acostume com a experiência. O método de demolição serve como a base da antiga força. É por isso que Paul "Bear" Bryant contava com exercícios de condicionamento no calor extremo e por isso que os treinadores berram e gritam quando seu desempenho começa a vacilar. Muito parecido com meu eu adolescente, muitos ainda acreditam que esse é o caminho. Como aprendemos, os últimos dois métodos, aceitar e reavaliar, formam a base da atenção plena e da verdadeira força.

Quando escolhemos ignorar ou reprimir, primeiro temos que direcionar a atenção para um pensamento ou sensação, sinalizando para o cérebro que deve ser importante. Se tentarmos afastá-lo ou ignorá-lo, estaremos redobrando os esforços. Nosso cérebro não recebe o sinal de que deveríamos seguir em frente. Recebe a mensagem de que algo importante deve estar neste sinal, então ele o amplifica. Qualquer pessoa que já disse para si mesma ou para outros "relaxa" ou "esquece isso" está bem ciente desse fenômeno. Ignorar, evitar e reprimir sai pela culatra.

Abrir-se para vivenciar qualquer pensamento ou sensação que entra na consciência não dá poder para essa sensação, drena seu controle. Pesquisas mostram que quando praticamos nos abrir para o desconforto, ficamos em melhor posição para lidar com ele.[15] O cérebro diminui

MANTENHA SUA MENTE FIRME

a tendência de saltar direto de sentir uma sensação para soar o alarme. A aceitação cria o espaço, permitindo-nos deixar a sensação passar ou avaliá-la e reformulá-la.

À medida que a minha carreira como corredor evoluiu e eu desenvolvi a habilidade de trabalhar em direção à aceitação, o treinamento e as corridas mudaram. Eu não tinha mais que me potencializar antes de cada competição, esperando encontrar a determinação para correr até ficar exausto. Em vez disso, tive uma conversa com a exaustão. Enquanto antes a sensação de fadiga e esforço era um sinal para me preparar para lutar, agora era um retorno. Um sinal de que meu corpo estava trabalhando muito, que o combustível estava acabando. Antes, eu sentia medo ou entrava em pânico à medida que a dor aumentava, e ficava ciente de que não conseguiria alcançar a linha de chegada na velocidade em que estava. Agora, eu conseguia lidar com isso, decifrando o que era um sinal para prestar atenção e o que poderia deixar passar. Uma dor aguda no meu tendão de Aquiles talvez signifique uma lesão, mas uma queimação fraca no meu quadríceps significava que eu só conseguiria disparar minhas pernas mais uma vez. Meu diálogo interno se transformou de "Ah, merda! Isso dói. Você é forte. Supere a dor!" para algo mais calmo: "Ah, ei, isso está ficando desconfortável. Tudo bem. Deveria doer mesmo. É normal e esperado. Relaxe os braços e foque na tarefa." Não que eu tenha me transformado em um especialista zen, imune à dor e ansiedade. Eu ainda sentia a mesma quantidade de fadiga, dor e desconforto. Ainda tinha o mesmo diabo interior no meu ombro, gritando para desistir. A diferença era que eu tinha a habilidade de me impedir de ir direto de um sentimento para um surto. Aquela pequena pausa fez toda a diferença. Essa é a conversa calma.

Uma conversa calma consiste em desacelerar o mundo, criando um espaço entre a fadiga e o surto. Ela desenvolve a capacidade de superar uma situação difícil de modo calmo, silencioso e sem julgamentos. A conversa calma é uma ferramenta usada para lidar com o estresse, fadiga e o desejo de desistir durante uma tarefa. Ou a raiva, o medo e a frustração durante uma discussão intensa. Quanto mais espaço criamos, melhores chances temos de interromper o surto, de escolher o caminho difícil de volta ao topo em vez de saltar do penhasco.

Quando usamos a conversa calma, não estamos imunes à influência do estresse e da incerteza. Mas podemos melhorar a tomada de decisões em todas as condições. Teoricamente, uma conversa calma é simples. Quando começamos a sentir um aumento das emoções e nossa mente começa a ir na direção de um surto, é só pausar, afastar-se do precipício, ouvir o retorno que seus ambientes internos e externos estão oferecendo e desacelerar o mundo. Não lutar, mas entender que o que você está vivenciando é normal, que o que está sentindo está te dizendo algo importante e que tem espaço para escolher como responder.

A conversa calma cria o espaço para direcionar, desviar ou reformular a experiência. Tudo funciona em harmonia. Agora que você já sabe o que é, como desenvolvemos a capacidade de ter uma conversa calma? É um processo em dois passos:

1. Crie espaço: passe um tempo sozinho em sua mente.

2. Mantenha sua mente firme: desenvolva a capacidade de responder em vez de reagir.

Passo 1: Crie Espaço: Passe um Tempo Sozinho em Sua Mente

Você está sentado sozinho em um pequeno quarto, a cama e o vaso sanitário próximos um do outro. Não há nenhuma distração para manter a mente ocupada. Nem mesmo uma janela para indicar a passagem do tempo. E, em alguns casos, somente um feixe de luz ilumina o ambiente. Você fica sozinho nesse espaço apertado por quase 24 horas por dia, com nada além dos pensamentos. Onde você está?

MANTENHA SUA MENTE FIRME

Você pagou algumas centenas de dólares para participar de um retiro silencioso de meditação em um quarto escuro ou está em um confinamento solitário.[16] O primeiro é uma cura para os males mentais, uma "limpeza" do mundo interno, prometendo "acalmar a mente" e oferecer "ao corpo um relaxamento incrível, ajudando no seu próprio rejuvenescimento natural." O segundo, uma punição, feito para te desgastar, mostrar quem está no controle e o que não é aceitável na prisão em que você reside. Duas experiências, uma feita para levá-lo ao esclarecimento, outra uma tática bárbara que nos leva ao limite da insanidade. Uma que causa danos psicológicos duradouros, incluindo crises de pânico de isolamento, estresse pós-traumático, lapsos na memória e no funcionamento cognitivo. A outra, que pesquisas mostram que pode melhorar a consciência perceptiva, afrouxa os vínculos dos pensamentos e preocupações com nós mesmos e nos leva até uma mudança positiva de comportamento.[17] Ambas nos incentivam a fazer algo que todos nós temos dificuldade: passar um tempo sozinhos em nossa mente.

Até mesmo fora dos extremos de isolamento, preferimos estar em qualquer lugar menos dentro de nossas mentes. Em um estudo liderado pelo psicólogo Timothy Wilson, participantes foram colocados sozinhos em um cômodo sem celulares, amigos ou objetos para distraí-los.[18] Havia uma cadeira para se sentarem e uma mesa com um único item em cima, um botão. Os participantes foram informados que se apertassem o botão, sentiriam um choque doloroso. A escolha era simples: aceite o tédio e pense por uns momentos ou passe o tempo recebendo um choque e infligindo dor. A reposta lógica é muito clara. Cuide da sua vida e fique sozinho em sua mente por um momento. Simples e fácil. O comportamento dos participantes contou uma história diferente. Sessenta e sete por cento dos homens e 25% das mulheres escolheram infligir dor neles mesmos em vez de contemplar seus pensamentos por 15 minutos.

Um participante apertou o botão surpreendentes 190 vezes durante os 15 minutos. Isso significava em média um choque a cada 4,7 segundos.

A habilidade de passar um tempo sozinhos em nossa mente é uma parte fundamental do desenvolvimento de força. E a maioria de nós é péssimo nisso. Quando estamos sozinhos com os pensamentos, tudo é amplificado. O poder aparente por trás dos sentimentos e pensamentos aumenta bastante. A probabilidade de ir em direção à ruminação e ao surto aumenta. A solução é bem direta: acostume-se a ficar sozinho com a sua mente.

Embora eu não esteja de forma alguma sugerindo que você passe um tempo em confinamento solitário, lições extremas ajudam a ilustrar o ditado: a diferença entre o remédio e o veneno está na dose. Um pouco de estresse dentro do controle e fácil de escapar pode incentivar o corpo e a mente a se adaptar. Até mesmo retiros silenciosos de meditação podem ser extremos, levando-nos da síndrome de isolamento aguda para uma variedade crônica mais perigosa se não estivermos preparados. Felizmente, para melhorar a capacidade de navegar pelo mundo interno, não precisamos ser tão extremos. Não precisamos entrar na sala de peso e tentar agachar com 180 kg na primeira tentativa. Como aqueles que resistem ao choque, a maioria de nós é tão ruim em ficar sozinho com nossos pensamentos que até halteres de 4 kg serão suficientes.

Observe algo que a maioria de nós faz quando está se exercitando: ouvir música. Fazer exercícios é um ótimo momento para praticar ficar sozinho em sua mente. Temos uma variedade de sensações bombardeando na mente consciente por um grande período. É uma maneira excelente de ficar confortável ouvindo o mundo interno. Mesmo assim, a maioria de nós escolhe se distrair da turbulência interna.

No ensino médio, Britani Gonzales era uma jogadora de basquete *all-star* e campeã estadual na corrida de 800 metros. Quando ela foi para a Universidade de Houston, seus talentos apareceram nas distâncias maio-

MANTENHA SUA MENTE FIRME

res. Quando a corrida era fácil, Britani descobriu que a música às vezes ajudava. Servia como distração. Mas à medida que a dificuldade da corrida aumentava, algo mudava. "Quando você começa a sentir dores, a música torna sua batalha interna mais difícil", ela me explicou. "Minha mente começava a vagar. Meu ritmo variava e eu acabava correndo de forma mais lenta. Eu não consigo ouvir ou sentir o ritmo dos meus passos ou minha respiração. Meus braços se movem para frente e para trás em um ritmo diferente da música. Minha mente não sossegava, indo do meu físico para o ambiente. Correr sem dificuldades e correr quando seu cérebro está gritando para você parar são duas habilidades diferentes."

A música toma a atenção e nos distrai de outros retornos. Você deve ter notado o mesmo fenômeno durante o trabalho. Ouvir música ou talvez até mesmo um *podcast* ajuda na hora de responder e-mails, mas dificulta quando precisa de foco profundo para completar uma tarefa. Quando precisamos gastar os recursos cognitivos para nos mantermos engajados, até mesmo a batida sutil de uma música no fundo nos leva a uma sobrecarga sensorial. Quando o esforço é necessário, você precisa estar engajado. É por isso que os atletas de resistência deixam os fones de ouvido de lado para treinarem a capacidade de ficarem sozinhos em suas mentes.

Em um mundo cada vez mais distraído, estamos perdendo lentamente a habilidade de ficar com os pensamentos e experiências. Quando nosso eu interior se torna estranho, ficamos hiper-reativos a tudo o que ele diz. Nossa consciência interoceptiva diminui, à medida que perdemos a capacidade de ler e entender o mundo interno. A explosão de livros, *podcasts* e aplicativos sobre atenção plena é uma consequência dessa capacidade deteriorada. Estamos procurando por uma solução para um mundo distraído, onde cada vez mais não precisamos lidar com o eu interior. Quando treinamos nossa capacidade de ficarmos sozinhos em nossas mentes, ficar com nossos pensamentos e sensações, somos mais capazes de nos desligarmos do estímulo negativo.[19]

Ter atenção plena significa estar ciente. Não é apenas uma forma de meditação budista. Britani treinou sua capacidade passando horas em sua própria mente durante as corridas. Sem música, apenas ela. Ela não estava em um estado meditativo em todas as corridas, mas com o tempo, ela naturalmente desenvolveu a capacidade de mudar o foco de sua respiração para sua forma física, depois para seu diálogo interno até nada. Ela ficou confortável com as sensações, pensamentos e experiências. Psicólogos clínicos utilizaram medidas mais extremas, como retirar estímulos sensoriais na forma de tanques flutuantes escuros, para ajudar a reduzir a ansiedade e aumentar a consciência interoceptiva.[20] Semelhante a isso, quando os atletas lutam contra o *choking*, ou seja, quando possuem um desempenho abaixo do esperado, já pedi para que os clientes praticassem suas habilidades — seja arremessando uma bola de basquete ou fazendo cesta — no escuro, para mudar suas percepções, ajudá-los a ficarem atentos e para navegarem por seus mundos internos.

Podemos desenvolver a mesma habilidade quando malhamos, mas também durante atividades do cotidiano como fazendo o jantar, lavando louça ou levando o cachorro para passear. Observe as sensações e pensamentos que aparecem, tente não julgar ou atribua um significado. Aprenda a ligar e desligar o retorno interoceptivo e o estímulo externo — concentrando-se em sua respiração, notando como o seu diálogo interno pula da impaciência para o regozijo para o que você vai comer no jantar.

Pesquisas científicas validam essa abordagem. Cultivar a consciência ativa uma "rede de regulação emocional" que inclui a amígdala. Pesquisadores da Universidade de Wisconsin descobriram que quando os participantes foram confrontados com estímulos de medo, a consciência aumentou a regulação emocional e direcionou a resposta comportamental subsequente ao aumentar a interação entre a amígdala e o córtex pré-frontal, aquele vínculo fundamental que já discutimos bem. Em um estudo, a psicóloga Regina Lapate e seus colegas descobriram que "a consciência parece "romper" associações automáticas

MANTENHA SUA MENTE FIRME

entre as reações iniciais [psicológicas] e o comportamento avaliativo subsequente."[21] Não é que sempre precisamos estar conscientes ou direcionando a atenção. Na verdade, com o tempo, o processo em grande parte tomará conta de si mesmo. Mas para desenvolver essa capacidade, primeiro precisamos treiná-la de maneira consciente. Para estar atento, observe para onde sua mente está indo, então direcione-a. Quanto maior sua capacidade, mais espaço você pode criar entre o estímulo e a resposta.

O primeiro passo para desenvolver a capacidade de ter uma conversa calma é sem rodeios: passe um tempo sozinho em sua mente. Seja em uma caminhada, sentado no sofá ou quando estiver em uma fila. Isso não significa controlar seu mundo interno. Apenas acostume-se. Veja como é ficar com o tédio, com a angústia ou qualquer outra sensação que aparecer. Aprenda a deixar seus pensamentos irem até onde quiserem antes de incentivá-los a voltar para a tarefa em mãos. Não tente fazer muita coisa. Apenas fique sozinho na sua mente. Parece simples, mas isso serve como base. Precisamos desenvolver a capacidade de nos sentirmos confortáveis em nossas mentes. Para prevenir o padrão de preencher esse espaço pegando o celular ou deixando nossa mente sair de controle. Devido às horas de repetição, a distração e o afastamento geralmente são as estratégias padrão.

A distração exige pouco esforço, então é fácil depender dela como estratégia. Por isso que a maioria de nós pega o celular no primeiro momento em que ficamos sozinhos. Distração, em vez de ficar com uma pontinha de um sentimento de desconforto enquanto esperamos o amigo chegar ou o intervalo comercial terminar. Precisamos superar essa reação arraigada e notar o mundo ao redor.

Simplesmente ficar sozinho em sua mente ajuda muito. Se tudo o que você faz é deixar o telefone e os fones de ouvido em casa quando sai para caminhar, você vai começar a alongar seu músculo mental. Mas também podemos ter uma abordagem intencional com as habilidades que estamos tentando desenvolver. Eu divido em três níveis: observando, girando o botão e criando e amplificando. Essa progressão tem como base o que aprendemos sobre desenvolver a interoceptividade no capítulo seis e nossa voz interior no capítulo sete. Agora estamos juntando as peças. Observar irá ajudá-lo a aprender a não pular de estímulo para estímulo. Girar o botão irá treiná-lo para se ligar e se desligar do mundo, direcionando a atenção para onde ela precisa ir. E criar e amplificar melhora a capacidade cognitiva para examinar e ajustar o mundo interno. Essas habilidades servem como base, permitindo-lhe criar espaço em descanso antes de aplicá-las quando enfrentar o desconforto.

Exercício: Observando: Pratique o Tédio

1. Sente-se em silêncio em um cômodo com distrações mínimas. Sente com os olhos abertos ou fechados; não importa.

2. Você começará a sentir sensações diferentes, que podem então se tornarem pensamentos positivos ou negativos. Fique com eles. Não foque neles ou tente ignorá-los. Apenas veja para onde sua mente vai saltar e no que você tem tendência a se agarrar.

3. Se você sente uma ânsia de parar ou checar seu celular, vivencie. Não lute contra. Veja se ela se dissipará ou se ficará mais forte com o tempo. Lembre-se, o segredo não é resistir. Estamos apenas tentando fazer sua mente vivenciar as sensações e pensamentos e não pular direto para um surto.

4. Procure começar esse exercício praticando o tédio por 5 minutos. À medida que você se adapta, gradualmente aumente o tempo do exercício para que você seja capaz de se sentar em silêncio de 15 até 20 minutos.

Exercício: Girando o Botão: Aumente e Diminua o Volume

1. Faça uma tarefa que você normalmente use distrações. Talvez seja sair para uma caminhada ou corrida, lavar a louça, cortar a grama ou ficar na fila do supermercado. Escolha uma atividade que você geralmente escute música ou mexa no celular para se distrair.

2. Observe para onde sua atenção vai. Observe quando você sente a necessidade de pegar seu celular ou mexer em algo.

3. Depois de passar um tempo observando, tente incentivar sua atenção de maneira gentil para focar completamente na tarefa. Se você está lavando as louças, tente retomar seu foco para o ato de lavar louças. Aproxime-se do que você está fazendo, como se estivesse falando para sua mente o que é essencial.

4. Antes de parar, pratique direcionar sua atenção para o lado oposto. Afaste-se, vá para longe do que está fazendo. Permita que sua mente vague ou fique distraída.

5. Essa prática é feita para criar a capacidade de direcionar e abrir mão da atenção. Nesse momento, não é que uma das estratégias seja melhor ou pior. Estamos tentando desenvolver a capacidade de controlar a atenção. A esperança é que, com o tempo, a mente aprenda a focar no que importa, ignorando o resto.

Exercício: Criando e Amplificando Usando Imagens

1. Encontre um lugar confortável para se sentar em silêncio.

2. Feche os olhos e se imagine fazendo uma atividade que traz alívio, não estresse, como caminhar pela floresta, fazer trilha ou jogar uma rodada de golfe.

3. Preencha com o máximo de detalhes e envolva quantas sensações puder. Observe a grama, sinta o vento tocar sua pele, cheire as flores na floresta.

4. Novamente, o segredo é não julgar, mas vivenciar. Essa forma de imagens mentais permite que você aprimore suas habilidades sensoriais e de visualização. O objetivo é aumentar sua capacidade cognitiva para criar, amplificar e ajustar seu mundo interno.

Passo 2: Mantenha Sua Mente Firme: Desenvolva a Capacidade de Responder Em Vez de Reagir

Um pouco mais de uma dúzia dos melhores treinadores que a Nova Zelândia podia oferecer estavam reunidos em Snow Farm, um pequeno refúgio em uma montanha afastada da civilização que serve como um local de testagem de automóveis durante o inverno para fabricantes do mundo todo. Pelos próximos quatro dias, os melhores da Nova Zelândia, ao meu lado e do meu colega estadunidense Danny Mackey, falaríamos sobre esporte. O evento foi organizado pela equipe de alto desempenho da Athletics New Zealand. E eu estava esperando a mesma lenga-lenga das outras dezenas de conferências que já presenciei: conversas sobre treinamentos, nutrição e recuperação, e discussões sobre a minúcia do condicionamento para o esporte.

MANTENHA SUA MENTE FIRME

Sentei-me com a postura ereta do lado oposto de um treinador neozelandês que conheci um dia antes. Encaramos um ao outro de frente, os joelhos separados por alguns centímetros. As instruções recebidas por Emily Nolan, uma das principais treinadoras de força da Nova Zelândia, eram simples. Sem conversa. Sente-se em sua cadeira. E encare diretamente os olhos da outra pessoa sentada em sua frente. Depois de algumas risadas, o silêncio começou e tentamos obedecer. Você conseguia sentir o nível de desconforto na sala. A ânsia de olhar para outro lugar, para quebrar a tensão que dominava aqueles primeiros momentos. Movimentos nervosos, os olhares desviando de encarar os olhos do parceiro para a testa e para os lados e uma risadinha ocasional eram normais no primeiro minuto. As pessoas estavam tentando lidar com o desafio que lhes foi entregue. Encarar um ponto no rosto de alguém ou sorrir de forma irônica eram maneiras de aliviar o fardo, de lidar com as exigências da atividade.

À medida que o tempo passou e as pessoas perceberam que isso podia durar bem mais que um ou dois minutos que a maioria havia imaginado, a atmosfera da sala mudou. A adaptação saiu voando pela janela. Agora era questão de sobrevivência. Sem ideia alguma de quanto tempo isso duraria, tínhamos que escolher uma maneira diferente de superar o desconforto: a aceitação. À medida que passamos pelo minuto três, quatro e cinco, a tensão do grupo diminuiu, rostos e corpos relaxaram. Nós paramos de tentar lutar contra o constrangimento de olhar nos olhos de um estranho. Aceitamos o desconforto. Ficar em paz com esse sentimento até que quase 10 minutos se passaram e permitiram que parássemos. Suspiramos de alívio.

Nessa altura, você deve entender a conexão entre essa atividade e a força. Ela serve como uma bela demonstração sobre colocar o seu corpo em uma situação desconfortável e, em seguida, superá-la. Não há decisão alguma para ser feita, mas se você deixar a charada continuar por tempo o suficiente, sua mente vai parar de tentar lutar ou resistir e aceitar as circunstâncias. Não significa que você "cede". Significa que você aprende como ficar confortável com o desconfortável.

Já fiz essa experiência com atletas e profissionais. E o mesmo padrão ocorre: resistir até que todos cheguem a um acordo com a tarefa e a aceite. A primeira vez que me deparei com essa ideia não foi no atletismo ou na psicologia do esporte, mas na busca pelo amor. Em um estudo clássico, o psicólogo Arthur Aron fez uma tentativa de criar uma conexão entre indivíduos de sexos opostos fazendo com que eles respondessem uma série de perguntas cada vez mais íntimas sobre eles mesmos antes de terminar com quatro minutos encarando os olhos uns dos outros. A pesquisa de Aron demonstrou que esse procedimento aumentava a "proximidade", principalmente devido à combinação de vulnerabilidade forçada e consciência total. O quanto a abordagem de Aron funcionou? Os primeiros participantes a passarem pelo procedimento, que não faziam ideia do que estavam participando, apaixonaram-se e se casaram.

Ao ler o estudo durante meus vinte e poucos anos, fiz a tentativa em um primeiro encontro como o *nerd* de ciências que eu era. Apesar do meu entusiasmo e de encarar uma estranha por quatro minutos, os resultados não foram promissores. Mesmo assim, minha própria tentativa falha ao amor me levou a um momento "Ahá!" sobre o quanto essa experiência toda era estranha e desconfortável, especialmente a parte de olhar nos olhos. Eu havia encontrado um novo exercício para fazer as pessoas sentirem-se desconfortáveis.

Tudo que causa um pouco de desconforto e inquietação é uma oportunidade para treinar seu músculo mental a criar espaço. Você pode utilizar o desconforto físico [uma competição de agachamento na parede, mergulhar sua mão no gelo ou prender a respiração], ir em direção ao medo [falar em público, medo de altura] ou sentir a influência da angústia [colocar o seu celular com o visor para baixo na mesa, não tocar nele enquanto apita e vibra]. A verdadeira atividade é menos importante

MANTENHA SUA MENTE FIRME

do que o sentimento que a acompanha. O objetivo é simples: coloque pessoas em um espaço desconfortável, um que aumente a ansiedade e estresse e que faça suas mentes procurarem por uma saída. Depois, faça com que utilizem as habilidades que discutimos ao longo deste livro para manter a mente firme e para responder em vez de reagir. Treine-os primeiro e, em seguida, coloque-os em situações em que podem aplicar o que aprenderam.

Nossos cérebros são máquinas de reconhecimento de padrões. E pode haver vínculos próximos entre sensações e emoções, ou emoções e diálogos internos, ou qualquer um desses e uma ação em particular. Para hábitos mentais arraigados de forma profunda, seu cérebro pode pular direto de um sentimento para uma sensação específica [por exemplo, angústia] para uma ação [por exemplo, pegar o celular]. Para enfraquecer esse vínculo, precisamos criar espaço. E, assim que tivermos espaço, podemos nos redirecionar para uma resposta mais produtiva. É disso que se trata a conversa calma.

Precisamos nos colocar em situações que provocam pensamentos, sensações ou emoções negativas, e então utilizar habilidades mentais para abrir caminho, para convencer o cérebro que está tudo bem e que ele não precisa seguir o caminho habitual do surto. Isso começa com situações gerais que podem não estar ligadas ao seu desafio específico, mas que simplesmente o deixam desconfortável. Isso permite que você trabalhe na criação de espaço, não seja reativo, utilize a conversa interna positiva ou aproxime e afaste a atenção em um ambiente seguro em que você não sente medo do fracasso. Com sorte, nessa altura, consegue ver por que essa conceituação de força é tão diferente da apresentada de maneira tradicional. Se tentamos depender do desvio e de lutar contra, muitas vezes fortalecemos os vínculos entre sentimentos, emoções, diálogo interno e ação. O cérebro diz: "Hum, estamos realmente tentando ignorar ou lutar contra essa coisa. Deve ser importante."

Pratique Ter uma Conversa Calma

1. Vivencie as sensações. Pratique não reagir a elas, interprete-as como informação.

2. Veja onde seus pensamentos tentam ir. Observe-os surgir e deixe os negativos irem embora. Tente responder de forma calma com um diálogo positivo.

3. Sinta a vontade de desistir ou parar. Quando sentir a ânsia de desistir, tente estratégias diferentes para superá-la. Sinta-a, direcione sua atenção para ela ou para longe dela, ou utilize o diálogo interno para superá-la. O segredo é não lutar contra.

4. Seu objetivo é criar espaço entre sentir as sensações e saltar para a vontade de desistir. Você está tentando dissociar o sentimento e a resposta.

Aplicando a Conversa Calma em Sua Vida

Depois das Olimpíadas de 2004, o psicólogo Hap Davis colocou um grupo de nadadores de alto nível em uma máquina de ressonância magnética para escanear seus cérebros. Semelhante a uma sessão de revisão pós-competição que você veria no futebol ou no basquete, os nadadores assistiram vídeos de quando falharam. Competições em que ficaram longe de seus objetivos, perderam a vaga no time das Olimpíadas ou decepcionaram a equipe. Quando assistiam aos fracassos, a amígdala dos nadadores acendia, com apenas uma pequena ativação no córtex motor do cérebro. Seus cérebros estavam soando o alarme, desencadeando uma reação que amplificava as emoções negativas relacionadas aos seus próprios fracassos. Depois de notar o padrão, Davis fez os atletas passarem por um breve programa de treinamento feito para reconectar as respostas aos fracassos, entendendo e avaliando as emoções e suas respostas à elas. Depois da intervenção, os nadadores foram submetidos novamente a assistirem seus piores desempenhos. Dessa vez, a resposta interna foi diferente, com uma resposta menor da amígdala e maior do córtex motor. Davis contou para a revista *Time*: "Assistir ao fracasso removeu a emoção negativa. Agora posso discutir isso com você e não será grande coisa."[22]

Assim que você entender a conversa calma, comece com pouco e de forma geral, depois vá para algo maior e mais específico. Se o seu inimigo é falar em público, comece praticando a conversa calma em qualquer situação que traz sentimentos de desconforto ou angústia. Isso pode incluir desconforto físico, como mergulhar a mão em águas congelantes, ou desconforto mental, como assistir um vídeo vergonhoso de si mesmo. O objetivo é apenas aprender a suportar, depois a navegar pelo seu mundo interno. Você pode começar com o nervosismo de cumprimentar um estranho na cafeteria do seu bairro antes de praticar se apresentar na frente de amigos e familiares. O objetivo é desenvolver a habilidade de forma progressiva em situações cada vez mais próximas do que você poderá enfrentar.

Assistir aos erros é uma boa transição de sentir um desconforto geral para vivenciar uma situação conectada ao que fazemos. Você pode assistir vídeos de jogos, revisar uma apresentação ou até mesmo repassar seu relatório de vendas com um amigo ou colega de trabalho. À medida que você sente a turbulência de sentimentos e emoções, lide com eles, reconheça-os, rotule-os [como discutimos no capítulo seis], reformule e aprenda a vê-los como antigos amigos transmitindo informação. Talvez você escolha reformular a conversa interna ou criar distância psicológica imaginando que é outra pessoa. Tudo consiste em desacelerar seu mundo interno para que você possa então decidir o que vale a pena escutar e responder e o que você deveria deixar passar. Praticando a conversa calma enquanto assiste aos erros, você está anestesiando sua mente de forma ativa contra o estigma. Consiste em aprender a ligar seu cérebro mais gentil e responsivo e a desligar o precipitado e reativo. Se você se encontrar lutando contra o desconforto durante essa prática, pare. Lutar sai pela culatra; para desligar o estopim do alarme, precisamos convencer o cérebro que a mente está firme e que não precisamos acionar o alarme.

Treinar a mente é como treinar o corpo: gradualmente progredir para situações mais realistas e mais difíceis. Seja criativo. Tudo o que o coloca em um lugar onde as emoções se agitam e a conversa interna negativa toma posse é uma oportunidade de empregar as estratégias que já discutimos. Finalmente, pratique utilizar a conversa calma em áreas que são específicas dos desafios. Para algumas tarefas, isso é fácil, enquanto outras exigem pensamento criativo. O objetivo é imitar as sensações o máximo que pudermos. Se ansiedade é o problema, então encontre algo que acione um nível semelhante de ansiedade. Os exercícios a seguir fornecem um guia passo a passo para se colocar em situações desconfortáveis e treinar a mente para superá-las.

Exercício: Assistindo aos Erros

1. Assista a um vídeo seu desempenhando qualquer tarefa.

2. Ao sentir constrangimento ou frustração em assistir seu próprio fracasso, observe a sensação. Avalie as emoções que surgem com ela.

3. Lide com os sentimentos e sensações. Tente criar um espaço e impedir a mente de sair do controle. Pratique rotular as emoções, usar distanciamento psicológico ou qualquer outra estratégia que já discutimos. Observe para onde os pensamentos vão e geralmente traga-os de volta do estágio "surto". Utilize as estratégias que aprendeu, desde exercícios de respiração para treinamento de atenção plena e redirecionamento da atenção.

MANTENHA SUA MENTE FIRME

Exercício: Deixe Sua Mente Ir para um Lugar Ruim Enquanto Se Apresenta

1. A única forma de melhorar em algo é praticando. Nesta atividade, pratique a atividade que está tentando melhorar sua resistência.

2. Enquanto desempenha a tarefa, deixe sua mente sair de controle. Vá em direção ao negativo. Sinta-se ficar a beira de um surto. Por exemplo, enquanto você ensaia sua grande apresentação, vá na direção do "diabo" em sua cabeça que diz que você não faz ideia do que está falando.

3. À medida que se sente saindo de controle, tente impedir que isso aconteça. Tente usar estratégias diferentes, ver o que é eficaz no momento. Estratégias de superação serão exploradas no próximo capítulo, mas aqui estão algumas para não esquecer:

    i. Ampliar e reduzir: Mude sua atenção, ampliando seu foco somente para um pequeno pedaço da situação ou reduza para que sua visão esteja ampla.

    ii. Rotule: Nomeie o que você está sentindo ou vivenciando. Lembre-se do capítulo seis: rotular tira o poder da "coisa". Quanto mais nuance e clareza puder dar para sua mente, melhor.

    iii. Reformule: Altere a visão da situação. Por exemplo, você está vendo o estresse como algo positivo ou negativo?

    iv. Ajuste seu objetivo: Divida o objetivo em algo gerenciável. Chegue no quilômetro seguinte da corrida ou na próxima seção da apresentação.

v. Lembre-se: Volte ao seu propósito para realizar a atividade. Lembre-se por que você começou e por que é importante.

vi. Permita-se falhar: Durante qualquer tipo de desafio, entramos em um modo auto protetor mais profundo quando temos medo de falha. Libertar-se para fracassar pode dar a liberdade de desempenhar todo o potencial.

Encontrando Equanimidade

Upekkha é um conceito que o monge budista Bhikkhu Bodhi descreveu como: "Uma virtude espiritual, *upekkha* significa equanimidade diante das flutuações da fortuna mundana. É a uniformidade da mente, a liberdade inabalável dela, um estado de equivalência interna que não pode ser perturbado por ganho e perda, honra e desonra, mérito e culpa, prazer e dor."[23] O conceito é tão forte no budismo que é considerado uma das quatro Moradas Divinas e um dos sete fatores da iluminação. No budismo, descreve como lidar com mudanças ou, em nossos termos, desconforto. *Upekkha* traduz-se em "equanimidade", que o *Dicionário Oxford* define como "calmaria mental, compostura e uniformidade de temperamento, especialmente em uma situação difícil."

A religião budista não é a única a dar valor para a equanimidade. As escrituras hindus proclamam "desempenhar seu dever com equilíbrio, ó Arjuna, abandonando todo o apego ao sucesso ou fracasso. Tal equanimidade é chamada de yoga."[24] Na filosofia estoica, o conceito de ataraxia — um estado de calmaria serena — é enfatizado, enquanto no cristianismo, a Bíblia é repleta de referências a ter paciência para persistir. Um exemplo pode ser encontrado no livro de Lucas: "Na vossa paciência, possuí as vossas almas." Ao lado dessa passagem, John Wesley, fundador da Igreja Metodista, escreveu em seu comentário de 1765: "Sejam calmos e serenos, senhores de si, e superiores a todas as paixões irracionais e inquietantes. Mantendo o governo de seus espíritos, vocês evitarão muita miséria e protegerão o que há de melhor dos perigos."[25] Em outras palavras, equanimidade.

Começamos esse capítulo com monges e meditação antes de percorrer o mundo dos esportes e amor. É justo terminar onde começamos. Criar espaço, ser forte e responder em vez de reagir são formas de equanimidade. O conceito de equanimidade é confundido com frequência com não vivenciar ou até mesmo reprimir as emoções. Porém, como aprendemos, até mesmo os maiores meditadores vivenciam amor e medo no mesmo nível. Eles apenas respondem de maneira diferente. É a capacidade de manter a mente firme, para que você possa escolher como responder. Quer chamemos isso de equanimidade, uma conversa calma, paciência ou responder em vez de agir, cultivar o espaço para escolher o caminho a seguir é o segredo para desenvolver a força.

Em seu livro *Transcend* [sem tradução até o momento], Scott Barry Kaufman definiu *equanimidade* como "uma cultivação de atenção plena e observação, não perseguindo seu propósito vendado, mas constantemente abrindo-se a novas informações, constantemente buscando sabedoria e consciência honesta da realidade, e constantemente monitorando seu progresso e impacto em seu próprio crescimento pessoal assim como em outros... Irradiando calor e receptividade à medida que encontra os inevitáveis estressores da vida." Equanimidade e força funcionam em conjunto.

CAPÍTULO 9

Gire o Botão para Não Perder a Razão

"A culpa é SUA!", "Não, você não me contou!", "Contei, sim!", "Por que você não consegue fazer nada direito?". Relacionamentos e discussões andam lado a lado. Até mesmo as pessoas mais tranquilas e estáveis se veem batendo boca com aqueles que amam. Às vezes, por questões importantes — problemas financeiros ou planos futuros. Mas, geralmente, por motivos com muito menos significado. Alguém esquece de tirar o lixo ou comprar farinha no mercado, a raiva e a frustração aumentam e, antes que você perceba, a Segunda Guerra Mundial está acontecendo na sala de estar. Um estopim aparentemente supérfluo causa uma avalanche de emoções e sentimentos que não desaparecem até tudo estar destruído.

É como se voltássemos para a infância, fazendo pirraça porque não conseguimos o que queríamos ou fomos pegos roubando biscoito do pote. E na visão externa, a versão adulta geralmente parece tão ridícula quanto a pirraça. Pergunte para qualquer adolescente que testemunhou os pais estourarem por algo irrelevante. Durante os ataques, os adolescentes geralmente reviram os olhos, enquanto dizem para os irmãos: "Mamãe e papai estão discutindo sobre a lava-louças. Esperem eles se acalmarem. Estão no modo maluco." Porém para os adultos que estão discutindo, parece verdadeiro e de extrema importância. Pode começar como uma discussão pequena, mas, conforme o turbilhão de pensamentos, emoções e sentimentos aumenta, até mesmo o irrelevante pode se tornar uma bola de neve gigante descendo pela montanha.

Quando a avalanche começa, quando o cérebro parece se desligar, geralmente nos sentimos impotentes. Como se a raiva tomasse conta e não tivéssemos outra opção além de esperar passar. Quando estamos no limite, quando a exaustão da família, do trabalho, ou apenas da vida, toma conta, o antigo modelo de força falha. Resistir, forçar caminho e insistir, mesmo sentindo dor, são semelhantes a dizer aos pais, filhos, parceiros, ou a qualquer pessoa que esteja fazendo pirraça, para "se acalmar". Nunca funciona e muitas vezes alimenta o monstro.

Existe uma maneira melhor de lidar com essa cascata de eventos. Seja discutindo com aqueles que amamos, sentindo-se tão sobrecarregado que não quer colocar os pés na sala de reuniões ou ficando tão frustrado a ponto de desistir, quando estamos nos limites, ainda temos opções.

Até agora, abordamos como reformular nosso relacionamento com a força. Como podemos desenvolver a mentalidade e as habilidades para superar a adversidade. Este capítulo apresenta o que fazer quando estamos no limite, quando a resposta ou reação está na porta. Quando o desgaste, a explosão ou o surto é o próximo passo aparentemente inevitável. Quando a bola de neve está descendo a montanha, ganhando velocidade e indo em direção à destruição. O que fazemos para parar a potencial avalanche — desviamos, destruímos ou desaceleramos? A resposta está em aprendendo como lidar.

Lidando com o Medo

Rodeados por um grupo de amigos, Moise Joseph e Tom Abbey se destacavam. Eles vinham de lugares diferentes. Mo era haitiano, Tom era do norte de Nova York. Mas apenas com um olhar, você percebia que eram atletas fenomenais. Mo era atleta olímpico. Tom não passou por pouco em um programa de desenvolvimento de elite para se tornar um. Ambos haviam dedicado grande parte de suas vidas para alcançarem níveis de aptidão física que poucos de nós conseguem imaginar. Eles competiram na frente de grandes públicos, superaram a ansiedade, o estresse e o medo para darem o seu melhor. Os dois corriam riscos. Mo havia se mudado para o outro lado do país para buscar o sonho de se tornar o melhor atleta que podia. Tom havia feito o mesmo no mundo do esporte antes de pegar a rota do empreendimento e fundar o próprio negócio. Mas quando entraram na velha e frágil casa mal-assombrada no interior de Virgínia, suas mentalidades não poderiam ser mais diferentes.

Era visível que Mo estava tremendo, uma pilha de nervos. À medida que o grupo entrou na casa, os olhos dele fixaram na pessoa em sua frente e a silhueta gigantesca foi reduzida. O atleta olímpico de 1,80m tentou se encolher atrás de mulheres de 1,60m que também estavam visitando a casa mal-assombrada. Quando "zumbis" surgiam da escuridão, Mo atravessava o cômodo, soltando um grito durante o caminho. Quando estava chegando no final e ele se encontrou em um cômodo totalmente escuro, sua impaciência aumentou, e ele gritou: "Andem mais rápido, andem mais rápido," para qualquer pessoa que escutasse. Até que, finalmente, a barragem rompeu. Ele não conseguia aguentar mais. Com o barulho de uma serra elétrica, incapaz de conter seu medo por mais tempo, ele disparou para a saída, usando a alta velocidade para ultrapassar qualquer ator que ousasse entrar em seu caminho.

Tom, por outro lado, estava animado. A cada ator desfigurado ou palhaço assustador que pulava das sombras, a intensidade de Tom aumentava. Ele estava completamente envolvido. Assim como Mo, ele gritava, mas era diferente. Seus gritos não vinham do susto, mas de uma mistura estranha de animação e medo desenvolvido de forma intencional. Seus olhos estavam bem abertos. Tom não estava tentando sobreviver ou chegar na saída, ele estava absorvido na atividade. Levando o conselho clichê de viver cada momento ao seu extremo lógico. Deixando cada gota de sangue falso e cada parte de corpo decepada levá-lo ao próximo nível. Tom estava completamente imerso na experiência.

Tom e Mo vivenciaram o mesmo estado emocional: medo. Contudo a maneira como lidaram com ele foi totalmente diferente. Tom amplificou, Mo tentou lidar e diminuir o volume da experiência. Um grupo de pesquisadores da Aarhus University, na Dinamarca, descobriu que visitantes de casas mal-assombradas poderiam ser divididos em duas categorias: viciados em adrenalina e medrosos.[1] Um amplificava, o outro reprimia. Ao completar a experiência assustadora, ambos os grupos têm níveis semelhantes de satisfação e diversão, mas experiências nitidamente diferentes. Os viciados em adrenalina alcançam o divertimento tentando aumentar a excitação emocional. Por outro lado, os medrosos alcançam quase o mesmo nível de satisfação empregando a abordagem oposta, minimizando a excitação.

Um grupo regulava o medo de maneira positiva, o outro reduzia. Usando uma combinação de vídeos e entrevistas de quando os participantes entravam nas casas mal-assombradas, os pesquisadores descobriram que cada grupo utilizava uma variedade de abordagens cognitivas e comportamentais para alcançar seus objetivos de ajustar o volume emocional. Mas, se olharmos mais fundo nas estratégias, uma semelhança aparece. A maneira como direcionaram as atenções interpretou um grande papel.

Quando nos deparamos com o medo ou qualquer outra forma de desconforto, a estratégia de enfrentamento influencia a experiência e a abordagem comportamental. Nós podemos aumentar o volume, mergulhar na experiência, ou abaixar o volume, direcionando a atenção para outro lugar e reformulando-a, lembrando a nós mesmos que "não é real". Não é que as estratégias sejam certas ou erradas. A pergunta é se elas combinam com a situação e os objetivos. Às vezes, a resposta é ser como Tom, amplificar a experiência, para sentirmos a adrenalina de ficar assustados. Outras vezes, precisamos diminuir o volume, para evitar que a mente fique sobrecarregada. Estratégias de enfrentamento nos permitem preservar o equilíbrio certo durante níveis cada vez mais altos de estresse, mantendo o cérebro e corpo no ponto ideal para conseguirem atuar.

No topo das dez estratégias usadas por viciados em adrenalina para amplificar seus medos estava o "foco na situação", em que participantes declararam que "tentaram estar presentes". O resto da lista incluía táticas como usar imersão ativa, manter atenção visual, ficar envolvido no que os atores diziam e faziam e se lembrar de que não era real. Por outro lado, os medrosos pegaram as mesmas estratégias e viraram ao contrário em suas cabeças. Tentaram imaginar que não era real, quebrar a atenção visual, resistir à imersão, direcionar a mente para outro lugar e focar em chegar no final.

Essas são estratégias de enfrentamento projetadas para aumentar ou diminuir o indicador das sensações, retorno e até mesmo do diálogo interno para que possamos navegar por mundos internos e externos. Elas nos permitem lidar, aceitar ou ignorar a experiência para que possamos sobreviver, prosperar ou simplesmente superar o desconforto. De modo geral, chamamos de estratégias de "regulação emocional", porém acho que essa definição é muito limitada. Como já aprendemos ao longo deste livro, as várias sensações, emoções e pensamentos trabalham em conjunto. Regular as emoções significa influenciar o resto.

Podemos ser como os viciados em adrenalina e ficar completamente imersos na experiência, reformulando o potencial medo em animação. Ou podemos ser como os medrosos, ignorando e reprimindo os mundos internos e externos para chegar ao fim da experiência. Qual estratégia de enfrentamento usamos cabe a nós. Mas escolher a certa nos impede de chegar ao limite, de sair de controle e disparar em direção à floresta quando ouvimos o som de uma serra elétrica sem serra.

Atendendo ao Desconforto

Quando se posicionou para a maratona olímpica de 1972, Frank Shorter estava buscando fazer história em uma corrida que poucos entendiam. A maioria via como um evento reservado para aqueles com um parafuso a menos. Shorter estava em busca da glória olímpica, tentando ganhar uma corrida que não tinha os Estados Unidos como campeões desde 1908. A maratona não era um evento com muita participação como hoje em dia. Estava no começo. A primeira Maratona de Nova York aconteceu em 1970 e consistiu em 127 corredores seminus atravessando o Central Park. Até mesmo a histórica Maratona de Boston, que havia começado em 1897, ostentava 1.219 finalistas na edição de 1972. Um pouco menos do que os quase 40 mil corredores que vão até a Rua Boylston hoje em dia.

Depois de 2 horas e 12 minutos do disparo da arma, Shorter conquistaria o título esquivo, ganhando o ouro olímpico nos jogos de Munique. A vitória de Shorter foi a faísca que desencadeou a explosão das corridas. Dentro de alguns anos, a corrida se transformaria de algo que uma classe seleta de atletas fazia para um evento de participações em massa. Maratonas e outras corridas de rua brotavam em todas as cidades e grandes corridas explodiram em uma atmosfera como de um festival com dezenas de milhares de participantes.

O sucesso de Shorter e a explosão da corrida trouxeram uma busca pelo entendimento de um esporte que, até aquele momento, havia sido em grande parte deixado nas margens. Depois das Olimpíadas de 1972, uma equipe de cientistas dos sonhos se juntou para desvendar o mistério dos melhores corredores do mundo.[2] A lista de cientistas é um "quem é quem" dos pioneiros no campo da fisiologia do exercício: David Costill, Peter Cavanagh, Kenneth Cooper e outros. Eles sabiam que teriam dificuldades para recrutar os melhores atletas do mundo para serem espetados e analisados, então trouxeram o escritor Kenny Moore, da revista *Sports Illustrated*, para ajudar na tarefa. Moore também havia terminado a maratona da Olimpíada de 1972 em quarto lugar. Ele ajudou a recrutar os melhores corredores dos Estados Unidos para participarem de uma variedade de testes fisiológicos, biomecânicos e psicológicos. Frank Shorter estava lá, assim como o lendário Steve Prefontaine, e alguns outros atletas olímpicos.[3] O trabalho que saiu desse encontro de mentes definiria o entendimento sobre a ciência do esporte por uma geração.

Dois pesquisadores, William Morgan e Michael Pollock, foram encarregados de desmembrar a psicologia dos corredores.[4] Enquanto a massa estava começando a tomar as ruas, o clichê da solidão do corredor de longa distância permanecia. Os corredores eram atletas introvertidos que não se importavam de passar horas tolerando quantidades cada vez maiores de desconforto. Morgan e Pollock se perguntaram o que separava atletas como Shorter, que conseguiam dominar as exigências psicológicas de uma maratona. Eles fizeram uma sopa de letrinhas de questionários aos corredores profissionais: o Inventário de Ansiedade Traço-Estado, o Questionário Modificado de Percepção Somática, a Lista de Adjetivos da Depressão, o Perfil dos Estados de Humor, o Inventário de Personalidade de Eysenck, entre outros. Eles tinham a chance de investigar as mentes dos melhores do mundo e aproveitaram. Estavam procurando por qualquer coisa que separasse esse grupo dos melhores maratonistas de todo o resto.

Depois de todos os questionários, eles finalizaram com uma entrevista de 1 hora de duração projetada para desvendar a motivação e experiências dos atletas durante as corridas. A última pergunta que fizeram foi: "Descreva o que você pensa durante uma corrida de longa distância ou maratona. Que tipo de processo de pensamento ocorre durante uma corrida?" Os pesquisadores, eminentes em suas áreas, criaram hipóteses que esses corredores de nível mundial deviam usar "dissociação de entrada sensorial" — em outras palavras, desconectar, se distraírem, prestar atenção em qualquer coisa que não seja o ato doloroso e tedioso de correr por mais de 2 horas.

Ao contrário da hipótese, os grandes corredores não se afastavam. Eles faziam o oposto: se aproximavam, usando uma estratégia associativa. Os pesquisadores concluíram que os corredores "prestavam muita atenção na entrada corporal, como os sentimentos e sensações que aparecem em seus pés, panturrilhas e coxas, assim como na respiração... O ritmo era controlado em grande parte pela leitura de seus corpos". Por outro lado, os corredores amadores no estudo escolheram dissociar, poucas vezes prestando atenção ao verdadeiro ato da corrida. Alguns lembravam de memórias da infância. Outros "escreviam" cartas para amigos, contavam, focavam na paisagem ou cantavam músicas em suas cabeças. A visão clássica de associação versus dissociação dominou a literatura da psicologia e do desempenho pelas próximas décadas. Ela não se aplicava apenas aos corredores ou até mesmo atletas. Teorias de foco de atenção eram aplicadas em tudo, desde a otimização do aprendizado ao desenvolvimento de autoestima e até mesmo no desempenho na cama. Os especialistas estavam sintonizando e o resto de nós estava desconectando.

Ampliando vs. Reduzindo

Você já esteve tão concentrado, tão focado na tarefa em mãos, que não notou seu cônjuge chamando seu nome ou até mesmo o telefone vibrando e tocando no fundo? Muitas vezes, tentamos criar esse estado de inconsciência contente com o mundo ao redor quando estamos exercendo a profissão ou profundamente envolvidos na escrita. Focamos de modo intencional no que estamos fazendo, negligenciando todo o resto. Outras vezes, esse estado é imposto sobre nós. Quando a pressão ou o estresse estão altos, o mundo foca no que está diante de nós. Quando pilotos de avião realizam um pouso angustiante em meio a ventos cruzados, eles mudam o foco amplo de estarem cientes da variedade de indicadores e instrumentos espalhados pela cabine para a redução, vendo apenas o que está em sua frente. Segundo um estudo, 40% dos pilotos não ouviam um alarme sonoro durante um pouso de mudança de vento.[5] Quando a atenção se estreita, a cognição segue. Nossos olhos param de se mover de um lado para o outro e ficam fixos, encarando pequenos pontos diante de nós. Tudo o que importa no mundo é aquela pequena faixa. Todo o resto é deixado de fora. Os pilotos chamam isso de surdez involuntária. Os cientistas chamam de estreitamento cognitivo.

Existem vantagens em tal resposta. Quando nos estreitamos, estamos redirecionando todo o poder de computação para os poucos processos que importam. É como se, para ajudar o wi-fi lento, desconectamos o celular e tablet para que a chamada de vídeo não trave. O estreitamento também ajuda com a conquista de objetivos. Ele corta todas as outras distrações e deixa o objetivo mais importante no centro das atenções. Quando reduzimos o foco, aumentamos a intensidade motivacional, reforçando que o que está diante de nós é o que devemos buscar. Por um breve momento, a troca pode valer a pena, mas quando permanecemos com o foco reduzido por tempo demais, começamos a perder dicas e sinais. Ficamos presos em um caminho sem poder dar um passo para trás e visualizar uma rota melhor. Quando ficamos com foco reduzido por muito tempo, acidentes aumentam e o desempenho diminui. Não ouvimos os alarmes que sinalizam que há algum problema em outro lugar.

Se os maratonistas estão reduzindo o foco e os pilotos precisam fazer o oposto para evitar desastres, o que fazemos se estivermos à beira de uma discussão com o cônjuge ou de um colapso por conta das exigências do trabalho? Imitamos os pilotos, os corredores ou pegamos um rumo totalmente diferente? Quando você sabe quando reduzir e quando ampliar o foco em uma situação desafiadora que corre risco de sair do controle? Uma nova pesquisa fornece uma resposta.

Como os pilotos saem dessa surdez involuntária, voltam ao normal e prestam atenção nas dezenas de sons, visores e sinais bombardeando seus sistemas sensoriais? Eles fazem o oposto: ampliam o foco. Quando pesquisadores da Universidade de Michigan lembraram aos participantes de maneira estratégica de expandirem a atenção durante um pouso estressante, o desempenho melhorou de forma marcante. Quando ampliamos o alcance cognitivo, é como se tirássemos as vendas e abríssemos o mundo para incluir o perímetro. Ampliar nos impede de ficar preso demais em uma decisão ou ação específica. Também muda como nossa mente funciona.

Imagine que você está olhando uma imagem de um Rottweiler esparramado em um sofá, comendo uma rosquinha, e você tem um minuto para pensar em uma legenda para a foto. Qual é o pássaro mais incomum que pode nomear de cabeça? Pense em quantas funções puder para um tijolo. Essas perguntas bizarras são exemplos de como os cientistas testam a criatividade. Quanto mais incomuns as respostas forem, melhor. Se você só consegue pensar em usar um tijolo para construir uma parede, sua criatividade é muito baixa. E quanto a usar um tijolo para quebrar o vidro do seu carro que estava trancado? Um pouco melhor. Se você respondesse que moeria o tijolo em pedaços minúsculos e criaria um novo estilo de maquiagem a partir disso, a tomada de decisão talvez fosse questionada, mas a criatividade não.

A criatividade é importante para a ampliação de foco porque é o pilar da resolução de problemas, que é essencial para a reconsideração da força. A criatividade expande o mundo, abrindo caminhos potenciais e nos impedindo de ir pela rota padrão muito usada que pode ser fácil de seguir, mas que no final nos leva para mais frustrações. Quer você esteja enfrentando sua vigésima carta de rejeição para aquele livro que merece ser publicado ou tentando manter sua sanidade mental enquanto luta com vinte crianças de cinco anos de idade em uma sala de aula, um pouco de imaginação pode ser a diferença entre desistir e encontrar um caminho a seguir.

Quando pesquisadores fizeram perguntas semelhantes a um grupo de estudantes da Universidade de Maryland, eles não estavam preocupados em classificar quem era criativo e quem era careta. Eles queriam descobrir se podiam estimular a criatividade das pessoas.[6] Para fazer a imaginação dos participantes fluir, eles receberam um mapa do Arkansas — que não é exatamente uma grande inspiração. Os pesquisadores instruíram metade dos participantes a observarem todo o estado. Para a outra metade, eles destacaram uma grande estrela vermelha no centro do mapa, representando a cidade de Little Rock. Essa tarefa simples forçava as pessoas a se concentrarem: reduzir o foco para a cidade ou ampliar o foco para ver o estado inteiro. Foque na árvore ou observe a floresta. Depois, eles receberam um pedaço de papel com um dos enigmas de criatividade citados anteriormente para resolverem.

Os estudantes condicionados à tarefa de atenção ampla produziram respostas mais únicas. Aqueles que focaram na cidade de Little Rock não tiveram tanta sorte. Suas mentes estavam mais próximas dos tijolos que servem como material de construção em vez de maquiagem. Variações desse experimento foram conduzidas usando uma variedade de táticas semelhantes, como focar na folha de uma planta [ou seja, foco reduzido] contra focar na planta como um todo. Independentemente da configuração, os resultados mostravam de forma consistente que quando ampliamos a atenção, a imaginação corre solta e a criatividade flui.

Um foco reduzido não só deixa a imaginação vazia; interpreta um papel maior na ruminação e depressão. Relembre o capítulo sete, em que discutimos como o diálogo interno podia sair de controle e ir em direção a um momento de surto. Nossos pensamentos mudam para o negativo e todo o retorno que recebemos parece validar a experiência. Antes de percebermos, já desistimos de qualquer tarefa que estávamos desempenhando, seja trabalhando no mesmo artigo por 9 horas sem intervalos ou tentando montar a casinha de brinquedo dos filhos usando as ferramentas descartáveis bizarras que vieram com ela. Aquele foco reduzido o impediu de até mesmo considerar outras opções ou ferramentas — e fez você ficar furioso ou esgotado, ou ambos. Um grupo de psicólogos acredita que a ruminação ocorre quando temos um foco de atenção reduzido e inflexível.[7] Tornamo-nos tão focados em um aspecto específico [por exemplo, um comentário que o chefe ou colega fez] que não conseguimos nos libertar daquele pensamento ou sensação. No caso da ruminação, o foco reduzido nos prepara para amplificar os pensamentos negativos e dúvidas que circulam nossas mentes. Logo, somos incapazes de ver ou ouvir qualquer coisa além daquela voz específica. O comentário sarcástico da Suzy sobre a apresentação está em *replay* na nossa mente. Não conseguimos captar ou ouvir qualquer outra informação sensorial que talvez nos diga que nossas dúvidas não têm fundamento. A visão de mundo se reduz ao que está diante de nós, gritando o mais alto que pode. Ou, colocando de outra forma, se nos perguntam para que podemos usar um tijolo, a mente não consegue ir além da sua função na construção de paredes.

A psicóloga Barbara Fredrickson propôs uma estrutura semelhante que funciona para as emoções. A teoria ampliar-e-construir afirma que emoções positivas expandem a cognição e oportunidades para agir.[8] De acordo com Fredrickson, quando vivenciamos emoções positivas, é mais provável que teremos pensamentos inovadores, aceitaremos novos desafios e abraçaremos novas experiências. Por outro lado, emoções negativas tendem a nos fazer reduzir as possibilidades. Emoções negativas restringem os pensamentos e comportamentos. As opções se tornam limitadas quando somos inundados pela raiva. Seja na atenção, cognição ou emoção, o padrão é claro. A ampliação é o melhor caminho, a redução deve ser evitada.

Como fazemos essa informação de ampliação versus redução ter sentido no contexto da pesquisa com Frank Shorter e seus colegas que tendem a usar estratégias associativas, que são reduzidas por natureza? Focando em como nosso braço está balançando, na intensidade da respiração ou na sensação de fadiga nas coxas? E a dissociação, a escolha preferida dos corredores mais lentos, não é semelhante ao foco ampliado? Se o foco reduzido está relacionado aos pensamentos ruminativos e a piora do humor, então como podemos entender o fato de que alguns dos melhores maratonistas da história tinham foco reduzido? Se a informação parece contraditória, é porque é.

Ajustando Seu Estado Mental

Somos bombardeados com informações de dentro do corpo e do mundo externo a cada segundo. Nós esperamos para agir ou agimos antes de

GIRE O BOTÃO PARA NÃO PERDER A RAZÃO

estarmos completamente cientes do que está acontecendo? Quando se trata de entender o mundo e a informação que nos ataca a cada segundo, o cérebro conta com dois tipos de processamentos: *top-down* e *bottom--up*. O primeiro conta com o cérebro agindo de uma maneira previsível, utilizando experiência e expectativa para prever o que ocorrerá. O processamento *top-down* é motivado por contexto. Está presente quando você sente uma onda de pânico e ansiedade tomar conta quando está sentado em silêncio, esperando ser chamado até o palanque para discursar. Você não viu o público ou até mesmo o palco, mas, com base no contexto e experiências anteriores, seu cérebro está se preparando para o que provavelmente está a caminho. Por outro lado, o processamento *bottom-up* é motivado por informações sensoriais. Você capta um sinal que aciona uma reação. Seu cérebro está trabalhando em tempo real, lendo a informação e montando uma resposta.

Esses processos não são mutuamente exclusivos. Não é como se o cérebro só usasse o processamento *top-down* ou só o processamento *bottom-up*. Na maioria das situações, estamos usando uma combinação dos dois. Uma pitada de previsão, um toque de retorno, criando o melhor palpite usando o contexto e absorvendo informação sensorial para direcionar ou corrigir o percurso da previsão. Em 2020, os neurocientistas Noa Herz, Moshe Bar e Shira Baror propuseram que, a qualquer momento, caímos em algum lugar de um contínuo entre os dois extremos de todos os processamentos *top-down* e *bottom-up*.[9] Onde caímos nesse contínuo impacta não somente a percepção, mas também a atenção, os pensamentos, o humor e comportamento. Todos estão conectados a um processamento mais *top-down* ou mais *bottom-up*. Herz e seus colegas nomearam os lados *top-down* e *bottom-up* do espectro: redução e ampliação.

O tipo de processamento é o que junta a percepção, a atenção, o pensamento e o humor. Vá em direção ao lado amplo e passamos a depender de informação sensorial para a percepção, ter atenção global, pensamento amplo, comportamento exploratório e bom humor. Vá em direção ao estado mental reduzido e o foco muda para as árvores em vez da floresta: o pensamento se torna restrito, temos tendência a recorrer a escolhas e ações familiares e o humor azeda. Ficamos onde estamos em vez de explorar.

A beleza da teoria dos estados mentais é que fornece uma estrutura simples fundada em profunda ciência para explicar por que o foco funciona. Ela explica por que preparar a mente para a ampliação nos traz mais criatividade. Não é só mudar a atenção para que a visão capture mais informação. É mudar como o cérebro funciona. Arrastá-lo da função *top-down* reduzida para a *bottom-up* ampla. E à medida que mudamos a proporção do processamento, a atenção, os pensamentos, as ações e o humor são arrastados juntos. Reduza a atenção e os pensamentos e o humor vai atrás. Amplie o pensamento desempenhando uma tarefa que exige pensar de forma holística e o resto segue o exemplo. Em outras palavras, visualizar a floresta em vez de apenas as árvores pode não só ajudar como uma metáfora para a vida, mas também pode mudar seu humor atual.

A teoria também explica por que o antigo modelo de força falha: ele limita nossa trajetória. No antigo modelo, para seguir em frente, precisamos teimar, ter garra, insistir mesmo com dor. Se isso falhar, ficamos limitados a tentar novamente. Passar pela mesma experiência, esperando que de alguma forma o resultado seja diferente. O novo modelo funciona da mesma forma que a teoria dos estados mentais. Consiste em mudar como o cérebro funciona e, por sua vez, como interagimos com os pensamentos, as emoções e os sentimentos que surgem com um desafio. Em vez de tentar novamente, nos abrimos para novas trajetórias. Às vezes ampliando, outras reduzindo.

Refletindo demais? Você tem pensamento reduzido, atenção limitada e resposta comportamental restrita. Atenção, pensamentos e ações se alinham para fechar um ciclo do qual é difícil de sair. Ao longo deste livro, detalhamos experiência em que saímos de controle: refletimos sobre um problema, o mundo se estreita, o humor muda e, se Herz e seus colegas estiverem certos, mudamos de onde estamos para até o extremo do processamento *top-down*. Presos em um *loop* em que a única coisa que podemos prever é o fracasso.

Como saímos desse espiral limitado? Não muito diferente dos pilotos que precisam ampliar as visões para sair da surdez involuntária. Ou da ciência que nos diz para nos afastarmos e pensar na terceira pessoa em vez de na primeira para ampliar a perspectiva e nos desconectar da experiência. Se nos flagramos nos limitando, contra-atacamos ampliando.

Essa teoria ajuda a explicar o conselho de que "o humor segue o ato." Quando estamos nos sentindo tristes ou para baixo, tentar alterar nosso humor raramente funciona. Mas, se em vez de tentar forçar seu humor a mudar, você mudar seu comportamento — saindo da cama e indo caminhar —, muitas vezes se sentirá melhor e mais feliz. Seu comportamento arrastou o humor junto. Rich Roll, um famoso apresentador de *podcast* que lutou contra o vício em drogas e álcool durante seus vinte e trinta anos de idade, me explicou como utiliza esse princípio: "Se estou para baixo ou preso a uma rotina, me forço a mover meu corpo, mesmo que só um pouquinho. Isso ajuda a mudar minha perspectiva e reiniciar meu sistema de operação — e, na maioria das vezes, o sol volta a brilhar."

Não é que ter um estado mental amplo ou reduzido seja melhor ou pior. Uma mente reduzida pode ser benéfica, mantendo-nos focados no que está diante de nós, jogando todas os recursos para prever o que vai acontecer em seguida e nos preparando para lidar com o que vier. O foco reduzido nos permite enxergar os detalhes mais refinados, a manter o objetivo no centro das atenções e a resistir o impulso de forças exteriores tentando nos desviar da trajetória atual. Os momentos em que precisamos estar no extremo do processamento estreito são geralmente muito curtos. Se demoramos, saímos de controle. O foco ampliado nos permite colher mais informações, ver novos padrões e conexões entre ideias diferentes. Permite-nos explorar, mudar rapidamente de direção. Porém, se ficamos presos em um estado mental amplo, reagimos ao ambiente à medida em que ele se apresenta. Passamos muito tempo explorando o mundo ao redor e não tiramos vantagem das informações e das possíveis ações ao nosso dispor. Pessoas com alto desempenho entendem quando ampliar e quando reduzir. E esse era o segredo que Frank Shorter e seus colegas maratonistas descobriram.

Exercícios: Amplo versus *Estreito: Mudando Sua Proporção de Processamento*

O primeiro passo para utilizar qualquer uma das estratégias adiante é decidir se você precisa ampliar ou reduzir o seu foco. Lembre-se, o estresse causa a redução porque é vantajoso por um curto período. O estresse nos prende e nos direciona para focar em apenas um objetivo em vez de explorar outros. Mas você também perde informações fundamentais. E, com o tempo, sua voz interior e mau humor logo saem de controle. Indivíduos com alto desempenho conseguem ter o foco reduzido por mais tempo do que novatos. Eles entendem os benefícios de cravar um objetivo sem o mau humor e a ruminação vindo logo atrás. Trata-se de poder ampliar e reduzir de forma flexível conforme for necessário. Lembre-se que cada estratégia é projetada para levar as outras categorias com ela. Se mudamos a atenção, estamos levando os pensamentos, as ações e o humor conosco.

1. Foco Visual: Modo Retrato *versus* Panorama

Direcione seu foco de atenção, quase encarando um objeto, observando o máximo de detalhes possíveis em uma área pequena. Isso é o modo retrato. Ele prepara sua mente para uma única tarefa, levando você para um estado mental reduzido. Por outro lado, suavizar sua visão até ela quase ficar embaçada e você tentar observar tudo no perímetro é o que eu chamo de modo panorâmico. Você quer ampliar sua atenção. Quando estiver se sentindo sobrecarregado pelo desconforto, tirar um segundo para embaçar sua visão ajuda a não sair de controle.

2. Foco Cognitivo: Estranho *versus* Normal

Isso é o que eu gosto de chamar de pensamento estilo *Jogo das Famílias*. No programa de televisão, eles apresentam um desafio [por exemplo: "Diga algo que sobe e desce"] e, em seguida, você precisa responder o que acha que as pessoas que foram entrevistadas responderiam. No começo, você quer adivinhar as respostas mais comuns, como talvez um elevador. Mas quando chega na última resposta do telão, você precisa começar a adivinhar coisas estranhas que talvez uma ou duas pessoas aleatórias na rua possam ter inventado. Esse é o pensamento amplo vs. estreito. Respostas comuns são limitadas; respostas incomuns são amplas. A primeira opção nos prepara para o foco e a concentração, a última para criatividade e inovação.

3. Foco Físico: O Humor Segue o Ato

Já abordamos essa ideia até agora no livro, mas, para reiterar, um estudo pediu para que os participantes se sentassem em uma cadeira. Eles receberam instruções para se inclinarem para frente e ficassem na ponta do assento, antecipando o que estava por vir, ou encostarem em uma posição confortável totalmente reclinada. Depois de se posicionarem, os participantes receberam a tarefa de categorizar um conjunto de imagens. Aqueles que estavam reclinados na cadeira tinham maior probabilidade de escolher categorias amplas, dando um jeito criativo de fazer, digamos, um veículo e um camelo se encaixarem na mesma categoria. Se estivessem na ponta do assento, escolhiam categorias limitadas. Não somente o humor segue o ato, mas também o pensamento, a percepção e assim por diante. Altere suas ações para ampliar ou reduzir.

4. Foco Temporal: Imagine o Futuro

Quando você está passando por um momento difícil, se pergunte como vai se sentir em seis meses, um ano ou até mesmo dez anos. Imaginar o que o seu eu do futuro pensaria sobre sua atual situação muitas vezes nos lembra que o que quer que estejamos passando é temporário. E que no futuro isso vai ser só um pontinho indistinguível na nossa história de vida.

5. Foco Linguístico

Lembre-se do capítulo sete, que quando mudamos da primeira pessoa para a segunda ou terceira, estamos colocando uma distância entre o que está acontecendo e nossa reação. Isso não se aplica apenas ao diálogo interno, mas escrever usando a segunda ou terceira pessoa também pode nos ajudar a processar as emoções.

6. Foco Ambiental

Para avançar no trabalho, escritores modernos muitas vezes precisam encontrar uma mesa silenciosa escondida em um escritório com poucas distrações e, é claro, o wi-fi desativado. Eles querem reduzir o foco para a tarefa em mãos, então criam um ambiente que permite fazer isso. Por outro lado, pesquisas mostram que sair para caminhar na natureza, ou até mesmo observar imagens de maravilhas naturais inspiradoras, pode estimular a criatividade, reposicionar-nos para que vejamos situações difíceis como desafios em vez de ameaças, e permite que nos recuperemos de forma mais rápida do estresse.[10] A natureza expande a perspectiva. Organize seu ambiente para que tenha a ação e o estado mental que permite seu desempenho.

Reprimir ou Enfrentar: Como Navegar pela Vida e pela Morte

No outono de 2010, Katie Arnold deu à luz sua segunda filha. Três meses depois, ela viu seu pai sucumbir ao câncer. Refletindo sobre essa época difícil, Arnold me contou: "Foi uma tempestade perfeita de luto e pós-parto... Eu estava em um tipo de ansiedade hormonal com tudo virando de cabeça para baixo." Para a editora da revista *Outside*, o tur-

GIRE O BOTÃO PARA NÃO PERDER A RAZÃO

bilhão da vida dando e tirando causou uma cascata de emoções. "Amor, medo, raiva, arrependimento, decepção, ternura, vergonha, surpresa, angústia e até mesmo espanto. O luto é todas essas coisas e mais, é uma bola de emoções grande e confusa. Está além de qualquer categoria, é tão insondável quanto o desejo, tão luminoso quanto a alegria. Vai partir o seu coração e preenchê-lo novamente", Arnold escreveu em sua autobiografia, *Running Home* [sem tradução até o momento].[11] A ansiedade era imobilizadora e devastadora. Para Arnold, o luto não era apenas uma emoção, havia algo físico nele. Ela explicou: "Eu sabia que o luto era um estado emocional, mas eu não sabia que era físico. Meu luto manifestou-se como dor em meu corpo — dores nas minhas articulações, um peso sobre mim — e fiquei com medo de que fosse um sinal de que havia algo errado comigo fisicamente... tive uma convicção ou certeza de que eu também estava morrendo." Qualquer dor saltava direto de um leve desconforto para um pavor que, o que ela estivesse sentindo no cotovelo, estômago ou joelho, poderia ser câncer. Isso continuou por um ano e meio.

Existem poucas experiências tão universais quanto lidar com a confusão de emoções que vem com a morte e descobrir um jeito de superá-la. Sem o conhecimento de Arnold na época, sua experiência de luto como algo físico e ela assumindo a dor do ente querido que perdeu são relativamente comuns quando passamos pelo luto. Arnold estava em perda. "Eu não conseguia me libertar disso. As pessoas não conseguiam me tranquilizar que não era verdade... Eu tentei diferentes recuperações e terapias, algumas ajudaram um pouco, outras não, mas o que realmente funcionou para mim foi a corrida. Mover-me com meus próprios pés pela natureza", relatou ela. Ficar sozinha em sua mente era "o único momento em que conseguia ultrapassar meus pensamentos de medo. No começo de cada corrida, minha ansiedade estava muito alta, mas, à medida que corria, aquela repetição rítmica me embalava em uma meditação móvel em que os pensamentos iam embora. E uma percepção de que o corpo estava forte. O corpo tem a sabedoria, ele estava enviando uma mensagem: "Na verdade, você está saudável, Katie.""

A corrida tornou-se sua salvação, o momento de silenciar sua mente, o medo e a ruminação que vinham juntos. Não havia competitividade, como ela me disse: "Era um lugar meditativo, livre de pensamentos, em que minha imaginação não ficava caótica." O exercício para clarear a mente logo levou a corredora recreativa ao topo do mundo de *ultra-endurance*, no qual ela liderou o campo feminino da prestigiosa ultramaratona de Leadville, em 2018.

Uma das piores coisas que qualquer pessoa pode vivenciar é a perda dos pais, cônjuge ou filho. O luto pode ser esmagador, levando-nos à depressão e ao desespero. Quando a morte de um ente querido ocorre, ficamos com uma ferida aberta em nossas vidas e uma confusão de emoções que não conseguimos entender. Alguns de nós reprimem os sentimentos ou se distraem entrando de cabeça no trabalho para anestesiar a dor. Outros escolhem lidar com o luto, falando com um amigo ou com um terapeuta sobre o que estão sentindo. Administrar o luto muitas vezes parece a própria ultramaratona interna. Além da questão de usar o foco reduzido ou amplo como uma estratégia de enfrentamento, como lidamos e regulamos as emoções, sejam elas vindas do luto, da tristeza ou até mesmo do medo? Ignoramos, seguimos em frente e as aceitamos ou somos vítimas delas?

Há muitas maneiras diferentes de regular as emoções. De maneira ampla, podemos categorizá-las com base no fato de dependerem principalmente da atenção ou da cognição. Estratégias de atenção direcionam o foco para a emoção ou para longe dela. Conseguimos nos concentrar em um item, colocando-o em um holofote que amplia as sensações ao redor dele. Ou podemos nos distrair, preenchendo a memória de trabalho com outra coisa para lidar, impedindo que aquele sentimento de raiva tenha tempo para crescer. Focamos nos filhos ou nos trabalhos, para impedir que a mente volte para a perda. Distração e concentração são estratégias de baixo custo, exigindo apenas um tiquinho de esforço cognitivo — uma simples mudança de onde iluminamos o holofote. Não estamos tentando fazer nada com a verdadeira experiência.

GIRE O BOTÃO PARA NÃO PERDER A RAZÃO

Estratégias cognitivas são mais complexas, utilizando controle cognitivo para reprimir, separar ou reavaliar a emoção. Em vez de contar apenas com o direcionamento de foco, as estratégias cognitivas consistem em se envolver de forma ativa com a emoção. A repressão depende do enfraquecimento do sentimento ou sensação, enquanto a reavaliação consiste em reformular a experiência em algo que você pode lidar.

Se os psicólogos pudessem decifrar o código de quais estratégias nos permitiriam lidar com a tristeza, por exemplo, os benefícios para a humanidade seriam enormes. Como prescrever um exercício de reabilitação para curar aquela antiga dor no joelho, poderíamos prescrever diferentes estratégias de enfrentamento para lidar com o turbilhão emocional em nossas vidas. À medida que as pesquisas avançaram no final do século XX, os cientistas chegaram a rotular estratégias como a de concentração que leva à ruminação como mal-adaptáveis, enquanto outras, como a reavaliação, eram vistas como adaptáveis. E as pesquisas confirmaram. Quando indivíduos se concentravam por tempo demais nos pensamentos, as emoções saíam de controle. Como uma estratégia para lidar com a tristeza ou o luto, a ruminação falhava repetidamente. A reavaliação tinha o efeito oposto, ajudando a mudar a experiência dos indivíduos de negativa para positiva. Transformar a ansiedade em animação, ou a decepção em uma oportunidade de crescimento, parecia ajudar as pessoas a lidar com o fracasso ou com o luto de uma maneira produtiva. Algumas estratégias ajudaram e outras dificultaram.

Mas como muitos aspectos da vida, conforme nos aprofundamos mais, a narrativa direta desaparece. Começando em 2010, se tornou aparente que a dicotomia boa-e-ruim se desfez em nível individual. Não era tão simples quanto sentir raiva e, em seguida, tentar nos distrair. A regulação emocional exigia mais nuance. Em um estudo de 2011, intitulado *"Emotion-Regulation Choice"*, uma equipe de cientistas liderada por Gal Sheppes e James Gross em Stanford sinalizou uma necessidade de correção de percurso. Eles declararam: "Estes estudos avançaram o campo da regulação emocional em grande forma. No entanto, uma nova geração de estudos passou a duvidar do rótulo mal-adaptável/adaptável incondicional dado para diferentes estratégias."[12] Depois que o alarme foi disparado, uma série de estudos validaram o que Gross e seus colegas sugeriram: bom e ruim era simples demais. Tudo funcionava — e falhava. Cada estratégia tinha benefícios e vinham com um custo.

Pegue, por exemplo, a principal estratégia mal-adaptável da ruminação. É fácil entender por que deixar seus pensamentos saírem de controle impede a regulação emocional. Afinal, a ruminação tem um relacionamento próximo com a ansiedade e depressão. Mas pesquisadores descobriram que ela ajuda quando temos que manter o foco em um objetivo específico.[13] Se a mente e os pensamentos ficam presos em um objetivo importante e benéfico, a ruminação nos impede de nos distanciar. A suposta ruminação premeditada nos leva a cometer menos erros quando desempenhamos tarefas com foco específico e realmente facilita o crescimento pós-traumático depois de uma experiência angustiante.[14] Em tarefas que exigem alternar entre diferentes objetivos, isso falha em grande parte.

Outra estratégia que *normalmente* torna as coisas piores é a repressão. O que acontece de forma inevitável é que quando resistimos, o motivo de ira volta com uma vingança. No entanto, pesquisadores descobriram que a repressão funciona bem quando a situação é particularmente extrema.[15] Por exemplo, reprimir emoções negativas depois do falecimento de um cônjuge ajuda a reduzir o luto a longo prazo. Compartimentar é uma forma de repressão que muitos usam no cotidiano. Notamos uma sensação de estresse, mas o deixamos de lado no cantinho da mente até termos os recursos para lidar com ele. Essa última parte é a chave. A repressão é uma solução de curto prazo. Eventualmente, temos que lidar com a experiência.

Até mesmo a reavaliação, uma estratégia que uma metanálise de quase duzentos estudos mostrou que era a mais efetiva das estratégias de enfrentamento, falha em algumas partes. Quando lidamos com situações emocionais intensas, a capacidade de focar e reinterpretar o que uma emoção significa hesitar. Quando comparada com estratégias como a distração, a reavaliação exige uma transferência de dados cognitivos maior. Em vez de direcionar sua atenção para outro lugar, é necessário focar em um item sem ser dominado por sentimentos ou pensamentos e, em seguida, dedicar uma grande parte dos seus recursos mentais para alterar sua visão inicial. Tudo isso sob uma carga pesada de estresse ou fadiga. Reavaliar a ansiedade como animação é fácil quando o sentimento vem do nervosismo de vender biscoitos para estranhos; é muito mais difícil quando essa venda acontece em uma sala de reuniões cheia de investidores e o futuro da sua empresa está em jogo. Até mesmo as melhores estratégias falham quando não temos a capacidade de usá-las ou de lidar com elas.

Se tudo funciona — e não funciona — como entendemos e aplicamos toda essa informação quando enfrentarmos alguma dificuldade? Pesquisas sobre luto fornecem uma resposta. Em um estudo, psicólogos buscaram entender por que algumas pessoas conseguiam lidar com a perda de um ente querido de forma sensata e por que o luto afunda outros para um longo período de aflição. Para entender o que estava acontecendo, eles pegaram 40 indivíduos que haviam perdido um cônjuge nos últimos 3 anos e os fizeram ser avaliados por vários psicólogos clínicos. Os participantes foram classificados como os que estavam lidando com a perda de forma bem-sucedida ou os que estavam passando por um luto complicado: uma experiência de solidão prolongada, dificuldade em aceitar o que havia ocorrido ou um sentimento de insignificância da vida. Depois de classificados, os dois grupos foram submetidos ao que é chamado de uma tarefa de flexibilidade expressiva. Os participantes recebiam várias imagens projetadas para provocar uma variedade de emoções positivas e negativas. À medida que imagens de cachorrinhos fofinhos, do World Trade Center desabando ou fezes espalhadas por um vaso sanitário apareciam em suas telas, os participantes deveriam intensificar, reprimir ou não fazer nada com a emoção que a imagem provocou. Quanto melhor fossem capazes de aumentar ou diminuir o volume da emoção, melhor sua flexibilidade expressiva.

Sem surpresas, aqueles que passaram por um luto complicado tiveram a pontuação mais baixa na flexibilidade expressiva. Quando se tratava de regular ou ajustar as emoções, eles travavam. Eram incapazes de ajustar o volume interno. Os que lidaram bem com o luto, por outro lado, tiveram controle sobre a experiência.[16] Eles conseguiram intensificar ou reprimir as emoções, independentemente do que estava sendo apresentado. A flexibilidade de enfrentamento permite a adaptação à adversidade em uma direção positiva a longo prazo.

As pessoas com alto desempenho tendem a ter uma capacidade de enfrentamento flexível e adaptável. Elas podem alternar entre diferentes estratégias, dependendo das demandas da situação. Os melhores maratonistas têm essa capacidade, assim como os indivíduos mais resilientes que superam o luto e o trauma. O enfrentamento flexível está ligado a tudo, desde o tratamento de trauma até estudantes universitários se ajustando à vida por conta própria e à saudade de casa.[17] Sheppes e Gross ofereceram o seguinte resumo: "A adaptação saudável é o resultado da escolha flexível entre estratégias de regulação para se adaptar às diferentes demandas situacionais."[18] Não é que a distração, repressão, reavaliação, o afastamento ou alternar para uma visão de mundo mais ampla ou mais reduzida seja bom ou ruim. Tudo isso funciona — e não funciona.

▶▶▶▶▶▶ MÁXIMA DA FORÇA ▶▶▶▶▶▶

As pessoas com alto desempenho tendem a ter uma capacidade de enfrentamento flexível e adaptável. Elas podem alternar entre diferentes estratégias, dependendo das demandas da situação.

Flexíveis e Adaptáveis

Em 2017, conduzi um estudo informal comparando para onde as mentes de um grupo de atletas universitários e profissionais iam durante o desconforto. Em uma série de treinos e competições cansativas, os atletas completaram um questionário sobre para onde direcionavam suas atenções. Ao contrário da pesquisa inicial, os melhores atletas não estavam contando com a associação e os que tinham um desempenho mais baixo não contavam com a dissociação. Todos estavam usando as duas estratégias, apenas em graus diferentes e em momentos diferentes.

Os melhores atletas relataram sintonizar seus corpos em momentos cruciais, reconhecendo o terreno de como estavam se sentindo. Em outros momentos, eles relataram tentar "entrar em transe". Eles até deram um nome para a estratégia depois que foi utilizada como sucesso: desligar o cérebro. Um atleta descreveu a experiência da seguinte maneira: "Eu tentei desligar o meu cérebro, focar no oponente diante de mim, entrar no piloto automático por um tempo, apenas deixando meu corpo fazer o que sabia fazer. Até a corrida ficar mais difícil e eu ter que sair de transe. Era como se eu estivesse guardando minha energia até realmente precisar usar pra valer."

Eles não estavam usando apenas uma estratégia, estavam alternando o foco em momentos diferentes em resposta às exigências do evento. Sentindo fadiga e uma incerteza crescente sobre conseguir chegar até o fim? Vire a chave e concentre-se. Aqueles ao seu redor estão começando a fazer movimentos táticos? Alterne a atenção para o ambiente e para os oponentes. À medida que questionei os atletas, os que tinham maior desempenho estavam direcionando a atenção para ajudar a lidar com as exigências da corrida, e as estratégias eram vastas e complexas. Não era tão simples como associar ou dissociar. E pesquisas recentes confirmam minhas observações.

Desde o estudo seminal de Pollock e Morgan em 1975, uma imagem mais clara surgiu. Nas provas para as olimpíadas de 1988, John Silva e Mark Appelbaum entrevistaram 32 dos melhores maratonistas dos Estados Unidos e descobriram que, embora a associação fosse a estratégia dominante, a dissociação também estava sendo usada.[19] Os maratonistas relataram estarem "no fluxo", alternando entre as estratégias. Silva e Appelbaum concluíram que os maratonistas usavam o que eles chamavam de uma estratégia flexível adaptável. Agora podemos entender por completo a abordagem de Frank Shorter e seus colegas para dominar o desconforto da maratona.

Os melhores corredores obtêm essa flexibilidade ao desenvolver a capacidade de utilizar estratégias sob estresse e fadiga. O motivo pelo qual maratonistas novatos optam pela dissociação é que ficam rapidamente sobrecarregados quando a intensidade da experiência aumenta demais. Eles não têm a capacidade de usar estratégias que exigem uma quantidade maior de esforço cognitivo ou que possam amplificar a experiência a curto prazo. Seus recursos são direcionados à sobrevivência. Quando a intensidade emocional aumenta demais, optamos pelo caminho mais fácil: a distração. É uma solução de baixo custo que nos permite administrar algo a curto prazo.

Por outro lado, durante períodos de dor, fadiga e sofrimento [ou seja, alta intensidade emocional], os melhores corredores ainda podem usar estratégias que exigem o direcionamento da atenção para a experiência. Eles podem focar para dentro de um sentimento, pensamento ou sensação sem se sobrecarregar. A capacidade de se concentrar quando sua mente está gritando para desviar a atenção para outro lugar, permite extrair mais informação, e potencialmente reavaliar o que estão vivenciando. Sem a capacidade de foco, a reavaliação não pode ocorrer. Os melhores corredores não apenas escolhem associar mais do que os novatos. Eles têm as capacidades para tal. Durante anos de treinamento, eles aprenderam a usar as estratégias de regulação que demandam mais recursos e esforço, até mesmo durante os momentos mais exigentes.

GIRE O BOTÃO PARA NÃO PERDER A RAZÃO

Essa habilidade específica não está reservada para os corredores mais fortes entre nós. É um padrão que todos vivenciamos. Como qualquer mãe ou pai pode atestar, crianças e bebês são propensos a crises emocionais repletas de choro, birras e pirraças. Eles são especialistas em gerar emoções fortes, mas são novatos na regulação. O conjunto de habilidades tem forte tendência de produção emocional. E dá para perceber. Parte do desenvolvimento e da superação dos terríveis 2 anos de idade para os anos escolares é empurrar a gangorra em favor da regulação emocional.

Ao monitorar como as crianças desenvolvem a capacidade de regular emoções, estratégias iniciais surgem primeiro.[20] Bebês a partir dos 6 meses de idade começam a mostrar sinais de regulação de atenção. Eles desviam o olhar de objetos que os causam angústia. Ao completarem 2 anos de idade, a distração parece ser a estratégia de enfrentamento escolhida. Crianças de 2 anos de idade são capazes de prestar atenção em outros objetos ou pessoas para lidar com o desconforto emocional. A reavaliação e outras estratégias cognitivas não são desenvolvidas até muito mais tarde. Em dois estudos diferentes, pesquisadores mediram a atividade elétrica do cérebro para ver se as crianças podiam reavaliar de forma bem-sucedida um estímulo emocional. Quando somos capazes de reavaliar uma emoção negativa e torná-la positiva, há uma redução no potencial positivo tardio [LPP], um sinal neural que reflete o quanto de atenção estamos dando para uma emoção. Quando os pesquisadores estudaram crianças entre 5 e 7 anos de idade, não houve mudança no sinal elétrico, indicando que elas não foram capazes de reavaliar o medo e a ansiedade. No entanto, em um estudo com crianças de 8 a 12 anos de idade, os pesquisadores encontraram uma mudança no LPP, indicando uma reavaliação bem-sucedida. O ponto não é se as crianças aprendem a reavaliar aos 6 ou 8 anos de idade. É que estratégias cognitivas como a reavaliação demoram para se desenvolver. São habilidades. De muitas formas, os maratonistas novatos são como as crianças capazes de distração, enquanto os corredores mais velhos têm a capacidade completa de usar estratégias cognitivamente mais exigentes e complexas.

Em um período, todos fomos a criança que ia da irritação para o desespero, enquanto lutávamos para regular o turbilhão interno. A jornada em busca de verdadeira força é quase o mesmo. Começamos com apenas uma solução: dê duro, ignore a maior parte do que está acontecendo lá dentro. Talvez nos ajude a superar dificuldades menores, mas eventualmente falha. Temos que adotar um modo de navegar pelos sentimentos, emoções e pensamentos complexos que surgem sempre que enfrentamos um desafio. Com o tempo, ganhamos a capacidade de prestar atenção ao mundo interno, de navegar pela experiência sem surtar e, no final, de tomar decisões melhores. Como adultos, todos temos a maquinaria e a capacidade de desenvolver essa habilidade.

A Capacidade de Lidar

Imagine por um segundo que você está com alguns amigos no topo de uma colina coberta por neve. Um dos seus amigos decide que seria uma boa ideia fazer uma bola de neve redonda e empurrar lá de cima. Depois de um toque gentil, a bola de neve começa a pegar força e tamanho. À medida que desce a ladeira, ela fica cada vez maior e cada vez mais rápida. Você olha para o sopé e uma família está sentada lá, alheia à bola de neve, agora gigante, que está disparando em direção a eles. O que foi que você fez? Quando você nota a família, a bola de neve ganhou tanta força que é quase impossível pará-la. Você não pode ficar no caminho dela e não pode redirecioná-la. Bem-vindo a um surto completo.

Podemos pensar no processo de resistência como a bola de neve na colina. As emoções, os pensamentos e sentimentos funcionam da mesma maneira, ganhando força à medida que caminhamos da sensação inicial para a ação. Se você já se encontrou ruminando sobre uma discussão, repetindo-a diversas vezes em sua mente, você é familiarizado com o poder de ganhar força dos sentimentos, das emoções e dos pensamentos. De acordo com o modelo de processamento das emoções, elas ganham força à medida que passam por ciclos de atenção, avaliação e resposta.

Nós começamos com um sentimento pequeno e simples, mas à medida que causa alvoroço na mente, que nos afastamos mais e mais dos recursos de atenção, que tentamos reagir ao desconforto, ele ganha poder. Empurramos a bola de neve de cima da colina. Esse ciclo se repete até que a emoção seja extinta, redirecionada ou dominada.

Sempre que enfrentamos uma situação que requer força, estamos tentando parar a bola de neve descendo a colina. Se a única esperança de parar a bola de neve é ficar no caminho, colocar as mãos para cima e gritar: "Pode vir!", as chances de tudo terminar bem são poucas. Isso é a força antiga. Uma solução simplória para uma situação difícil. A verdadeira força consiste em ter uma infinidade de opções potenciais. Muitas irão falhar, mas as chances de que encontraremos uma forma de parar ou diminuir os danos da bola de neve descontrolada são maiores.

Podemos intervir cedo, parando a bola de neve antes mesmo de ela começar a rolar. Ou podemos desacelerar o impulso, certificando-nos de que só foi empurrada de leve. Isso se assemelha a usar a distração, uma estratégia de baixo custo que funciona bem no início, antes de algo ganhar muita força. Mas e se você não conseguir pegar a bola de neve antes de ela ganhar velocidade? É quando estratégias cognitivas como a reavaliação entram na jogada. Em vez de tentar parar a bola de neve, você está tentando levá-la por outro caminho.

Ser forte é estar naquela colina, reconhecer o perigo e descobrir como impedir aquela bola de neve de ganhar velocidade e desabar na família que está no sopé. Se pudermos tirar seu poder ao diminuir seu impulso e, se tivermos a capacidade e flexibilidade de usar uma de várias opções a qualquer momento da jornada, então as chances de intervir com sucesso são maiores.

Quando se trata de desenvolver força, o papel das estratégias de enfrentamento é claro. A capacidade de ser forte depende das emoções e dos pensamentos que nos puxam ou empurram em direção a uma decisão ou comportamento. Estratégias de enfrentamento agem para amplificar ou reduzir os efeitos desses pensamentos, sentimentos e emoções. Podemos usar técnicas simples, como direcionar a atenção, ou complexas que envolvem a cognição, como a reavaliação. Para onde direcionamos o foco e cognição pode nos levar a um surto ou nos capacitar para superar o que quer que estejamos enfrentando.

O antigo modelo de força — ignorar e reprimir — levou-nos a uma seleção limitada de estratégias. Fomos ensinados que sentir dúvidas e medos era sinal de fraqueza, que não deveríamos ouvir as sensações de dor e fadiga que estavam gritando conosco. No modelo antigo, a melhor maneira de superar essa confusão de pensamentos, emoções e sentimentos era forçar caminho até a linha de chegada. Essa abordagem no final sai pela culatra.

Felizmente, as pesquisas e práticas modernas nos ensinam outra lição: desenvolva um arsenal de estratégias para que, quando a adversidade surgir, você tenha a ferramenta certa para o trabalho. Seja adaptável em vez de rígido e estoico. Quando se trata de usar estratégias de enfrentamento, a ciência aponta dois atributos-chave que precisamos desenvolver:

▸ Flexibilidade de usar diferentes estratégias.

▸ Capacidade de poder utilizá-las.

Quando se trata de tomar decisões difíceis, precisamos praticar diferentes estratégias: foco ampliado e reduzido, distração e associação, e outros. Os rótulos e categorias não importam tanto quanto a capacidade de usá-los. Somente aplicando diferentes estratégias em uma variedade de situações é que descobrimos o que funciona. E, às vezes, sua maneira testada-e-aprovada de lidar com um pensamento ou emoção simplesmente não vai funcionar. Como o corredor em nível mundial Brian Barraza me disse: "Você passa por diferentes estratégias, vendo o que funciona e descartando o que não funciona. Com o tempo, você aprende que certas estratégias funcionam melhor em certas corridas ou situações. Mas, se construir um arsenal, você terá duas ou três estratégias

GIRE O BOTÃO PARA NÃO PERDER A RAZÃO

diferentes para cada momento de uma corrida." Prática e experiência ensinam o que funciona e quando.

O Outro Estado do Melhor Desempenho

"Isso nem foi difícil!", exclamou um atleta depois de alcançar seu recorde pessoal. Aprofundando-se ainda mais na experiência, o atleta descreveu como pareceu mágica. "Eu estava em transe. Tudo estava dando certo. Era como se estivesse me assistindo... Eu nem estava pensando na corrida. Só entrei no ritmo e deixei meu corpo trabalhar. Eu estava no piloto automático."

Quando nos apresentamos no campo, no palco ou em uma sala de reuniões, muitas vezes esperamos que isso seja difícil. Uma corrida não deveria doer. Um discurso não deveria ser estressante. Mas, de vez em quando, temos uma experiência surreal em que tudo se junta, e o difícil se torna rotina. O renomado psicólogo Mihaly Csikszentmihalyi deu um nome para essa experiência rara, porém bem-vinda: *flow*. De acordo com Csikszentmihalyi, o *flow* é um estado em que "o ego fica longe. O tempo voa. Cada ação, movimento e pensamento acompanha o anterior de maneira inevitável, como tocar jazz. Todo o seu ser está envolvido e você está usando suas habilidades ao máximo."[21] Embora o conceito um tanto misterioso do *flow* seja difícil de explicar, qualquer pessoa que já o vivenciou sabe exatamente como é.

Uma vez vivenciado, o estado do *flow* se torna uma droga, algo que os indivíduos buscam. Artigos e livros foram escritos sobre equipar seu ambiente e estado mental para aumentar suas chances de entrar nesse estado pomposo. O autor Steven Kotler fundou o Flow Genome Project para descobrir como desvendar os segredos do *flow* e nos ajudar a ter um melhor desempenho ao entrar no estado com mais frequência. Durante as últimas décadas, a psicologia esportiva focou em como ajudar os indi-

231

víduos a entrarem no estado do *flow*. Era o segredo para o bom desempenho. Entre nesse estado mais vezes e terá ótimos desempenhos.

Depois de um desempenho incrível, os indivíduos ocasionalmente relatam o exato oposto da experiência fácil e mágica do *flow*: "Foi a coisa mais difícil que já fiz na minha vida. Foi pesado o tempo todo. De alguma forma, eu consegui." Uma competição em que cada passo requer um esforço enorme, em que a dúvida, a dor e a fadiga estavam em seu maior nível, e nada parecia acontecer de maneira fácil. Porém, eles encontraram um caminho por meio da dificuldade e saíram recompensados com uma vitória ou um recorde pessoal. Quando se trata de ter um desempenho no máximo da capacidade, muitas vezes pensamos que só há um caminho. De forma tradicional, a rota tem sido por meio do *flow*. Mas o que a experiência dos melhores atletas — e da psicologia mais recente — mostra é que há mais de um caminho para o topo.

Quando Christian Swann e seus colegas entrevistaram atletas de diferentes esportes sobre suas experiências depois de uma grande vitória ou recorde pessoal, eles identificaram dois estados distintos que levaram ao melhor desempenho. O primeiro eles descreveram como "deixando acontecer", uma experiência que corresponde ao conceito do *flow*. Era fácil e prazeroso. O outro estado era muito mais difícil, descrito como difícil e intenso. Esse estado de desempenho ocorreu durante uma parte importante do jogo, quando a pressão estava alta e o resultado estava por um fio. Os atletas conseguiram melhorar o desempenho não entrando no piloto automático, mas reduzindo o foco, intencionalmente aumentando seu esforço e fazendo acontecer. Os atletas estavam vivenciando um estado de *clutch*.

Dois estados psicológicos diferentes. Um fácil, outro muito difícil. Um que aconteceu naturalmente, outro que aparentemente eles precisaram forçar. Ambos trazendo o maior desempenho. Quando os cientistas buscaram desvendar esses dois estados que levaram até desempenhos igualmente impressionantes, poucas diferenças surgiram. Embora ambos os estados compartilhem um sentimento de motivação aprimorada, controle perceptível, absorção e confiança, eles se separavam quando se tratava de três componentes-chave: atenção, estímulo e esforço. Os estados de *flow* continham atenção sem esforço, estímulo otimizado e uma experiência automática/sem esforço, enquanto os estados de *clutch* continham foco completo e intencional, consciência e estímulo aumentados e um esforço intenso.

Embora Csikszentmihalyi tenha enfatizado o papel do foco completo em sua definição original do *flow*, não é o foco intencional que pensamos. Um jogador de basquete descreveu a experiência como "apenas muito focado sem estar focado... Você está sintonizado sem ter que focar, sem ter que dizer a si mesmo para focar". Em uma revisão, os pesquisadores declararam: "A concentração prolongada e sem esforço da atenção é a característica principal da experiência do *flow*."[22] A atenção não é apenas um descritor, mas também uma maneira de facilitar ou manter a experiência. Em outro estudo, Swann e seus colegas descobriram que os melhores atletas relataram usar distrações, como o devaneio ou deixar a mente vagar pela paisagem ao redor, como uma tática para ficar no estado de *flow*.[23] De maneira semelhante, golfistas que relataram estar em transe direcionaram o foco para longe do jogo de forma intencional, conversando com o *caddie* para que não se atrapalhasse.

Por outro lado, para vivenciar um estado de *clutch*, os atletas relatam reduzir o foco em vez de ampliar ou utilizar distrações. Eles mudam os objetivos de serem indeterminados ["eu quero ganhar"] para algo fixo e específico ["preciso marcar cinco pontos no próximo minuto"]. Eles aumentam o foco para amplificar o estímulo, concentrando-se no sentimento de nervosismo para evitar serem complacentes. Ou dão atenção para a dor para que possam fazer uma rápida avaliação do que ainda resta no tanque e como podem usar. Redução, focados. Um uso intencional de atenção para fazê-los passar por um momento difícil. Porém isso não era tudo. Os atletas vivenciando estados de *clutch* relataram mais uma diferença. Eles precisavam tomar uma decisão de forma ativa.

"Houve um sentimento definitivo de virada de chave e "certo, ok, as coisas estão ficando um tanto sérias por aqui..." Um sentimento de necessidade de agir", um explorador polar relatou a Swann e seus colegas quando eles estavam investigando sobre os estados de *clutch*. Esses estados não apareciam do nada. Os atletas não tropeçavam neles. Com os estados de *clutch*, havia uma decisão consciente de aumentar o esforço e a intensidade. Eles precisavam apertar o botão. Como eles faziam isso variava, mas quando estavam na parte mais difícil da performance, eles descobriam como *escolher* aumentar seus esforços. *Clutch* exigia escolha, *flow* exigia experiência.

Dois estados diferentes. Ambos resultando nos melhores desempenhos. Um requer garra, o outro, graça. Um tolerante, o outro uma decisão consciente. De muitas formas, o paradigma entre *clutch* e *flow* reflete a força. Temos tendência em pensar nela como um método singular: force, persista. Mas, como já percebemos, é uma falsa constrição. Ser forte significa conseguir escolher a estratégia certa, considerando suas habilidades e a situação. Como conciliamos o impulso por equanimidade e a flexibilidade para reprimir, ignorar, aceitar ou redirecionar conforme necessário?

Discutindo sobre superação da adversidade em seu livro *Transcend: The New Science of Self-Actualization* [sem tradução até o momento], o psicólogo Scott Barry Kaufman declarou que a chave é "ter equanimidade como seu padrão, mas manter a capacidade de defesa, de luta, e ter uma postura determinada."[24] A equanimidade consiste em criar o espaço para ser capaz de responder. E, às vezes, isso significa escolher girar o botão.

O QUARTO PILAR DA FORÇA

SUPERE O DESCONFORTO

CAPÍTULO 10

Construa a Base para Fazer Coisas Difíceis

"Não fale com eles. São seus oponentes, seus inimigos", a treinadora ordenou de maneira firme na viagem até o estádio. Isso deixou Julie, uma universitária caloura e novata em sua primeira competição, confusa. Afinal, poucos meses antes, durante o ensino médio, ela considerava amigos muitas pessoas dos times opostos. Ela competiu contra alguns durante a escola e compartilhou refeições, conversas antes dos jogos e até mesmo longas viagens de ônibus. Outros até se tornaram parceiros de treinos. E eles formaram um pequeno grupo para se exercitarem fora da temporada, quando os treinos escolares não eram permitidos. Agora, do nada, eles eram inimigos? Os veteranos da equipe pareciam seguir as instruções, ignorando todos, exceto seus companheiros de time em dia de corrida. Julie se sentiu horrível, mas concordou.

À medida que a temporada progredia, Julie notou alguns comportamentos peculiares da treinadora. Ela enchia alguns atletas de elogios enquanto aparentemente ignorava outros. Em um momento, Julie se viu de castigo, desesperada por algum retorno positivo e disposta a fazer qualquer coisa que a treinadora pedisse durante o treino para receber algum. A treinadora parecia até mesmo colocar alguns membros da equipe uns contra os outros. Em primeiro lugar, havia a lista presa na porta da sala dela, que classificava todos no time de melhor para pior, não com base em uma métrica objetiva, mas em quem era o favorito dela naquele momento.

Em segundo lugar, havia comentários maldosos e invasões de privacidade. As declarações sarcásticas sobre o peso de Julie e as perguntas sobre sua vida pessoal. "Sexo faz você ganhar peso", comentou a treinadora em um instante. Algo estranho para uma pessoa de vinte e poucos de idade anos ouvir de alguém na casa dos cinquenta. Relembrando, Julie quase ri quando descreve tudo isso. "É tão estranho e absurdo que é quase cômico."

Porém, naquela época, parecia normal. Existia essa figura de autoridade que havia ganhado campeonatos. Todos entravam na linha. Eles acreditaram que esse era o caminho para alcançar seus objetivos — que todos do lado de fora queriam suas cabeças e que as únicas pessoas confiáveis estavam em seu círculo interno. Ou, como a treinadora uma vez disse a eles: "Somos nós contra o mundo." Enquanto Julie reflete sobre sua experiência atlética universitária, ela pausa por um momento antes de murmurar: "Era quase como se estivéssemos em uma seita."

De uma forma estranha, uma seita e uma equipe têm algumas semelhanças assustadoras. Em ambas, você está pedindo uma adesão quase completa a uma missão. Você sacrifica os desejos ou as necessidades individuais por aqueles que fazem parte do grupo. E, muitas vezes, você desenvolve uma dinâmica de grupo interno versus externo, acreditando que sua equipe é melhor do que todos os oponentes. Que a maneira como você pratica, treina e se prepara é superior a de todos os outros.

Uma diferença crucial reside em como a adesão é determinada. Em um ambiente como o de uma seita, o medo e o controle predominam. E isso pode ser completamente abusivo. De acordo com pesquisas, existem quatro elementos-chave que líderes controladores utilizam para criar indivíduos dependentes:[1]

CONSTRUA A BASE PARA FAZER COISAS DIFÍCEIS

▸▸ Uso controlador de recompensas.

▸▸ Consideração condicional negativa.

▸▸ Intimidação e isolamento.

▸▸ Controle pessoal excessivo.

Quando se trata de desempenho de alto nível, acostumamo-nos a justificar comportamentos que seriam inapropriados no cotidiano como necessários para "fortalecer" indivíduos. Como já descrevi, no esporte, essa visão prevalece com frequência, mas ela também aparece no mundo dos negócios. Nós exaltamos a genialidade de Steve Jobs e ignoramos seu estilo de liderança severa que incluía terríveis acessos de raiva, demissões imprudentes e como ele ferrava seus parceiros de negócios, amigos e até mesmo sua família. Como a primeira frase, um artigo da *Forbes* coloca de forma tão sucinta: "Steve Jobs era um tremendo de um babaca."[2] Mas funcionou, não é? A Apple se transformou em uma empresa capaz de mudar o mundo graças à liderança de Jobs.

Carregamos a ideia de que às vezes as pessoas precisam ser levadas até o limite. Que às vezes a única forma de se aproximar delas é gritando, punindo ou humilhando. Que, ao fazer isso, o indivíduo vai sofrer a curto prazo, mas a longo prazo ele estará nos agradecendo. Às vezes um pouco de disciplina e demanda é o que alguém precisa para alcançar seu potencial. Ocasionalmente, temos que forçar as pessoas a fazerem coisas muito difíceis, porque afinal, somos preguiçosos por natureza, não é?

Essa é a ideia que muitos de nós mantém: que algo ou alguém de fora precisa manter a personalidade preguiçosa na linha. Não precisa procurar além do motivo apresentado pelos Estados Unidos para cortar o seguro-desemprego durante a pandemia do coronavírus. "Não seria justo usar o dinheiro dos contribuintes para pagar mais pessoas para ficarem em casa", declarou o Secretário do Tesouro dos Estados Unidos, Steve Mnuchin, sugerindo que, sem o incentivo de trabalho, a maioria de nós ficaria em casa sem fazer nada.[3] É um pensamento comum, um arraigado de maneira profunda na sociedade estadunidense de ética de trabalho protestante. Mas é errado.

Em uma metanálise cobrindo mais de 120 anos de estudos, havia menos de 2% de sobreposição entre o salário e a satisfação no emprego.[4] E um estudo da Gallup com mais de 1,4 milhões de funcionários não encontrou relação entre o engajamento dos funcionários e o nível de salário.[5] Uma análise recente descobriu que as pessoas que são motivadas por incentivo interno são três vezes mais engajadas do que as que são motivadas pelo externo. Nós temos a ideia de que as pessoas precisam ser incentivadas ou que alguém fique balançando uma recompensa na frente delas, caso contrário elas ficariam sentadas em casa assistindo Netflix.[6] Isso é errado. A motivação interna importa mais do que a externa.

A capacidade de persistir, de permanecer motivado e engajado, está diretamente ligada à força. Como continuamos seguindo, apesar do estresse ou fadiga sempre crescente? Por um longo período, a resposta esteve focada no controle e na motivação feito por um elemento externo. No capítulo cinco, falamos sobre como a persistência é dependente do controle aparente, mas isso só conta parte da história. Nosso *porquê* conta o resto.[7]

Quando os pesquisadores observaram a capacidade de persistência em várias áreas — desde o ciclismo, passando pela matemática, até fazer ligações pedindo doação — um fator continuava aparecendo. Aqueles que persistiram tinham objetivos diferentes. Eles não eram motivados pelo medo, pela culpa ou pressão. Não continuavam a trabalhar em busca de dinheiro. Estavam buscando um objetivo alinhado com quem eles eram e isso dava alegria e satisfação. Eles escolhiam trabalhar, não estavam sendo forçados. E estavam tendo mais sucesso.

Em vários estudos abrangendo o mundo do exercício e do trabalho, a motivação interna levava a mais esforço feito, um maior nível de comprometimento e melhores resultados. Em um estudo com mais de 100

CONSTRUA A BASE PARA FAZER COISAS DIFÍCEIS

atletas britânicos, os pesquisadores descobriram que a motivação interna não só resultava em maior persistência em um teste de exercício exigente, mas também ajudava em outros aspectos da força, como enxergar um desafio em vez de uma ameaça e usar estratégias de enfrentamento positivas em vez de estratégias dissociativas ou de afastamento.[8] Atletas motivados internamente vivenciavam mais emoções positivas e maior disposição de repetir a tarefa depois de finalizada.

A alternativa, a motivação baseada no controle, é frágil. Pode parecer poderosa no começo, contudo isso rapidamente desaparece. No auge do desespero entre continuar e parar, o medo como condutor vacila. No estudo mencionado anteriormente, indivíduos motivados por pressão externa eram mais prováveis de se desvincular, desistir e ver o esforço como uma ameaça.

Os indivíduos com motivação interna não só eram melhores em persistir, eles tinham outra arma secreta. Eram melhores na retomada. Quando se trata da busca pelo sucesso, nós muitas vezes focamos toda a nossa energia na parte da equação que fala sobre persistência. Mas a persistência nem sempre é necessária ou justificada. Pense na alpinista que está chegando no topo da montanha, porém a fadiga está tomando conta de seu corpo e sua mente está perdendo a clareza por conta da privação de oxigênio. Ela tem energia o suficiente para chegar ao cume, mas, para sobreviver, ela precisa conseguir descer da montanha. Em uma análise de quase 100 anos de mortes no Evereste, de todos os alpinistas que chegaram na chamada zona da morte de mais de 8 mil metros de altitude, somente 10% morreram na viagem até o topo da montanha, enquanto 73% faleceram enquanto desciam. Qual é a decisão difícil nesse caso? Persistir, sugando sua energia antes da parte mais arriscada da jornada? Ou abandonar o objetivo e encontrar um novo: descer da montanha?

A capacidade de retomada, de mudar o objetivo, é uma habilidade fundamental que os indivíduos fortes têm. Depois de dar tanto duro em uma busca específica, pode ser quase impossível abandoná-la. Ninguém quer fracassar, chegar tão perto e virar as costas. Porém indivíduos fortes têm a autoconsciência de avaliar e pesar as forças contrastantes do desejo para continuar em busca do objetivo, a realidade das demandas que enfrentam e os riscos que vêm com elas. Tudo para que possam fazer a melhor escolha possível. Em vez de persistir de maneira cega, se a atitude certa é "desistir", eles conseguem reformular o objetivo, ou encontrar um novo e retomar a atividade. O objetivo da alpinista muda de chegar no topo para retornar em segurança para aqueles que ama. Pessoas fortes não vivem em um mundo preto e branco de sucesso ou fracasso. Elas conseguem ajustar e colocar a capacidade de persistência em um novo objetivo que valha a pena.

Sem surpresas, pesquisadores descobriram que a capacidade de retomada não está ligada à motivação baseada em controle, mas em uma que vem de dentro.[9] Psicólogos constataram que quando a motivação vem de dentro, os indivíduos são mais prováveis de ajustar suas ações ao retorno que diz que um objetivo já não é mais atingível. É mais provável que ouçam a voz que lhes diz para retomar com outro objetivo. Às vezes, isso significa abandonar o propósito e escolher um novo percurso. Outras vezes, significa se afastar do objetivo principal e ir em direção à segunda opção.

Se o objetivo começa a ficar inalcançável, a retomada significa alterar para algo que esteja dentro do seu alcance. Se você está com dificuldades de encostar a caneta no papel para escrever seu livro, altere de tentar escrever um capítulo para simplesmente descrever seus pensamentos. A retomada permite que mude só um pouco de alvo para que, em vez de pisar no freio, você encontre algo que possa administrar naquele momento. É mudar de alcançar o topo para chegar no sopé intacto.

A motivação interna traz clareza, permitindo que escute o corpo para que possa fazer a decisão certa durante momentos difíceis. Seja o objetivo melhorar a persistência ou desenvolver a capacidade de retomada quando um propósito parecer perdido, a motivação que vem de dentro parece ser o ingrediente secreto. Os psicólogos chamam isso de motivação autônoma.

Preenchendo Suas Necessidades Básicas

Na década de 1970, Edward Deci e seus colegas deram o que parecia ser peças tridimensionais de *Tetris* feitas de madeira para um grupo de 24 estudantes universitários e pediu para que construíssem uma forma com os blocos.[10] Durante três dias, os estudantes que retornavam para o laboratório visualizavam uma nova forma e trabalhavam nos blocos diante deles. Para metade dos participantes, o segundo dia trouxe uma surpresa prazerosa. Para cada enigma que resolviam dentro de um determinado tempo, eles recebiam uma recompensa monetária. Motivados por algo além de simplesmente um passatempo divertido, os participantes melhoraram a ética de trabalho, gastando mais tempo resolvendo o enigma.

Mas quando os participantes retornaram para o terceiro dia, a recompensa monetária desapareceu. Voltaram a fazer formas só por fazer. Sem surpresas, sem um incentivo externo, a motivação deles caiu. Os participantes gastavam menos tempo tentando criar formas e estavam mais aptos a desistir de brincar com os blocos e simplesmente ficarem sentados. O fenômeno que conhecemos como motivação extrínseca versus intrínseca nasceu. Outros cientistas logo repetiram o experimento em uma variedade de diferentes tarefas e faixas etárias. Em pouco tempo, os pesquisadores haviam replicado o efeito em crianças desenhando e atletas praticando esportes. Quando alguma recompensa externa ou punição era apresentada, os hábitos motivacionais das pessoas mudavam.

Deci, junto com outro psicólogo, Richard Ryan, teve uma ideia radical. Suas descobertas sobre o que motivava as pessoas não se aplicavam apenas a fazer a lição de casa ou resolver um problema, mas a algo ainda melhor: o bem-estar delas. Deci e Ryan expandiram o trabalho sobre a motivação intrínseca, declarando que todos nós temos três necessidades psicológicas básicas e inatas. Se satisfazemos essas necessidades, o bem-estar melhorará e seremos automotivados para o crescimento e o desenvolvimento. Assim nasceu a teoria da autodeterminação [TDA], que inclui a necessidade de autonomia, competência e pertencimento. Ou seja, sentir-se no controle, como se pudesse progredir e pertencer.

Desde a introdução da TDA, ela tem sido investigada e aplicada em tudo, desde a educação em casa e na escola até o abuso de substâncias. E apoiando a hipótese original de Deci e Ryan, a satisfação das necessidades está ligada a uma melhor saúde, classificações de bem-estar e desempenho em uma variedade de áreas.[11] Autonomia, competência e pertencimento são as necessidades psicológicas básicas. E preencher as necessidades básicas ajuda não somente com o bem-estar, mas também a capacidade de persistir.

Para sua tese do doutorado, John Mahoney juntou o mundo do bem-estar e da TDA com a proeza atlética.[12] Não só havia evidência que conectava a satisfação das três necessidades psicológicas básicas com o aumento da persistência, uma variedade de estudos a vinculava à disposição de se esforçar, ao aumento da concentração, busca por desafio e melhor enfrentamento de estresse. Quando temos autonomia e apoio, temos uma autoestima maior e uma inteligência emocional melhor. Satisfazer as necessidades básicas parecia ajudar com todos os atributos que descrevem a força.

Em uma série de estudos, Mahoney e seus colegas observaram corredores de *cross-country* e remadores, dois esportes específicos em que o sofrimento, a persistência, mesmo com dor e fadiga, são a norma. Para mais de duzentos corredores, satisfazer as três necessidades básicas estava relacionado à força e ao melhor tempo de corrida. Quando Mahoney se aprofundou mais nos dados, ele descobriu que o ambiente social, essencialmente impactado pelo treinador, interpretava um grande papel se os atletas seriam capazes de satisfazer essas necessidades. Se a atmosfera era de apoio, estimulava a autonomia e um sentimento de pertencimento, então os atletas eram mais fortes e tinham um desempenho melhor. Como Mahoney concluiu, a força era resultado de "comportamentos de treino que incentivam a satisfação de necessidades psicológicas."

Quando satisfazemos as necessidades, podemos alcançar o potencial. Nossa motivação vem de dentro, então o medo e a pressão não nos consomem mais. Sentimos que pertencemos, logo, mesmo se falharmos, sabemos que ainda vamos ser amados e apoiados. Nós nos sentimos poderosos, como se tivéssemos controle sobre a situação e pudéssemos causar um impacto. Satisfazer as necessidades básicas é o combustível que nos permite usar todas as ferramentas que desenvolvemos para sermos fortes. Sem satisfazer nossas necessidades básicas, não importa o tamanho do arsenal para enfrentar a adversidade.

▸▸▸▸▸▸▸ **MÁXIMA DA FORÇA** ▸▸▸▸▸▸▸

Quando satisfazemos as necessidades, podemos alcançar nosso potencial. Satisfazer as necessidades básicas é o combustível que nos permite usar todas as ferramentas que desenvolvemos para sermos fortes.

Se você está pensando: "Hum, isso é o contrário do que Bear Bryant, Bobby Knight e meu antigo professor de educação física no ensino fundamental ensinavam sobre a criação de times fortes", você está certo. Ser um ditador exigente? Você remove a autonomia do atleta, tirando a decisão deles. Usar o medo, a punição ou incentivar as pessoas a irem pelo padrão de sobrevivência não cria motivação intrínseca, cria o oposto. Gritar, berrar, chegar perto do rosto de alguém para incentivá-lo? O mesmo resultado: motivação por meio do medo ou pressão, o que parece funcionar em curto prazo, mas no final, quando é importante, falha. Usar o controle e poder para forçar a obediência? Cai no esquecimento na hora H. Criar laços por meio de sofrimento mútuo sem um verdadeiro apoio? O método antigo de força vai de encontro a praticamente todas as necessidades básicas. Será que o treinador de futebol do ensino fundamental estava tão errado assim?

A psicóloga organizacional Erica Carleton juntou forças com o psicólogo esportivo Mark Beauchamp para entender o impacto do estilo de um treinador nos jogadores que lideram. Eles selecionaram 57 treinadores principais da NBA que estavam na liga entre 2000 e 2006 para avaliar não somente o impacto imediato de um treinador em uma equipe, mas também o impacto a longo prazo. Eles vasculharam jornais, revistas e entrevistas, procurando por histórias e relatos sobre o estilo de liderança de um treinador. Eles buscaram informação sobre cada treinador, abordando como eles lideravam os times e os métodos que utilizavam antes de criarem longos relatórios de aferição sobre cada estilo dos treinadores.

Quando os relatórios sobre os treinadores foram finalizados, eles os entregaram para psicólogos treinados para avaliar o estilo de liderança de cada um. Em específico, eles estavam buscando pelo grau de liderança abusiva, que se refere a quando um treinador utiliza ridicularização ou culpa em uma tentativa de motivar ou ensinar aqueles sob sua responsabilidade. Imagine: um treinador dizendo para os jogadores que não são competentes ou fortes o bastante para ter um bom desempenho. Em outras palavras, os comportamentos e métodos que muitas vezes atribuímos à criação da antiga força.

Ao avaliar o desempenho de quase setecentos jogadores, aqueles que jogavam sob a responsabilidade de um treinador que utilizava o estilo de liderança abusiva viram uma clara queda no desempenho, medida por uma pontuação de eficiência do jogador. Mas os efeitos não ficaram limitados à temporada na qual jogaram sob o comando de um treinador que dependia fortemente dessas táticas. O impacto se estendeu pela carreira inteira do jogador. De acordo com o modelo deles, quando um jogador vivenciava um estilo de liderança altamente abusiva, toda a trajetória de carreira do atleta caiu um pouco. Não só o desempenho deles caiu, mas o estilo do treinador passou para os jogadores. Aqueles que vivenciaram um estilo de liderança abusivo cometiam mais faltas técnicas, um sinal de agressividade, ao longo do restante de suas carreiras. Lembre-se, esses eram atletas da NBA, que recebiam milhões de dólares para ganhar jogos. Os pesquisadores deram suas opiniões sobre tais estilos de treinamento no título do artigo: *Scarred for the Rest of My Career? Career-long Effects of Abusive Leadership on Professional Athlete Aggression and Task Performance* [*Traumatizado Pelo Resto da Minha Carreira? Os Efeitos por Toda a Carreira da Liderança Abusiva na Agressão do Atleta Profissional e no Desempenho de Tarefas*, em tradução livre.]"[13]

O líder — seja um CEO, gerente ou treinador — é quem dita a quantidade de autonomia que os indivíduos têm. São eles que preparam o terreno para o pertencimento e para o progresso. Eles criam um ambiente como o de uma seita, em que os indivíduos contribuem com poucas ideias e são instruídos a seguir ordens? Esses indivíduos podem se arriscar e explorar seu potencial sem enfrentar consequências adversas extremas? Eles podem cultivar o apoio social positivo? São incentivados a ver os colegas de equipe como ameaças? O líder define o tom, criando um ambiente que pode apoiar ou frustrar as necessidades básicas dos atletas. Quando aqueles que estão no comando escolhem o caminho da frustração por meio do controle e poder, a motivação dos subordinados alterna para pressão e medo.[14] Vemos o crescimento não só da agressão, mas também da exaustão, e vemos redução em desempenho e bem-estar. Treinamento e liderança controladora não afeta apenas o desempenho; afeta a pessoa.

Por outro lado, liderar por meio da satisfação de necessidades ajuda a criar seres humanos mais fortes, saudáveis e felizes. Como a psicóloga esportiva Laura Healy relatou: "Quando os atletas percebem que seus treinadores apoiam mais a autonomia, eles relatam uma satisfação maior em suas necessidades psicológicas básicas e, em consequência, buscam seus objetivos com motivos mais autônomos."[15]

Ao contrário das antigas expectativas, desenvolver força não envolve acampamentos infernais de treinamento ou exercícios como punição. Não envolve líderes cruéis e exigentes com pouco apreço pelo indivíduo. Não envolve comunicação restrita e de mão única vinda dos pais com pouco retorno sobre as necessidades do filho. Como meu amigo Brad descreveu quando explicou o que havia aprendido em seus primeiros anos como pai: "A qualquer momento, seu filho pode ir de estar bem para uma pirraça. Depois de um longo dia, é fácil querer gritar com eles e mandá-los crescerem. Mas, especialmente com crianças pequenas, você precisa entender que as emoções que eles estão sentindo são verdadeiras. Mesmo que sejam inconsequentes. Requer toda a paciência do mundo, mas eu tento perguntar a mim mesmo como posso chegar até eles, explicar a situação, e usar como um momento de aprendizado. Gritar, exercer controle excessivo, tudo o que essas coisas fazem é ensinar a eles a terem medo de você. Por que eu iria querer ensiná-los a só me escutarem porque têm medo de mim?" É fácil instilar o medo. A confiança é muito mais difícil. Em vez de contar com o medo e o controle, a verdadeira força está ligada ao aprendizado autodirecionado, se sentir competente em suas habilidades, ser desafiado, mas permitindo falhar. E, acima de tudo, sentir-se cuidado pela equipe ou organização.

Em outras palavras, a força vem dos mesmos blocos de construção que ajudam a criar humanos saudáveis e felizes. Contrariando décadas de ideologia arraigada, a força não é desenvolvida por meio do controle ou da punição, é desenvolvida por meio do cuidado e apoio. Se pegarmos a teoria da autodeterminação de Deci e Ryan para darmos um toque de desempenho, temos três necessidades chaves que os líderes precisam satisfazer:

1. Receber apoio, não frustração: contribuir, ter uma voz e uma escolha.

2. A capacidade de progredir e crescer.

3. Sentir-se conectado com a equipe e com a missão; sentir que você pertence.

CONSTRUA A BASE PARA FAZER COISAS DIFÍCEIS

Pode ser simples assim? Realmente funciona nos níveis maiores?

Apoie, não frustre

"Eu tenho que treinar meu time, mas não entrei em contato com eles durante o último mês. Estão cansados da minha voz. Eu estou cansado da minha voz. Foi um longo caminho durante os últimos anos."[16] Um treinador, que parece estar no limite, frustrado por sua incapacidade de se conectar com o time depois do que imagino ter sido várias temporadas decepcionantes. Todos nós passamos por períodos em que não conseguimos nos conectar ou transmitir a mensagem para quem estamos guiando. Tiramos todos os nossos truques da cartola, tentando utilizar cada método que sabemos, mas nos restam indivíduos que parecem ter perdido a esperança. Eles nos deixam de fora e parecem agir para "acabar logo com isso".

É por isso que quando você escuta Steve Kerr, o treinador do time de basquete Golden State Warriors, transmitir essa mensagem para os jornalistas, ela o pega desprevenido. Os Warriors não estavam entre os últimos da NBA, estavam no topo. Em fevereiro de 2018, quando Kerr falou essas palavras, os Warriors eram os atuais campeões e estavam no meio de uma das temporadas mais dominantes da história da NBA, com três títulos e dois vice-campeonatos em cinco anos. Na época, o time de 2018 de Kerr tinha um recorde de 44-13 e estava caminhando para a terceira vitória final. Kerr não estava frustrado. Ele estava explicando por que antes da 44ª vitória da temporada, ele passou as obrigações de treinador para os jogadores.

No treino informal matinal antes do jogo daquela noite, Kerr abriu mão das obrigações para o ala veterano Andre Iguodala. Na hora do jogo, quando os jogadores se reuniam durante um intervalo, não era Kerr ditando as jogadas e os esquemas; eram Iguodala, Draymond Green e o restante do time. Eles assumiram o controle. Depois de um primeiro tempo lento, os Warriors encontraram seu ritmo de treinamento e terminaram vencendo os Phoenix Suns por 129-83. A façanha não foi uma brincadeira do treinador inovador. Como ele explicou para a imprensa, Kerr sentiu que seu time estava perdendo o foco. Ele queria transmitir uma mensagem, como relatou depois do jogo: "O time é dos jogadores. É deles e eles precisam tomar posse... Eles determinam o próprio destino e eu não sinto que tivemos um bom foco durante o último mês, então parecia a coisa certa a fazer."[17]

Em um ambiente que apoia a autonomia, o líder age como um guia, uma pessoa que está na jornada com o indivíduo. O líder atiça, estimula, incentiva e talvez até guie os indivíduos em certas direções, mas ele entende que está aqui para ajudar outros a alcançarem seu potencial. Embora ele possa direcionar e guiar, no final cabe ao indivíduo tomar posse de suas ações.

Em ambientes de apoio, a escolha e propriedade estão nos holofotes. Quando Kerr abriu mão das rédeas do treino, ele estava fazendo exatamente isso. Deixando o time saber que eram importantes e que confiava neles. Pesquisas mostram que quando um líder adota esse modelo, os subordinados têm melhores habilidades de enfrentamento, são mais autoconfiantes e classificados como mais maleáveis.[18]

Do outro lado da moeda está um líder que impede a autonomia. Ele desfruta do controle e poder, ditando e direcionando com pouca contribuição dos jogadores. Eles contam com recompensas, com o medo, a punição e manipulação para manter uma sensação de controle. Quando pesquisadores da Eastern Washington University compararam treinadores utilizando estilos de serviço [solidário] ou poder [frustrante] em 64 equipes de corrida da NCAA, os atletas que tinham um líder solícito marcavam mais pontos em medidas de força mental e tinham mais velocidade nas pistas.[19] No ambiente de trabalho, a história é basicamente a mesma. Em um estudo recente com mais de mil funcionários de escritório, o maior indicador de o quanto lidavam bem com os desafios do trabalho exigente era que se sentiam respeitados e valorizados por seus gerentes.[20] Seus chefes, simplesmente mostrando que realmente se importavam, aumentavam o envolvimento no trabalho, lealdade e resiliência. Ser um ser humano decente e cuidadoso melhora o desempenho e a vida.

Quando estiver liderando, você precisa fazer uma simples pergunta: Que tipo de motivação está estabelecendo? O objetivo é ser motivado por meio de punições ou recompensas, ou buscar maestria? Você está ditando e controlando, transmitindo a mensagem de que eles só deveriam ser motivados quando o chefe está olhando e dizendo para fazerem algo, ou está entregando a bola para o jogador, oferecendo alguma orientação e dizendo para fazerem o que sabem? Treinadores e chefes que apoiam a autonomia dão duro para estimular a escolha, para deixar seus atletas e membros da equipe contribuírem e permitir que tenham algum controle durante suas jornadas.

Posso Progredir?

Esportes objetivos são mais simples. Você correu mais rápido, jogou mais longe, levantou mais peso, pulou mais alto ou não. Natação, levantamento de peso, atletismo e esportes semelhantes são definidos por centímetros, gramas e segundos. Não há um jurado que define seu desempenho; fica claro se está melhorando ou piorando. Quando está dando certo, é mágico. Os atletas se empolgam, veem seu desempenho melhorar a cada semana, e se transformam em um emissor de confiança. No entanto, quando o desempenho cai, a objetividade se transforma de ser uma ajuda para ser um obstáculo. Não há como racionalizar seu desempenho individual porque a equipe ainda está ganhando. Não há como culpar um jurado ou juiz parcial. Quando o desempenho começa a cair, a autoconfiança dos atletas sai de dentro deles. Eles começam a acreditar que quebrar seu recorde pessoal é uma tarefa insuperável. A motivação desaparece e o indivíduo antes otimista é substituído por uma versão pessimista que não consegue ver desempenhos melhores no horizonte. Quando um atleta fica para baixo dessa forma, é quase impossível tirá-lo dessa rotina. A capacidade de enxergar um futuro melhor desapareceu. Eles estão travados.

Garantir que podemos enxergar o progresso é essencial para manter a motivação. Precisamos ver nossa história continuando, não parando na última página do livro sem nenhum lugar para ir. O mesmo fenômeno ocorre em todos os ambientes de trabalho. Um funcionário anteriormente engajado se transforma em uma confusão apática quando há possibilidade de avançar na carreira. Nós muitas vezes pensamos que bônus e aumentos de salário são o que motivam indivíduos durante suas carreiras. A realidade é que não há uma maneira mais fácil de matar a motivação do que fazer o progresso futuro parecer impossível. Uma vez que alguém enxerga um objetivo como inalcançável, a complacência e a apatia vêm logo depois.

Conseguir enxergar o próprio crescimento é uma necessidade humana fundamental. Como líderes, precisamos criar ambientes que permitem que as pessoas enxerguem futuros melhores e incluam o crescimento e a maestria. Isso significa abrir caminhos para subir no ambiente de trabalho e várias maneiras diferentes de avaliar o sucesso e o crescimento. Se for apenas sobre uma simples métrica ou um resultado final, estamos nos preparando para o fracasso.

A última chave para desenvolver a competência no local de trabalho é a capacidade de se arriscar e potencialmente falhar. Se quer garantir que os indivíduos continuem onde estão, então utilize o medo do fracasso. Se uma pessoa sabe que se falhar em um projeto, a punição ou até mesmo a demissão é o resultado, então você pode ter certeza de que ela não vai sair da zona de conforto. Ela dará os passos necessários para garantir sua sobrevivência. Não vai correr os riscos apropriados, tentar inovar ou sair da zona de conforto. Em um ambiente baseado no medo, o crescimento fica estagnado, mesmo se houver um caminho possível para avançar. Em vez de liderar pelo medo, os ambientes de trabalho que preenchem as necessidades básicas têm o que é chamado de segurança psicológica, ou a capacidade de falar seus pensamentos e opiniões sem medo da punição. Não confundir com "ambientes seguros"; a segurança psicológica consiste em fornecer segurança para as pessoas se arriscarem, se manifestarem e serem quem são. Elas podem expressar suas preocupações para seus superiores sem medo da punição. Sugerir ideias sem ser interrompido como se estivesse desperdiçando o tempo da empresa. Quando o Google encomendou um estudo de 2 anos sobre o desempenho em equipe, no topo das cinco características de boas equipes estava a segurança psicológica. "Podemos nos arriscar nessa equipe sem nos sentirmos inseguros ou envergonhados?"[21]

Cultivar um ambiente que permite o progresso e a competência possui as seguintes características:

- ▸▸ Um ambiente desafiador, mas solícito.
- ▸▸ A capacidade de correr riscos e expressar sua opinião sem o medo como o incentivador dominante.
- ▸▸ Um caminho que mostre uma forma de crescimento e melhoria em seu trabalho ou área.

Uma Necessidade de Pertencer

Em 2010, Michael Kraus, Cassey Huang e Dacher Keltner publicaram um artigo que fez barulho no mundo dos esportes.[22] Durante alguns jogos na temporada de 2008-2009 da NBA, eles rastrearam e codificaram o comportamento de quase trezentos jogadores. Não, eles não estavam observando pontuações, apoios, blocos ou retomadas. Em vez disso, estavam analisando com que frequência os jogadores mostravam atos de cooperação e confiança. Soquinhos, tapinhas, bate-papos, movimentos de bloqueio e outras ações, o que mostrava cooperação ou a falta dela com seus colegas de time. Times em que os jogadores davam tapinhas, soquinhos e mostravam interação positiva com os colegas muitas vezes tinham melhor desempenho durante a temporada. Os autores concluíram que os tapinhas nas mãos e na cabeça e as batidas de peito estavam ligadas a maior cooperação de equipe e melhor desempenho.

A conclusão do estudo não foi o que muitos na comunidade esportiva interpretaram: saia com seus colegas de equipe e dê tapinhas. O segredo não eram os atos em si. Era o que eles representavam. Equipes que têm mais confiança, pertencimento e demonstram mais sinais de que realmente fazem isso, confiam uns nos outros de forma verdadeira. Soquinhos comunicam o sentimento de pertencimento. Não muito diferente de dizer "eu te amo" para seu cônjuge para transmitir o status do relacionamento, batidas de peito enviam a clara mensagem de "Estamos juntos nessa. Ótimo trabalho, eu estou com você". O objetivo não é aumentar os soquinhos para um melhor desempenho, é aumentar o sentimento de pertencimento.

O sentimento de pertencimento é uma das necessidades humanas fundamentais. De acordo com o psicólogo Barry Kaufman: "Quando alguém sente que pertence em um lugar, essa pessoa se sente aceita e vista, e quando é desprovida do sentimento de pertencimento, ela se sente rejeitada e invisível."[23] Os humanos são, em grande parte, animais sociais, dependentes dos benefícios da cooperação e da conexão para sobreviverem. Se relembrarmos o capítulo seis, em que falamos das emoções como mensageiras, não deveria ser surpresa que algumas das emoções mais intensas e desagradáveis são aquelas ligadas à falta de conexão. Solidão, inveja, vergonha, culpa, constrangimento e ansiedade social surgem quando nos sentimos rejeitados.[24] O sentimento de ser deixado de fora, de ser rejeitado, é uma das emoções mais viscerais que vivenciamos. Na verdade, o cérebro interpreta a rejeição basicamente da mesma forma que interpreta dor física. Há uma razão pela qual um coração partido pode parecer tão real quanto um braço quebrado. As pessoas têm uma necessidade profunda de se sentirem valorizadas, e quando não são, as emoções mais potentes nos deixam cientes, implorando para que façamos algo a respeito.

CONSTRUA A BASE PARA FAZER COISAS DIFÍCEIS

Todos já ouvimos falar do sistema "lutar ou fugir", que nos ajuda a lidar com ameaças e perigo. Mas temos outra resposta que nos ajuda a criar confiança e o sentimento de pertencimento: o sistema de calma e conexão. Quando uma conexão verdadeira ocorre, os opioides do bem são liberados, o que diminui o cortisol e outros hormônios do estresse, ajudando-nos a sair de um estado de ameaça. Outro hormônio, ocitocina, ajuda a diminuir o sistema de alarme [amígdala] no cérebro. Quando a ocitocina é liberada, ela aumenta a cooperação. Uma peculiaridade desse hormônio é que ele só aumenta a conexão quando a pessoa que compartilha a experiência com você é considerada confiável. Em outras palavras, seu cérebro tem um sistema desenvolvido para ajudá-lo a identificar uma falsa conexão.

O sistema de calma e conexão é desenvolvido para tirar vantagem da natureza social, criando conexão para que a gente não só sobreviva, mas prospere. Não é surpresa que time esportivos profissionais estejam tentando tirar vantagem dessa resposta. Uma das estratégias de ponta que os times profissionais usam para melhorar a recuperação pós-jogo não é algum shake proteico próprio ou um dispositivo caro. É a interação social. A chamada recuperação social não só cria coesão, mas também transita de um estado estressante [ou seja, o jogo] para um estado de recuperação e adaptação. Estar com outras pessoas nos ajuda não somente a criar vínculos, mas a nos recuperar. A conexão é uma arma secreta. Porém, assim como dar tapinhas, não pode ser forçada. Conexões autênticas acontecem durante os momentos intermediários.

Gregg Popovich é o lendário treinador do time de basquete San Antonio Spurs. Quando se trata de criar uma cultura de time, ele é alvo da inveja de todos os treinadores, CEOs e líderes por aí. Seus jogadores elogiam os vínculos que ainda têm com seus colegas de time anos depois.[25] Um deles disse recentemente: "Eu tinha amizade com todos os colegas de time que já tive na minha época no Spurs. Isso pode soar improvável, mas é verdade." O segredo para tamanha coesão? Refeições com o time.

As histórias dos jantares de Popovich são quase apócrifas. Refeições com duração de três horas, com Popovich escolhendo o vinho e a comida com maestria. As mesas organizadas para que os jogadores aumentem a interação. Popovich evita a tradição da NBA de sair correndo da cidade logo depois de um jogo e, em vez disso, os Spurs vão direto para uma refeição e passam a noite. Nenhum cronograma fixo além do tempo juntos e, certamente, nada de arvorismo ou outras atividades para forçar vínculo entre o time.

Em um estudo de 2003, pesquisadores buscaram entender por que os soldados lutam.[26] Eles eram motivados por um sentimento de dever? Questionando um grupo de soldados estadunidenses que lutaram na Guerra do Iraque, o vínculo emocional profundo entre os soldados apareceu no topo. Quando os pesquisadores foram mais fundo, descobriram que não era o tempo organizado de treinamento ao lado um do outro que mais importava, eram os momentos intermediários. "O que a pesquisa destaca é a importância da conversa durante os momentos em que não estão em combate — as horas que passam fazendo nada, o tédio compartilhado — em que vínculos de confiança, amizade e identidade de grupo são construídas", escreveram os pesquisadores. Esses momentos nos permitem ir além do superficial, perceber que a pessoa sentada ao lado no ônibus do time, ou no cubículo no final do corredor, é um ser humano lutando contra os mesmos problemas que você e eu.

O que Popovich e os militares descobriram foi o poder da conversa para criar conexão. Depois da popularização da história sobre Popovich graças a um artigo da ESPN escrito por Baxter Holmes, outros tentaram copiar o comportamento do popular treinador. Times de todos os esportes profissionais começaram a implementar refeições luxuosas pós-jogo. Porém, quando trabalhei com times profissionais em uma variedade de esportes, continuava ouvindo a mesma declaração: "Fizemos um jantar para o time e ninguém apareceu." Ou: "Ninguém conversou. Tornou-se uma atividade 'obrigatória' na qual ninguém queria estar presente."

Como na pesquisa sobre o soquinho, a mágica não está na própria atividade. A lição não é fazer jantares para o time, mas criar um espaço para vínculos e confiança se desenvolverem. Popovich utiliza seu poder de conversa e sua paixão por comida e vinho para criar um ambiente em que as pessoas querem estar presentes. Ele os convidou para um mundo que é realmente importante para ele e deixa sua paixão infectar outros. O tempo e cuidado gastos criando o jantar perfeito faz com que as pessoas queiram estar lá.

Você não pode forçar a coesão ou a união. Elas não vêm de exercícios de confiança, atividades inovadoras para criar vínculos ou interação forçada. Vêm de ser verdadeiro. De permitir que as pessoas baixem a guarda e se sintam confortáveis o suficiente para serem quem são. Você não pode forçar isso. Tudo o que você pode fazer é criar o espaço para isso acontecer. A mágica não estava nos jantares do time de Popovich. Estava em criar um espaço para interação genuína.

Quando nos sentimos conectados com aqueles ao redor, nos libertamos para ter nosso melhor desempenho. Com uma plataforma de apoio estável, funcionamos de um lugar de crescimento e desenvolvimento em vez de medo. Isso é tão verdadeiro no ambiente de trabalho quanto nas quadras. O sentimento de pertencimento cria confiança. A confiança leva o foco em direção à maestria pelo bem maior. A falta de conexão e o medo incentiva todos a irem na direção oposta, para a autopreservação, onde todos tentam apenas se certificar de que vão sobreviver. O sentimento de pertencimento é expansivo, libertando-nos para jogar para ganhar. O medo restringe, levando-nos a jogar para não perder.

Popovich era meticuloso sobre os jantares que organizava porque entendia o que a psicologia havia descoberto: seu ambiente convida à ação.[27] No ambiente de trabalho, o mesmo efeito ocorre nos bebedouros e outros espaços liminares. Colegas de trabalho conversam de forma informal, trocando ideias, criando conexão e eventualmente descobrindo que alguém é mais do que um contador ou gerente. Em nome da eficiência, muitas vezes há uma tentativa equivocada de programar e otimizar cada parte do dia de trabalho. A gerência tenta reduzir o tempo gasto no *lounge*, no almoço ou de bate-papo no corredor. É um uso indevido do tempo da empresa. Em vez de um grupo discutindo sobre o episódio final de *Guerra dos Tronos* no corredor como um desperdício do tempo da empresa, veja como uma oportunidade para criar coesão. Empresas progressivas estão adotando a tendência com base em pesquisas científicas, criando ambientes de trabalho que tentam aumentar momentos de interação informal. Em vez de incentivar trabalhar durante o almoço ou comer na mesa do escritório, crie um ambiente que convida e promova interação. Como líder, é seu trabalho criar espaço para conexões verdadeiras ocorrerem. Como eu disse para um grupo de executivos recentemente, se você entra no escritório e ninguém está jogando conversa fora, você precisa mudar o ambiente. Troque os móveis, seja o exemplo, se envolva com pessoas com uma paixão em comum. Se você está em uma confraternização ou jantar da empresa e todos estão olhando para seus celulares, você criou o ambiente errado.

Em seu livro, *Equipes Brilhantes*, o autor Dan Coyle descreve o que ele chama de *loop* de vulnerabilidade. Coyle argumenta que, ao contrário da maneira que tradicionalmente pensamos, não precisamos de confiança antes de sermos vulneráveis. O oposto é verdadeiro. Para confiar, primeiro precisamos ser vulneráveis. Estar aberto e ser vulnerável envia um convite para a pessoa sentada diante de você de que você confia nela. Se esse sinal for recíproco, essa confiança entre a dupla aumenta. Nós baixamos as defesas e guarda, sentindo-nos livres para ser quem somos. Quanto mais esse ciclo se repete, maior a confiança e a cooperação se tornam.

Não é de surpreender que, quando pesquisadores observaram a liderança e a força no mundo esportivo, um dos melhores indicadores da força era o relacionamento que um indivíduo tinha com seus colegas e treinadores.[28] Em um mundo dominado pelas redes sociais e pela aparência da conexão, em vez de relacionamentos verdadeiros, a necessidade de conexão genuína é ainda mais fundamental. Não precisa ir muito além da simples lição que seus avós provavelmente transmitiram: façam jantares em família.[29] É uma tradição que vem de gerações e que demonstra diminuir taxas de depressão e ansiedade, abuso de substâncias, distúrbios alimentares e gravidez precoce. Quando passamos um tempo com aqueles que amamos e respeitamos, coisas boas acontecem. É um ciclo virtuoso. O caminho para criar um sentimento de pertencimento não é um retiro corporativo ou uma atividade forçada e artificial para criar laços entre a equipe; é criar espaço para uma conexão real e genuína.

Força = Satisfazer Nossas Necessidades Básicas

Antes de Edward Deci e Richard Ryan desenvolverem a teoria da autodeterminação como uma forma de entendimento de que as necessidades básicas precisam de motivação, Abraham Maslow criou a hierarquia de necessidades, uma teoria que inclui não só as necessidades psicológicas de segurança, pertencimento e autoestima, mas também as necessidades psicológicas de comida, água e sono. O trabalho de Maslow preparou o terreno para a psicologia fazer a transição de buscar o que está errado com as pessoas para buscar o que as ajuda a crescer e se desenvolver. Maslow escreveu: "Um indivíduo pode escolher retornar para a segurança ou ir em frente até o crescimento. O crescimento deve ser escolhido repetidamente; o medo deve ser superado repetidamente."[30]

A hierarquia de Maslow é muitas vezes retratada com autorrealização — uma necessidade de desenvolvimento, criatividade e crescimento — no topo da pirâmide. Mas não era a intenção de Maslow. A famosa pirâmide que é associada com sua hierarquia foi criada por outra pessoa, não Maslow. Em seu diário de 1970, ele escreveu: "Percebi que prefiro deixar [a autorrealização] para trás. É desleixada demais e fácil de criticar."[31] Para Maslow, a autorrealização era muito focada no indivíduo, satisfazendo as próprias necessidades de uma maneira um tanto egoísta. O topo não era sobre a pessoa, mas sobre algo muito maior. Na contribuição final de Maslow, a autotranscendência está no degrau mais alto. É quando podemos alcançar além de nós. Como diz a expressão, é a elevação acima das preocupações individuais.

Maslow estava convencido de que muitos eram capazes de chegar na autotranscendência, porém geralmente se atrapalham no caminho. Escrevendo antes a morte que a sociedade muitas vezes nos coloca contra ela, já que "a maioria dos empresários esconde com cuidado seu idealismo, suas metamotivações e experiências transcendentes por baixo de uma máscara de resistência."[32] Por tempo demais, mantemos essa máscara de resistência. Caímos em táticas que fazem tudo, menos satisfazer as necessidades.

Quando satisfazemos as necessidades psicológicas básicas, nos permitimos alcançar o potencial completo delas, para utilizar as táticas e estratégias discutidas ao longo deste livro para superar momentos difíceis. As necessidades básicas nos concede uma plataforma estável para aventurar e retornar. Nós podemos lidar com o medo e com a pressão porque sabemos que se realmente falharmos, ainda seremos amados e valorizados. Sentimos que podemos progredir não só na nossa busca relacionada ao desempenho, mas como seres humanos melhores. Não chegamos nesse lugar por meio do controle; chegamos por meio do sentimento de pertencimento, aceitação e por nos permitirem ser quem somos. Quem diria? Os blocos de construção para ser um ser humano saudável e funcional são os mesmos que nos permitem lidar com situações difíceis. Vamos parar de atrapalhar nosso próprio caminho [ou o caminho dos atletas, dos alunos, dos funcionários] e trabalhar com a psicologia e biologia básica.

CAPÍTULO 11

Busque Significado no Desconforto

Um homem de 41 anos de idade estava de pé no púlpito. O cabelo escuro estava penteado para trás. Os óculos redondos e vestimenta sugeriam sua importância. E as credenciais, um médico, que também estava fazendo doutorado. Era fim de tarde de um sábado, às 17h, para ser exato, em uma sala de aula em uma universidade para adultos. Pelos próximos cinco sábados, o professor daria uma série de aulas para quem quisesse assistir. A descrição do curso deixava claro a seriedade das palestras: "A aniquilação forçada do suicídio, o mundo dos que sofrem com doenças mentais, educação sexual." Junto com uma última aula que ficou conhecida como o *"Experimentum Crucis"*, uma expressão que vem do latim emprestada das descobertas revolucionárias de Isaac Newton e usada para descrever um experimento que coloca o ponto final em uma teoria científica e leva a nova teoria à superioridade.

O professor começou a primeira aula: "Falar sobre o significado e o valor da vida parece ser mais necessário atualmente do que nunca; a pergunta é apenas se e como isso é possível." Embora os tópicos talvez tenham parecido indicar aos ouvintes que eles estavam assistindo a uma aula de psicologia incomum, eles eram um meio para justificar um fim.

Durante cinco sábados, o professor descreveu sua teoria sobre os segredos para ter uma vida com significado. Ele protestou contra a sabedoria convencional, declarando que o contentamento não poderia ser buscado e que a felicidade "não deve e não pode nunca ser um objetivo, mas somente um resultado."[1] Essas buscas não traziam significado para sua vida. Elas não preenchiam sua alma. Em vez disso, se quiséssemos nos sentir satisfeitos, havia três meios de alcançar isso.

Em primeiro lugar, o ato de executar. Criar — fosse em uma busca artística ou uma obra de amor — trazia significado para a vida de alguém. Em segundo lugar, estava a vivência — natureza, amor, arte ou qualquer coisa que possa criar a sensação de admiração e expandir a perspectiva de alguém sobre o mundo. Você pode imaginar um público sentado em uma sala de aula ficando um pouco desconcertado com a declaração sobre o contentamento e a felicidade, mas suas mentes com certeza estavam de volta em sincronia com a mensagem sobre executar e vivenciar para criar significado. O terceiro meio para a satisfação pegaria a maioria de surpresa, mas esse público, em particular, provavelmente estava esperando: sofrimento.

O professor continuou: "O verdadeiro sofrimento de um destino autêntico é uma conquista e, de fato, a maior possível." Não, o médico, que em breve seria doutor em filosofia, não estava fora de controle. Para ele, o sofrimento não deveria ser procurado. Mas, se estivéssemos sofrendo, poderíamos extrair um significado. O sofrimento nos despe das vaidades e nos permite uma oportunidade de resposta. Para determinar qual seria a reação à dificuldade. Para o homem de pé no púlpito, o sofrimento não era apenas uma maneira de desenvolver significado, porém o significado era uma maneira de superar o sofrimento. Para superar a adversidade, o sofrimento precisava ter significado e, para o médico, isso era determinado pelo "indivíduo e somente por aquele indivíduo", como disse ao público.

Não era a primeira vez que o médico dava essa aula. Ele tinha lecionado uma outra vez. Não estava usando terno e gravata. Não estava em uma sala de aula diante de um público cativo. Era um lugar bem diferente. Ele estava com mais 280 pessoas, divididos em fileiras de 5. Elas não estavam usando o traje de negócios do atual público. Era um grupo irregular, menor em tamanho e em circunferência. Antes de começar a aula, um bate-papo focava no mesmo tópico: a sopa que seria servida para o jantar. Ele não dava a aula em voz alta, mas dentro de sua mente. Para se distrair do suplício atual, para oferecer uma breve folga para sua mente, Viktor Frankl imaginava estar na mesma sala em que estava agora e começava sua aula, chamada "A Psicologia dos Campos de Concentração".

Embora poucos de nós iremos enfrentar um dia um desafio tão horrível quanto suportar um campo de concentração, aprender com aqueles que passaram por esse sofrimento inacreditável oferece lições sobre como superar problemas menores. Quando a situação fica difícil, é fácil perder o sentido. Quando o trabalho parece sufocante, quando estamos no limite da exaustão, é muito natural apenas dar de ombros e se perguntar "Para quê?" O que aqueles como Frankl nos ensinam, incluindo pesquisadores científicos recentes, é que o propósito é o que nos mantém juntos, permitindo-nos superar até mesmo as situações mais angustiantes.

A Vontade de Continuar

Willie é um cão vira-lata de 6 anos de idade, uma mistura de boiadeiro e pastor australiano, que minha esposa encontrou vivendo em pneu quando tinha apenas meses de vida. Ele também tem bastante personalidade, é tão inteligente quanto levado. Em seu tempo livre, Willie é fiel ao seu mundo de contrastes, tendo duas paixões: assistir TV e correr. O primeiro é um hábito engraçado, mas irritante, que adquiriu de pressionar seu grande focinho preto em qualquer tela que tenha movimento e de que saia som. Ligue a TV em um programa de cavalos e sua tela será destruída. O segundo hábito, correr, é uma atividade mais normal para um cachorro.

Quando Willie sai para correr, ele percorre 8 km nos meses frios de inverno, o tempo todo agarrado à coleira. Contudo, sempre que o calor e a umidade do verão aparecem, a resistência de Willie evapora. Ele trota por 3 km com a mesma vontade e entusiasmo, mas o calor rapidamente diminui seu ritmo, de sete minutos a cada quilômetro e meio, para um ritmo mais parecido com o de pedestre, de nove minutos. Willie corre os mesmos 3 km todos os dias de verão; ele conhece as curvas, virando antes mesmo de sinalizarmos. Ele poderia chegar à perfeição, embora as habilidades de corrida lembram as das crianças mencionadas no capítulo três. Começa com tudo, fica mais lento no meio, antes de dar um impulso no fim, quando viramos a esquina de casa. Mas há outra coisa que faz Willie abandonar o trote induzido pela fadiga para uma completa corrida: esquilos.

A língua rosa poderia ficar totalmente para fora da boca, sinalizando que estava quase chegando no limite. Ele poderia ter diminuído o ritmo para uma caminhada ofegante. Porém, no auge da fadiga, tudo muda assim que ele tem um vislumbre daquele animalzinho cinza que atormenta sua vida. Ele se recupera e coloca o físico de aproximadamente 30kg para trabalhar, indo em direção ao seu arqui-inimigo. Willie encontrou motivação, ou devo dizer sentido, para trazê-lo de volta das profundezas do desespero.

No capítulo três, abordei como atletas de resistência mirins e adultos geralmente decidem acelerar ou desacelerar. Eles usam uma heurística, comparando o esforço verdadeiro versus o esperado para onde estão durante a corrida. Se eles se sentem melhor do que esperavam, aceleram. Pior? Hora de desacelerar. Mas, de forma intencional, deixei de fora um componente: a motivação.

Desempenho = Esforço Verdadeiro/Esforço Esperado * Motivação

Seja chamado de intenção, motivação ou propósito, o último componente determina o banco de dados para dizer o quão longe podemos ir às profundezas da fadiga. Ao contrário do senso comum, quando estamos exaustos, não esvaziamos completamente as reservas. Até mesmo o atleta que se joga no chão depois de uma corrida ainda tem combustível no tanque. Os músculos dele ou dela ainda podem funcionar. Imagine só, se o cérebro realmente nos permitisse zerar, esvaziar tudo, isso seria algo inteligente ou perigoso? Seu corpo está tentando proteger você. E ele tem um mecanismo de segurança, um alarme que dispara para convencê-lo a desacelerar, parar, fazer com que a dor e a fadiga vão embora. Mas, de acordo com as teorias mais recentes da fisiologia do exercício, o quanto chegamos perto de zero é variável.

Somos como um carro com a contagem de quantos quilômetros ainda podemos dirigir antes da gasolina acabar. Para aqueles entre nós que são aventureiros, vocês já descobriram que esse medidor não é totalmente preciso. Você pode dirigir por aproximadamente 15 km, 30 km ou até mesmo 50 km depois do ponto em que o carro aponta que você não tem mais gasolina para seguir. Existe uma margem entre quando os fabricantes dos veículos programaram o visor para mostrar que a gasolina acabou e quando a gasolina de fato acabou. É um mecanismo de segurança projetado para prevenir as pessoas de tentarem a sorte, indo longe demais com o carro e ficando sem gasolina no meio da estrada. O corpo utiliza o mesmo tipo de processo, avisando-nos — por meio da sensação de esforço e fadiga — que estamos no zero antes de realmente chegarmos no zero. Sempre há uma reserva. A motivação determina o quanto podemos chegar perto do zero antes do corpo desligar. Antes de passar do desligamento voluntário para o início de uma catástrofe iminente.

Nosso cérebro analisa aquele algoritmo complicado dos quilômetros de gasolina com a importância da tarefa. Porque nós nunca realmente chegamos no zero nas reservas de energia do corpo [isso significaria uma falha catastrófica], usamos o nível de importância e o risco contra a recompensa para determinar o quanto podemos chegar perto do zero. A nossa vida está em risco? A vida dos filhos está em perigo? Então, conseguiremos realizar feitos sobre-humanos como levantar um carro que está prendendo o corpo de uma criança. É um jogo normal de temporada ou é o sétimo jogo da final? Podemos ganhar um combustível extra no último caso. De acordo com a ciência mais recente sobre fadiga, seu cérebro essencialmente tenta proteger você de se machucar. E ele usa os riscos perceptíveis versus as recompensas potenciais para corrigir esse mecanismo regulador.

Um bom propósito age como um impulso turbo. Quer esse propósito venha de Deus, da família, de jogar por seus colegas de time ou uma missão de grande importância, quando os objetivos combinam com o propósito, persistimos por muito mais tempo. Pesquisas mostram que o propósito e a persistência estão ligados na sala de aula, no ambiente de trabalho e nos campos esportivos.[2] Quando temos propósito, nós conseguimos não somente suportar e persistir, mas também fornecer um lampejo que nos lembra do que é importante e de tomar a decisão certa no momento certo.

▸▸▸▸▸▸▸ MÁXIMA DA FORÇA ▸▸▸▸▸▸▸

Propósito é o combustível que permite que você seja forte.

Do Medo ao Desespero Até a Apatia

Onze meses depois de ser libertado, Viktor Frankl subiu ao tablado de uma sala de aula nos arredores de Viena e fez o discurso que imaginou enquanto estava preso em cativeiro. Em 1964, ele havia publicado um livro que mudou a psicoterapia, *Psicoterapia e o Sentido da Vida*. E um outro que a Biblioteca do Congresso chamaria de "um dos dez livros mais influentes nos Estados Unidos", *Em Busca de Sentido*. O segundo ele escreveu em nove dias. Cada um deles descrevia os horrores da sobre-

BUSQUE SIGNIFICADO NO DESCONFORTO

vivência, contudo com uma corrente subliminar de esperança. Sair dos campos de concentração para produzir trabalhos que ainda são relevantes meio século depois é um feito e tanto. Mas, como Frankl disse, ele trabalhou nos livros durante anos.

Frankl entrou no campo de concentração de Theresienstadt em 1942 com o manuscrito costurado no bolso de sua jaqueta. Como todos os seus pertences, a jaqueta foi confiscada e, com ela, o manuscrito. Frankl já havia desenvolvido sua teoria sobre o sentido e, infelizmente, agora ele estava prestes a testá-la. Durante os próximos anos, Frankl vivenciou o horror inimaginável de passar pelo Holocausto. Ele perdeu a mãe, o pai e a esposa. O sentido o fez avançar.

Frankl pegou o treinamento em psicoterapia e o aplicou na observação das condições do campo e de seus habitantes. Ele testemunhou como todos, incluindo ele mesmo, passaram por uma série de fases. Primeiro, houve o choque de ser despido de tudo o que lembrava seu eu anterior e, em seguida, a procura momentânea pela saída mais rápida. "Todos nessa situação flertam, mesmo que por um momento, com a ideia de correr até o arame, cometer suicídio, usando o método comum do campo; entrando em contato com a cerca de arame farpado de alta tensão."[3]

À medida que a tragédia e a incerteza crescem, os indivíduos passam para um estado de apatia, em que o horror de suas realidades se torna quase normalizado. Os indivíduos que antes reagiram à morte e ao desespero com uma resposta emocional padrão agora não sentiam nada. Como ele declarou: "Enquanto nos primeiros dias, a completa abundância de experiências repletas de horrores — detestáveis em todos os sentidos — provocam sentimentos de pânico, revolta e repulsa, esses sentimentos eventualmente desaparecem, e a vida interna como um todo é reduzida ao mínimo." A declaração comum à morte de mais um no campo se tornou um sombrio "Hum." Não porque não importava, mas porque o mundo interno estava hibernando. Sentimentos e emoções desapareceram, substituídos por um tipo de estado protetor não responsivo. E os pensamentos interiores giravam em torno da única coisa que

FAÇA COISAS DIFÍCEIS

parecia importar: comida. Em um estudo com outros sobreviventes do Holocausto, pesquisadores confirmaram a experiência de Frankl com duas sobreviventes, chamadas Lou e Esther, que disseram que se sentiam "anestesiadas, vivendo um dia de cada vez... Seu cérebro não funciona. Primeiro, você quer morrer. Depois, você quer sobreviver."[4]

De acordo com Frankl, a sobrevivência depende do mundo interno. "Apesar da crueldade imposta aos prisioneiros pelos guardas, os espancamentos, a tortura e a ameaça constante de morte, havia uma parte da vida deles que permanecia livre: suas próprias mentes", Frankl declarou em seu livro *Yes to Life* [sem tradução até o momento]. O segredo para uma mente livre era ver sentido na vida, não apenas do jeito que somos acostumados a pensar, como um propósito maior. Mas em todos os momentos. Se pudéssemos encontrar sentido nas partes minúsculas da vida, se algo fosse maior que nós mesmos, então teríamos a vontade de sobreviver ou, se as circunstâncias julgassem o contrário, a paz para ver sentido em nossa morte.

A liberdade era o segredo para o significado. A liberdade de escolher como você viu e vivenciou cada parte do sofrimento. Para Frankl, a morte tinha significado, assim como a vida. A liberdade da mente não consistia apenas em sobreviver: consistia em poder escolher. Se você fosse morrer, ainda tinha a capacidade de escapar do lugar em que estava, ir para algum outro, mesmo que apenas na mente. Mesmo na morte, "era essencial que tivéssemos uma morte própria e não a que a SS nos forçava a ter!"[5] Frankl escreveu que aqueles que não sobreviveram não eram os mais fracos, porém estavam entre os mais fortes.

Encontrar sentido na circunstância, no sofrimento ou como um propósito para guiá-lo e manter os pés no chão, era a chave para lidar com tal atrocidade. Para Frankl, esse sentido era simples: retornar para quem ele amava e terminar seu trabalho de vida. Como ele relata na autobiografia: "Estou convencido de que devo minha sobrevivência, entre outras coisas, à minha determinação de reconstruir aquele manuscrito perdido."[6] Escrever deu sentido para ele. Uma vontade de sobreviver. É

268

BUSQUE SIGNIFICADO NO DESCONFORTO

por isso que durante o campo de trabalho forçado, sua mente vagava para uma aula no futuro. E quando alguém fornecia um lápis e pedaços de papel em 1945, dava a ele o incentivo necessário para se recuperar de uma disputa com o desespero.

Frankl entrou no Holocausto com ideias de sua experiência como médico. Ele saiu vivenciando a morte, o desespero e vendo em primeira mão como ele e outros lidavam com isso. O que o levou a concluir: "A crença inabalável de um sentido incondicional à vida que, de um jeito ou de outro, torna-a suportável. Porque vivemos a realidade em que os seres humanos estão realmente preparados para passar forme se tiverem um propósito ou sentido."[7]

Muitas pesquisas em anos subsequentes confirmam a experiência de Frankl. Em um estudo com 89 sobreviventes do Holocausto, Katarzyna Prot-Klinger descobriu que eles destacavam de forma consistente a importância do apoio e do sentimento de pertencimento, ter alguém para retornar, preservar um pedaço de normalidade e, talvez de forma mais importante, sorte.[8] Em um estudo com 13 sobreviventes, Roberta Greene encontrou temas semelhantes, incluindo escolher, praticar o controle interno, tomar a decisão consciente de viver e pensar de maneira positiva.[9] Quando perguntaram como sobreviveram, as pessoas focaram suas respostas na família e em obter sentido de suas circunstâncias e da guerra. Em outro estudo com sobreviventes do Holocausto, o sociólogo Aaron Antonovsky concluiu que ter uma noção de coerência ou uma forma de obter sentido do mundo era o que importava. A coerência era formada a partir de três componentes: compreensão, viabilidade e significância.[10]

O impacto do significado se estende além dos sobreviventes do Holocausto até pessoas que sofrem de outros traumas. Embora a maioria de nós conheça o fenômeno debilitante do transtorno de estresse pós-traumático [TSPT], o primo positivo, o crescimento pós-traumático [CPT] é menos conhecido.[11] Em uma pesquisa envolvendo aqueles que sofreram de experiências traumáticas, desde desastres naturais, passando por testemunhar a morte de amigos e familiares, até vivenciar os horrores de ser prisioneiro de guerra, uma grande porcentagem dos sobreviventes tem CPT.

Você deve pensar que talvez aqueles que sofreram uma versão mais branda do trauma foram capazes de superá-lo, mas não é o caso. Em vários estudos com prisioneiros da Guerra do Vietnã, quanto mais tempo o indivíduo passava em cativeiro, quanto mais lesões físicas sofria, maior era o crescimento. Com um trauma considerável, a visão de mundo e as suposições contidas nela são destruídas. Porém, essa destruição de suposições permite que esses indivíduos passem pelo sofrimento e alcancem níveis maiores de força pessoal, apreço pela vida e tudo o que ela traz. Quando seus mundos são desafiados, uma busca por significado começa. Nessa busca, eles conseguem reconstruir as narrativas interiores, reconhecendo sua força pessoal para passar pela catástrofe e redefinir o que é importante na vida. De acordo com a psiquiatra Adriana Feder e seus colegas na Escola de Medicina Icahn em Mount Sinai: "Traumas severos acionam uma busca por significado e uma reconfiguração fundamental dos objetivos de vida de um indivíduo."[12]

Pessoas que vivenciam o crescimento pós-traumático não evitam o desconforto. Eles passam pela mesma inundação de emoções e ruminação de vozes interiores que todo mundo. São capazes de classificar e explorar o desconforto. Em vez de uma ruminação intrusiva que os leva a sair de controle, eles alteram as vozes interiores, usando o que os psicólogos chamam de ruminação consciente e ruminação construtiva.[13] Semelhante à conversa calma que discutimos anteriormente, a ruminação consciente consiste em um diálogo interior que é focado na resolução de problemas, enquanto a conversa interior era focada em refletir e lidar com a situação de uma maneira mais controlada e imparcial. Para alternar o mundo interior de invasivo para consciente, precisamos de uma sensação de controle e uma capacidade de entender e regular as emoções. Quando estudaram mais de 170 estudantes universitários que sofreram por conta da morte de alguém que amavam, acidentes debilitantes ou violência doméstica, o psicólogo Todd Kashdan, da George Mason University, descobriu que aqueles que passavam pela ansiedade e pelo trauma por meio da exploração em vez da evitação vivenciavam maiores níveis de crescimento.[14]

Quando exploramos em vez de evitar, conseguimos integrar a experiência em nossa história. Conseguimos tirar um significado da luta, do sofrimento. O significado é o que mantém a mente unida, permitindo-nos responder e nos recuperar. Ele impede o salto da dificuldade para o desespero completo, do medo e da ansiedade para um surto total. Como Viktor Frankl disse muitos anos atrás, enquanto discutia o sofrimento naqueles campos de concentração: "Ele mantém a liberdade, a liberdade humana de adaptar seu destino, seu ambiente, de um jeito ou de outro — e de fato há 'um jeito ou outro.'" O significado fornece a liberdade para que possamos escolher.

>>>>>>> **MÁXIMA DA FORÇA** >>>>>>>

Quando exploramos em vez de evitar, conseguimos integrar a experiência em nossa história. Conseguimos tirar um significado da luta, do sofrimento. O significado é o que mantém nossa mente unida, permitindo-nos responder e nos recuperar.

A Nuance da Força Interior

Desvire o chinelo ou sua mãe vai morrer. Quando era criança, eu acreditava nisso. Não, não da forma como a maioria das crianças acreditava, com uma pontinha de medo da brincadeira boba se tornar verdade. Mas da forma literal. Eu também tinha medo de que, se não tocasse os dois lados da maçaneta, alguém na minha família ia morrer. Ou que se eu não completasse meu ritual noturno de ligar e desligar meu despertador sete vezes antes de me deitar no mesmo lado da minha cama, do mesmo jeito, todas as noites, talvez não acordasse na manhã seguinte. Desde que me lembro, sofri de transtorno obsessivo-compulsivo [TOC]. Eu não tinha um nome para isso. Minha abençoada família inconsciente chamava de "manias". Eu não entendia o que eram, mas cada uma dessas experiências, e os perigos que as acompanhavam, pareciam totalmente verdadeiras.

Crescer com TOC foi bizarro. Contudo, ao mesmo tempo normal. Quando você é jovem, não percebe o que está pensando e processando, ou até mesmo se é errado. Ter pensamentos invasivos era normal. Ter pensamentos sobre danos e morte lentamente se tornou parte da minha vida. Era irracional. E entendi isso depois. Porém parecia muito verdadeiro. Não é até você passar dos anos iniciais de ingenuidade, quando a função executiva começa a ficar completamente ativa e a consciência aparece, que começa a se perguntar: O que há de errado comigo?

Fazer essa pergunta na adolescência não é fácil. Foi totalmente assustador, lidar com o fato de que outras pessoas não tinham os mesmos pensamentos ou medos que eu tinha. Eles não viam o perigo toda vez que pegavam em uma faca ou dirigiam pela rodovia. O TOC era meu fardo. Algo que eu tinha que superar, na maior parte, sozinho. Não me entenda mal: meus pais eram solícitos, prestativos sempre que eu literalmente pensava que ia morrer quando fosse dormir. Mas eles eram ingênuos. Uma família conservadora do sul dos Estados Unidos na década de 1990 que não tinha consciência sobre saúde mental e ainda pensava que ver um "terapeuta" era um sinal de fraqueza ou um rótulo que me seguiria pelo resto da vida. Na mente deles, eles estavam tentando me proteger. Passe por uma infância sem nenhum rótulo vitalício, seja normal, e tudo vai ficar bem. Eles me ensinaram a ignorar. Afastar os pensamentos ruins. Ficar longe de atividades que provocam algo em você. Então, quando criança, passar pelo mundo interior dos pensamentos invasivos era quase tudo por minha conta.

Embora existam muitas variações diferentes do TOC, a imprensa popular retrata de forma errada. Vemos as compulsões, a limpeza ob-

BUSQUE SIGNIFICADO NO DESCONFORTO

sessiva, os rituais, e achamos que esse é o transtorno. Esse é o resultado final. O TOC é uma condição de pensamentos invasivos, misturados com sentimentos e sensações fortes que nos levam à compulsão. Nós completamos o ritual como um ato de tranquilizar ou lidar com os pensamentos e sentimentos. O segredo para lidar com a minha necessidade obsessiva de tocar os dois lados de qualquer maçaneta não era me dizer ou treinar para parar de fazer aquilo. Era descomplicar o pensamento e o sentimento que me dava uma cotovelada e, às vezes, um empurrão em direção àquela ação.

Em uma forma do TOC, pensamentos e ações se tornam profundamente entrelaçados. Não há espaço entre eles. O que é chamado de fusão pensamento-ação ocorre quando uma pessoa sente que apenas pensar em uma coisa terrível pode torná-la realidade ou é tão ruim quanto se você tivesse passado por isso. Como aprendemos no capítulo sete, pensamentos invasivos ocorrem de maneira regular em todos nós. A diferença é que, naqueles que sofrem de TOC, o grau de intensidade sobe para onze. Eles acreditam de maneira genuína que o pensamento momentâneo de virar o carro no sentido contrário no meio do trânsito ou de pular da varanda do apartamento significa que realmente farão essas coisas. Para a maioria de nós, aquela mensagem aleatória no cérebro é ignorada, uma falha que não precisamos dar nenhum sentido. Para os que sofrem de TOC, é real. O sentimento de medo vem com o pensamento e um comportamento para enfrentar vem logo atrás.

O problema não é só o entrelaçamento de pensamentos e ações. Pesquisas recentes mostram que os cérebros daqueles que sofrem de TOC possuem mais dificuldade de entender o que é "seguro" e o que não é.[15] Assim que algo é considerado ameaçador, é como se estivesse esculpido em pedra, enquanto para o resto da população, está escrito a lápis. Os pesquisadores descobriram que quando associavam um rosto verde com um choque elétrico, tanto os pacientes com TOC quanto um grupo de controle respondiam como se o rosto fosse uma ameaça. No entanto, quando eles retiraram o choque e mostravam o rosto verde repetidas vezes, o grupo de controle logo entendeu que não havia perigo nele. O grupo com TOC não conseguia deixar de lado a ameaça remanescente. A área em seu cérebro relacionada a processar sinais de segurança — o córtex pré-frontal — não estava disparando.

Agora, pense no que aprendemos em relação à força. Pensamentos e sentimentos interagem, construindo-se um sobre o outro, levando-nos em direção à ação. O centro de detecção de ameaças interpreta um grande papel, levando-nos a lutar, desistir, congelar, ou qualquer coisa que acharmos melhor. Consegue notar as semelhanças? Os portadores de TOC precisam lidar com cada elemento do padrão de força, apenas com o sistema montado contra nós. Um padrão de pensamento-sentimento-impulso profundamente conectado que é falho e desorientado.

Quando eu era criança, víamos o TOC como um tipo de defeito, algo que tínhamos que esconder ou superar. Ignorar. Não discutir. Era algo que significava que eu era diferente ou havia algo errado comigo. Mas quando fiquei mais velho, passei a entender o TOC como algo diferente. Era uma realidade, fazia parte de mim. Algo que eu precisava aprender a aceitar e navegar. Felizmente, sofro de uma versão moderada e de forma alguma estou desconsiderando aqueles que sofrem de uma versão mais severa. Eu tive sorte o bastante para entender maneiras de lidar com ele. Não lutando contra ou reprimindo, mas gradualmente criando um espaço entre o pensamento e a ação. Apenas o bastante para que eu pudesse encaixar uma maneira diferente de lidar em vez de seguir com uma compulsão. Eu aprendi a separar o pensamento do sentimento e da ânsia. Reorganizar minha mente para reconhecer que um pensamento é um pensamento, e alguns deles não significam nada. Eu ainda sofro de TOC, dos pensamentos invasivos e impulsos comportamentais. Sempre vai ser parte de mim. Porém isso me ensinou algo: que aqueles vistos como fracos pela sociedade muitas vezes são os mais fortes por dentro.

Embora muito deste livro foque no desenvolvimento da força em indivíduos e equipes, o maior problema é como conceituamos a força como sociedade. Nós apoiamos os ousados e violentos, fornecendo uma plataforma para aqueles que gritam mais alto. Nós impulsionamos aqueles que são imprudentes e que possuem excesso de confiança, mesmo que seus trabalhos e resultados não mereçam a bravura. Apoiamos políticos que escrevem livros com títulos incentivando valores admiráveis como a resiliência, coragem, recuperação durante a divisão, verdade e autossuficiência, porém, quando se trata de agir de acordo com essas noções propostas, nossa elite política abandona aqueles valores tão respeitados. E, em seguida, passam por cima deles, desde que recebam o pagamento e honrarias. Amparamos as empresas que criam anúncios bem-feitos promovendo valores de inclusão e diversidade, enquanto o funcionamento interno dessas empresas é repleto de cultura abusiva, hostilidade e assédio.

Nós fomos cativados pela aparência sem a substância. Escolhemos a versão de força que é chamativa como um filtro do Instagram. Uma que é encenada, distorcida e dependente da escolha de viver em uma fantasia em vez de encarar a realidade — reconhecer as dificuldades, os fracassos, as dúvidas, a insegurança. A verdadeira força é chegar em um acordo com quem somos e o que enfrentamos, e dar sentido e encontrar significado nessa dificuldade.

Chegou a hora de deixar a noção antiga de resistência para trás. A versão externa e falsa pode nos dar o sentimento momentâneo de força e poder quando lideramos por meio do medo e controle. Contudo é temporário. Rapidamente se vai. E como demonstrei repetidas vezes, quando realmente é importante, falha. Copiamos o modelo do treinador de futebol americano e do sargento do início do século XX por tempo demais. Sabemos onde isso nos leva. Até algo que parece com a força do lado externo, mas que se desfaz após uma inspeção mais próxima. Chegou o momento de se afastar de um falso ídolo e apoiar um tipo diferente de força. A sociedade precisa desesperadamente enfatizar o interno, não o externo.

A verdadeira força é viver na nuance e complexidade dos ambientes, corpos e mentes que habitamos. Não há um caminho padrão até a força interna, nenhuma fórmula para tomar decisões difíceis ou lidar com as extremidades do desconforto. A verdadeira força consiste na aceitação: de quem você é, do que você está passando e do desconforto que muitas vezes vem junto. É viver naquele momento de tensão para que o espaço necessário seja criado para encontrar o melhor caminho a seguir.

É hora de aceitar um tipo melhor e real de força. Um que reconhece nossa humanidade em comum e destrói o mito que a antiga resistência promove. Minha esperança é que este livro seja um pequeno passo em direção a uma grande correção de percurso, uma que ensina as crianças que agir com força não é o mesmo que ser forte. Que ser vulnerável e honesto não é um sinal de fraqueza, mas um sinal de resistência. É hora de redefinir a força. É mais importante agora do que nunca. Abandone a farsa e a aparência. É hora de focar na verdadeira força interior.

Todos somos capazes de desenvolver tal força interior. Até mesmo aqueles que podem ser rotulados como fracos ou fracassados. Vamos brindar aceitando a realidade, ter a segurança de ser quem somos, aceitar sentimentos e emoções como informação, satisfazer as necessidades humanas básicas e encontrar propósito e sentido na vida para superarmos os desafios que ela nos apresenta. Como o biógrafo Joshua Wolf Shenk escreveu sobre o homem que precisou descobrir como ajudar o país que amava a passar por seu momento mais difícil: "Lincoln, por qualquer combinação de hábito e escolha, seguiu seu próprio caminho. Ele não fingiu ser nada além do que era."[16]

Seja quem você é. Isso é a verdadeira força.

Notas

CAPÍTULO 1: DE TREINADORES DURÕES, PAIS DURÕES, E CARAS DURÕES A ENCONTRAR A VERDADEIRA FORÇA INTERIOR

1 B. Knight and B. Hammel, *Knight: My Story* [New York: Macmillan, 2002], 251.

2 L. Freedman, "Knight Focuses on Life Lessons," Cody Enterprise, 1 de maio de 2017, https://www.codyenterprise.com/news/local/article_3aed785a-2eac-11e7-93cd-274ea4321321.html.

3 E. Boehlert, "Why Bob Knight Should Bag It," Salon, 3 de abril de 2000, https://www.salon.com/2000/04/03/knight_3.

4 D. Baumrind, "The Influence of Parenting Style on Adolescent Competence and Substance Use," *Journal of Early Adolescence* 11, no. 1 [1991]: 56–95.

5 "The Fallacy of Tough Love: Queendom.com's Study Reveals That Authoritarian Parenting Can Do More Harm Than Good," PRWeb, 6 de agosto de 2013, https://www.prweb.com/releases/2013/8/prweb10996955.htm.

6 M. Hyman, *Until It Hurts: America's Obsession with Youth Sports and How It Harms Our Kids* [Boston: Beacon Press, 2009], 58.

7 L. J. Martin, E. L. Acland, C. Cho, W. Gandhi, et al., "Male-Specific Conditioned Pain Hypersensitivity in Mice and Humans," *Current Biology* 29, no. 2 [2019]: 192–201.

8 S. Almasy, "Maryland Football Player Who Died from Heat Stroke Needed Cold Immersion Therapy, Report Says," CNN, 23 de setembro de 2018. https://www.cnn.com/2018/09/22/us/maryland-jordan-mcnair-death-report/index.html.

9 The Diamondback, "Surveillance Footage of Maryland Football Player Jordan McNair's Final Workout," YouTube, 20 de dezembro de 2018, https://www.youtube.com/watch?v= 6EO_phwlAD0.

10 C. Aalborg, C. Rød-Larsen, I. Leiro, e W. Aasebø, "An Increase in the Number of Admitted Patients with Exercise-Induced Rhabdomyolysis," *Tidsskriftet Den Norske Legeforening* [2016].

11 B. D. Ridpath, "Oregon's Treatment of Athletes Is Unacceptable but Sadly It Is More Common Than People Realize," *Forbes*, 20 de janeiro de 2017.

12 N. Darling and L. Steinberg, "Parenting Style as Context: An Integrative Model," *Psychological Bulletin* 113, no. 3 [1993]: 487–96; L. R. Williams, K. A. Degnan, K. E. Perez-Edgar, H. A. Henderson, et al., "Impact of Behavioral Inhibition and Parenting Style on Internalizing and Externalizing Problems from Early Childhood through Adolescence," *Journal of Abnormal Child Psychology* [junho de 2009]: 1063–75; and C. Jackson, L. Henriksen, e V. A. Foshee, "The Authoritative Parenting Index: Predicting Health Risk Behaviors among Children and Adolescents," *Health Education & Behavior* 25, no. 3 [1998]: 319–37.

13 L. Scharneck, "The Mediating Effect of SelfDetermined Motivation in Student-Athlete Perceptions of Coaching Behaviors and Its Effect on Grit and Mental Toughness," [diss., Illinois State University, 2017]; e Y. Tabei, D. Fletcher, and K. Goodger, "The Relationship between Organizational Stressors and Athlete Burnout in Soccer Players," *Journal of Clinical Sport Psychology* 6, no. 2 [2012]: 146–65.

14 "The Fallacy of Tough Love," PRWeb.

15 O. Mayseless, M. Scharf, e M. Sholt, "From Authoritative Parenting Practices to an Authoritarian Context: Exploring the Person-Environment Fit," *Journal of Research on Adolescence* 13, no. 4 [2003]: 427–56.

16 G. Kerr e A. Stirling, "Issues of Maltreatment in High Performance Athlete Development: Mental Toughness as a Threat to Athlete Welfare," in *The Handbook of Talent Identification and Development in Sport.* Routledge/Taylor and Francis. 409–20.

17 J. Corbett, "Pete Carroll Leads Seahawks with Enthusiasm, Toughness," USA Today, 18 de janeiro de 2014, https://www.usatoday.com/story/sports/nfl/seahawks/2014/01/18/pete-carroll-seattle-seahawks-usc-49ers-super-bowl-lombardi/4637293.

18 B. Schulze, "Pete Carroll: Mental Toughness Key to Seattle Seahawks Success," Bleacher Report, 25 de outubro de 2012, https:// bleacherreport.com/articles/1384093-pete-carroll-mental-toughness-key-to-seattle-seahawks-success.

19 K. Reed, "It's Time to Bench Tyrannical Coaches," Huff Post, 23 de janeiro de 2014, https://www.huffpost.com/entry/sports-coaches_b_4195220.

20 M. Rieke, J. Hammermeister, e M. Chase, "Servant Leadership in Sport: A New Paradigm for Effective Coach Behavior," *International Journal of Sports Science & Coaching* 3, no. 2 [2008]: 227–39.

NOTAS

21 "What Are Vocal Cord Dysfunction [VCD] and Inspiratory Laryngeal Obstruction [ILO]?," American Thoracic Society, [n.d.], https://www.thoracic.org/patients/patient-resources/resources/vocal-cord-dysfunction.pdf.

22 J. G. Ayres e P. L. A. Gabbott, "Vocal Cord Dysfunction and Laryngeal Hyperresponsiveness: A Function of Altered Autonomic Balance?," *Thorax* 57, no. 4 [2002]: 284–85.

CAPÍTULO 2: AFUNDAR OU NADAR: COMO APRENDEMOS A LIÇÃO ERRADA DOS MILITARES

1 R. Coffey II, "The Bear Bryant Days at Aggieland, 1954–1957," The Association of Former Students, 29 de setembro de 2015, https://www.aggienetwork.com/news/140555/the-bear-bryant-days-at-aggieland-1954--1957.

2 T. Badger, "'Junction Boys' Remembers Bear Bryant," *Plainview Herald*, 11 de dezembro de 2002, https://www.myplainview.com/news/article/Junction-Boys-Remembers-Bear-Bryant-8937650.php.

3 J. Dent, "Ten Days in Hell with the Bear," ESPN, 19 de novembro de 2003, https://www.espn.com/classic/s/dent_junction_08/02/01.html.

4 T. Deas, "Gameday: Junction Revisited," Tuscaloosa News, 13 de setembro de 2013, https://www.tuscaloosanews.com/story/news/2013/09/14/gameday-junction-revisited/29910807007/.

5 R. Clark, "Survivors of A&M Coach 'Bear' Bryant's Grueling Training Camp Reunite in Junction on 60th Anniversary," *The Eagle*, 15 de agosto de 2014, https://www.theeagle.com/news/local/survivors-of-a-m-coach-bear-bryant-s-grueling-training/article_87a14b0e-eda4-5ade-8446-c7f23ff876f3.html.

6 P. Bryant e J. Underwood, *Bear: The Hard Life and Good Times of Alabama's Coach Bryant* [Triumph Books, 2007].

7 "Sixth Player Quits Team at Texas A&M," *Washington Post and Times-Herald*, 9 de setembro de 1954, 29. 24 *"We don't care. First bus out"*: Dent, "Ten Days in Hell." 24 *Jim Dent's classic book*: Dent, "Ten Days in Hell."

8 D. Barron, "Junction Boys Story Resonates after 60 Years," *Houston Chronicle*, 16 de agosto de 2014, https:// www.houstonchronicle.com/sports/college-football/article/Junction-Boys-storyresonates-after-60-years-5693420.php.

9 M. Simonich, "'Junction Boys' Controversy: Key Figure in Bear Bryant Sports Biography Surfaces; Disputes Episode Alleging Coach Brutality," *Pittsburgh Post-Gazette*, 4 de dezembro de 2002, http://old.post-gazette.com/ae/20021203junctionwebae2.asp.

10 "1956 College Football All-America Team," Wikipedia, [n.d.], acessado em: 11 de agosto de 2019, https://en.wikipedia.org/wiki/1956_College_Football_All-America_Team.

11   D. Andrews, "Dudley Recalls Days with Junction Boys," *Plainview Herald*, 16 de dezembro de 2002, https://www.myplainview.com/news/article/Dudley-recalls-days-with-Junction-Boys-8861341.php.

12   Bryant and Underwood, *Bear*.

13   "Broussard Quits Ags; Seventh to Leave," *Houston Chronicle*, 8 de setembro de 1954, B10, https://blog.chron.com/bayoucityhistory/files/2014/08/joined_document1.pdf.

14   R. K. Wilcox, *Scream of Eagles: The Dramatic Account of the US Navy's Top Gun Fighter Pilots and How They Took Back the Skies over Vietnam* [New York: Simon and Schuster, 2005].

15   R. Goldstein, "Jack Pardee, a Star at Texas A&M and an NFL Coach, Dies at 76," *New York Times*, 2 de abril de 2013, https://www.nytimes.com/2013/04/03/sports/football/jack-pardee-texas-am-star-and-nfl-coach-dies-at-76.html.

16   J. Dent, *The Junction Boys: How 10 Days in Hell with Bear Bryant Forged a Champion Team at Texas A&M* [New York: Macmillan, 1999].

17   Badger, "'Junction Boys' Remembers Bear Bryant."

18   C. A. Morgan III, G. Hazlett, S. Wang, E. G. Richardson Jr., et al., "Symptoms of Dissociation in Humans Experiencing Acute, Uncontrollable Stress: A Prospective Investigation," *American Journal of Psychiatry* 158, no. 8 [2001], 1239–47.

19   B. Webb, "What It's Like at the Training Camp Where Elite Soldiers Learn to Survive if They Are Captured and Tortured," Business Insider, 19 de dezembro de 2015, https://www.businessinsider.com/sere-school-2015-12.

20   Department of the Air Force, *Air Force Handbook: Survival Evasion Resistance Escape [SERE] Operations*, 2017, https://static.e-publishing.af.mil/production/1/af_a3/publication/afh10-644/afh10-644.pdf.

21   K. Weir, "A Growing Demand for Sport Psychologists," *Monitor on Psychology*, novembro de 2018, https:// www.apa.org/monitor/2018/11/cover-sports-psychologists.

22   S. Robson e T. Manacapilli, *Enhancing Performance under Stress: Stress Inoculation Training for Battlefield Airmen*, RAND Corporation, Project Air Force, 2014, https://apps.dtic.mil/dtic/tr/fulltext/u2/a605157.pdf.

23   A. H. Taylor, S. Schatz, T. L. Marino-Carper, M. L. Carrizales, et al., "A Review of Military Predeployment Stress Tolerance Training," *Proceedings of the Human Factors and Ergonomics Society Annual Meeting* 55, no. 1 [2011]: 2153–57.

24   "Comprehensive Soldier Fitness," US Army Reserve, https://www.usar.army.mil/CSF/.

NOTAS

25 US Army, *The Army Human Dimension Strategy*, 2015, https://caccapl.blob.core. usgovcloudapi.net/web/character-development-project/repository/human-dimension-strategy-2015.pdf.

26 A. Peters, B. S. McEwen, e K. Friston, "Uncertainty and Stress: Why It Causes Diseases and How It Is Mastered by the Brain," *Progress in Neurobiology* 156 [2017]: 164–88.

CAPÍTULO 3: ACEITE DO QUE VOCÊ É CAPAZ

1 J. B. MacKinnon, "The Strange Brain of the World's Greatest Solo Climber," *Nautilus*, 28 de junho de 2018, http://nautil.us/issue/61/coordinates/the-strange-brain-of-the-worlds-greatest-solo-climber-rp.

2 "Understanding the Stress Response," Harvard Health, 6 de julho de 2020, https://www.health.harvard.edu/staying-healthy/understanding-the-stress-response.

3 E. C. Vasarhelyi and J. Chin, *Free Solo*, National Geographic Documentary Films, 2018.

4 A. Levy, A. Nicholls, e R. Polman, "Cognitive Appraisals in Sport: The Direct and Moderating Role of Mental Toughness," *International Journal of Applied Psychology* 2, no. 4 [2012]: 71–76.

5 A. P. Doran, G. B. Hoyt, M. D. Hiller Lauby, e C. A. Morgan III, "Survival, Evasion, Resistance, and Escape [SERE] Training," in *Military Psychology: Clinical and Operational Applications*, eds. C. H. Kennedy e E. A. Zillmer [Guilford Press, 2012], 306.

6 O. Stavrova, T. Pronk, e M. D. Kokkoris, "Choosing Goals That Express the True Self: A Novel Mechanism of the Effect of Self Control on Goal Attainment," *European Journal of Social Psychology* 49, no. 6 [2018]: 1329–36.

7 Y. Daviaux, J.-B. Mignardot, C. Cornu, e T. Deschamps, "Effects of Total Sleep Deprivation on the Perception of Action Capabilities," *Experimental Brain Research* 232, no. 7 [2014]: 2243–53.

8 J. K. Witt, S. A. Linkenauger, J. Z. Bakdash, J. S. Augustyn, et al., "The Long Road of Pain: Chronic Pain Increases Perceived Distance," *Experimental Brain Research* 192, no. 1 [2009]: 145–48.

9 M. Bhalla and D. R. Proffitt, "Visual-Motor Recalibration in Geographical Slant Perception," *Journal of Experimental Psychology: Human Perception and Performance* 25, no. 4 [1999]: 1076–96.

10 N. Garrett, A. M. González-Garzón, L. Foulkes, L. Levita, et al., "Updating Beliefs under Perceived Threat," *Journal of Neuroscience*, 38, no. 36 [2018]: 7901–11.

FAÇA COISAS DIFÍCEIS

11   T. Sharot, "Why Stressed Minds Are More Decisive," BBC Future, 15 de junho de 2018, http://www.bbc.com/future/story/20180613-why-stressed-minds-are-better-at-processing-things.

12   P. Goffaux, W. J. Redmond, P. Rainville, e S. Marchand, "Descending Analgesia: When the Spine Echoes What the Brain Expects," *Pain* 130, nos. 1–2 [2007]: 137–43.

CAPÍTULO 4: A VERDADEIRA CONFIANÇA É SILENCIOSA; A INSEGURANÇA É BARULHENTA

1   J. Lovesey, "*Straight Man in a Twisty Race*," *Sports Illustrated* Vault, 1 de junho de 1964, https://vault.si.com/vault/1964/06/01/straight-man-in-a-twisty-race.

2   K. Hays, O. Thomas, I. Maynard, e M. Bawden, "The Role of Confidence in World-Class Sport Performance," *Journal of Sports Sciences* 27, no. 11 [2009]: 1185–99.

3   Hays et al., "The Role of Confidence."

4   Will Storr, "'It Was Quasi-Religious': The Great Self-Esteem Con," *The Guardian*, 3 de junho de 2017, https://www.theguardian.com/lifeandstyle/2017/jun/03/quasi-religious-great-self-esteem-con.

5   California Task Force to Promote Self-Esteem and Personal and Social Responsibility, *Toward a State of Esteem: The Final Report of the California Task Force to Promote Self-Esteem and Personal and Social Responsibility*, California Department of Education, 1990, https://files.eric.ed.gov/fulltext/ED321170.pdf.

6   Will Storr, "'It Was Quasi-Religious': The Great Self-Esteem Con," *The Guardian*, 3 de junho de 2017, https://www.theguardian.com/lifeandstyle/2017/jun/03/quasi-religious-great-self-esteem-con.

7   J. Singal, "How the Self-Esteem Craze Took Over America: And Why the Hype Was Irresistible," *The Cut*, 30 de maio de 2017, https://www.thecut.com/2017/05/self-esteem-grit-do-they-really-help.html.

8   J. M. Twenge e J. D. Foster, "Birth Cohort Increases in Narcissistic Personality Traits among American College Students, 1982–2009," *Social Psychological and Personality Science* 1, no. 1 [2010]: 99–106.

9   U. K. Moksnes e G. A. Espnes, "Self-Esteem and Life Satisfaction in Adolescents: Gender and Age as Potential Moderators," *Quality of Life Research* 22, no. 10 [2013]: 2921–28.

10   M. Freeman, *You Are Not a Rock: A Step-by-Step Guide to Better Mental Health [for Humans]* [New York: Penguin Books, 2018], 103.

11   M. S. Fortier, R. J. Vallerand, N. M. Brière, e P. J. Provencher, "Competitive and Recreational Sport Structures and Gender: A Test of Their Relationship with Sport Motivation," *International Journal of Sport Psychology* 26 [1995]: 24–39.

NOTAS

12 C. Koerner, "Apparently a Whole Lot of Dudes Think They Could Take On Serena Williams in Tennis," BuzzFeed News, 13 de julho de 2019, https://www.buzzfeednews.com/article/claudiakoerner/men-score-serena-williams-tennis.

13 H. Britzky, "Everything Trump Says He Knows 'More about Than Anybody,'" Axios, 5 de janeiro de 2019, https://www.axios.com/everything-trump-says-he-knows-more-about-than-anybody-b278b592-cff0-47dc-a75f-5767f42bcf1e.html.

14 "Why Do We Shout When We Argue? Lack of Confidence," *Wall Street Journal*, 21 de agosto de 2021, https://www.wsj.com/articles/why-do-we-shout-when-we-argue-lack-of-confidence-11629518461.

15 V. Brandstätter e J. Schüler, "Action Crisis and Cost-Benefit Thinking: A Cognitive Analysis of a Goal-Disengagement Phase," *Journal of Experimental Social Psychology* 49, no. 3 [2013]: 543–53.

16 C. Anzalone, "Overconfidence among Teenage Students Can Stunt Crucial Reading Skills," University at Buffalo, 2009, http://www.buffalo.edu/news/releases/2009/07/10284.html.

17 "The Validity of the 'Fake-It-Till-You-Make-It' Philosophy," PRWeb, 13 de abril de 2019, https://www.prweb.com/releases/the_validity_of_the_fake_it_till_you_make_it_philosophy/prweb16239903.htm.

18 J. MacMullan, "Rise above It or Drown: How Elite NBA Athletes Handle Pressure," ESPN, 29 de maio de 2019, https://www.espn.com/nba/story/_/id/26802987/rise-drown-how-elite-nba-athletes-handle-pressure.

19 S. B. Kaufman, "The Pressing Need for Everyone to Quiet Their Egos," *Scientific American* Blog Network, 21 de maio de 2018, https:// blogs.scientificamerican.com/beautiful-minds/the-pressing-need-for-everyone-to-quiet-their-egos.

20 J. Meggs, "Examining the Cognitive, Physiological and Behavioural Correlates of Mental Toughness," Teesside University, 2013, https:// research.tees.ac.uk/en/studentTheses/examining-the-cognitive-physiological-and-behavioural-correlates-.

CAPÍTULO 5: SAIBA QUANDO PARAR E QUANDO CAIR FORA

1 S. F. Maier e M. E. Seligman, "Learned Helplessness at Fifty: Insights from Neuroscience," *Psychological Review* 123, no. 4 [2016]: 349–67.

2 Maier and Seligman, "Learned Helplessness at Fifty."

3 M. E. Seligman e S. F. Maier, "Failure to Escape Traumatic Shock," *Journal of Experimental Psychology* 74, no. 1 [1967]: 1–9.

4 "First-Hand Accounts," Virtual Jamestown, [n.d.], http://www.virtualjamestown.org/fhaccounts_desc.html#vaco.

5 K. O. Kupperman, "Apathy and Death in Early Jamestown," *The Journal of American History* 66, no. 1 [1979]: 24–40.

283

6   Kupperman, "Apathy and Death in Early Jamestown."

7   H. Massey, J. Leach, M. Davis, e V. Vertongen, "Lost at Sea: The Medicine, Physiology and Psychology of Prolonged Immersion," *Diving and Hyperbaric Medicine* 47, no. 4 [2017]: 239–47.

8   C. P. Richter, "On the Phenomenon of Sudden Death in Animals and Man," in *Psychopathology*, eds. C. F. Reed, I. E. Alexander, and S. S. Tomkins [Cambridge, MA: Harvard University Press, 2013], 234–42.

9   "The Senate Committee's Report on the CIA's Use of Torture," *New York Times*, 9 de dezembro de 2014.

10 J. Leach, "'Give-Up-Itis' Revisited: Neuropathology of Extremis," *Medical Hypotheses* 120 [2018]: 14–21.

11 P. G. Bourne, R. M. Rose, e J. W. Mason, "17-OHCS Levels in Combat: Special Forces 'A' Team under Threat of Attack," *Archives of General Psychiatry* 19, no. 2 [1968]: 135–40.

12 A. M. Bollini, E. F. Walker, S. Hamann, e L. Kestler, "The Influence of Perceived Control and Locus of Control on the Cortisol and Subjective Responses to Stress," *Biological Psychology* 67, no. 3 [2004]: 245–60.

13 T. V. Salomons, R. Nusslock, A. Detloff, T. Johnstone, et al., "Neural Emotion Regulation Circuitry Underlying Anxiolytic Effects of Perceived Control over Pain," *Journal of Cognitive Neuroscience* 27, no. 2 [2015]: 222–33.

14 J. P. Bhanji, E. S. Kim, e M. R. Delgado, "Perceived Control Alters the Effect of Acute Stress on Persistence," *Journal of Experimental Psychology General* 145, no. 3 [2016]: 356–65.

15 "Self-Determination Theory," *Wikipedia*, {n.d.], acessado em: 5 de janeiro de 2020, https://en.wikipedia.org/wiki/Self-determination_theory.

16 M. P. Carey e A. D. Forsyth, "Teaching Tip Sheet: Self-Efficacy," American Psychological Association, [n.d.], https://www.apa.org/pi/aids/resources/education/self-efficacy.

17 L A. Leotti, S. S. Iyengar, e K. N. Ochsner, "Born to Choose: The Origins and Value of the Need for Control," *Trends in Cognitive Sciences* 14, no. 10 [2010]: 457–63.

18 J. O'Doherty, P. Dayan, J. Schultz, R. Deichmann, et al., "Dissociable Roles of Ventral and Dorsal Striatum in Instrumental Conditioning," *Science* 304, no. 5669 [2004]: 452–54.

19 E. J. Langer and J. Rodin, "The Effects of Choice and Enhanced Personal Responsibility for the Aged: A Field Experiment in an Institutional Setting," *Journal of Personality and Social Psychology* 34, no. 2 [1976]: 191–98.

NOTAS

20 S. Saragih, "The Effects of Job Autonomy on Work Outcomes: Self Efficacy as an Intervening Variable," *International Research Journal of Business Studies* 4, no. 3 [2011]: 203–15.

21 S. F. Dingfelder, "Old Problem, New Tools," *Monitor on Psychology*, outubro de 2009, https://www.apa.org/monitor/2009/10/helplessness.

22 Leotti, Iyengar, e Ochsner, "Born to Choose."

23 J. Kantor and D. Streitfeld, "Inside Amazon: Wrestling Big Ideas in a Bruising Workplace," *New York Times*, 15 de agosto de 2015, https://www.nytimes.com/2015/08/16/technology/inside-amazon-wrestling-big-ideas-in-a-bruising-workplace.html.

24 J. Denison e J. P. Mills, "Planning for Distance Running: Coaching with Foucault," *Sports Coaching Review* 3, no. 1 [2014]: 1–16.

25 J. W. Mahoney, D. F. Gucciardi, N. Ntoumanis, e C. J. Mallett, "Mental Toughness in Sport: Motivational Antecedents and Associations with Performance and Psychological Health," *Journal of Sport and Exercise Psychology* 36, no. 3 [2014]: 281–92.

26 R. C. do Vale, R. Pieters, e M. Zeelenberg, "The Benefits of Behaving Badly on Occasion: Successful Regulation by Planned Hedonic Deviations," *Journal of Consumer Psychology* 26, no. 1 [2016]: 17–28.

27 D. I. Cordova e M. R. Lepper, "Intrinsic Motivation and the Process of Learning: Beneficial Effects of Contextualization, Personalization, and Choice," *Journal of Educational Psychology* 88 [1996]: 715–30.

CAPÍTULO 6: SUAS EMOÇÕES SÃO MENSAGEIRAS, NÃO DITADORAS

1 E. Young, "The Only Emotions I Can Feel Are Anger and Fear," *Mosaic*, 28 de maio de 2018, https://mosaicscience.com/story/life-without-emotions-alexithymia-interoception.

2 A. D. Craig, "Interoception: The Sense of the Physiological Condition of the Body," *Current Opinion in Neurobiology* 13, no. 4 [agosto de 2003]: 500–505.

3 L. F. Barrett e W. K. Simmons, "Interoceptive Predictions in the Brain," *Nature Reviews Neuroscience* 16, no. 7 [2015]: 419–29.

4 A. D. Craig, "How Do You Feel—Now? The Anterior Insula and Human Awareness," *Nature Reviews Neuroscience* 10, no. 1 [2009]: 59–70.

5 R. B. Zajonc, "Feeling and Thinking: Preferences Need No Inferences," *American Psychologist* 35, no. 2 [1980]: 151–75.

6 S. Pareek, "Phantom Vibration Syndrome: An Emerging Phenomenon," *Asian Journal of Nursing Education and Research* 7, no. 4 [2017]: 596–97.

7   D. J. Kruger e J. M. Djerf, "Bad Vibrations? Cell Phone Dependency Predicts Phantom Communication Experiences," *Computers in Human Behavior* 70 [2017]: 360–64.

8   J. Strack dos Santos Gonçalves, P. Lopes, F. Esteves, e P. Fernández-Berrocal, "Must We Suffer to Succeed?: When Anxiety Boosts Motivation and Performance," *Journal of Individual Differences* 38, no. 2 [abril de 2017]: 113–24.

9   L. Young, A. Bechara, D. Tranel, H. Damasio, et al., "Damage to Ventromedial Prefrontal Cortex Impairs Judgment of Harmful Intent," *Neuron* 65, no. 6 [2010], 845–51.

10 J. Denham, "'I Think He Could Have Fit on That Bit of Door': Kate Winslet Says Titanic Blunder Led to Leo DiCaprio's Movie Death," *Independent*, 3 de fevereiro de 2016, https://www.independent.ie/entertainment/movies/movie-news/i-think-he-could-have-fit-on-that-bit-of-door-kate-winslet-says-titanic-blunder-led-to-leo-dicaprios-movie-death-34419861.html.

11 R. Keegan, "James Cameron on *Titanic*'s Legacy and the Impact of a Fox Studio Sale," *Vanity Fair*, 26 de novembro de 2017, https://www.vanityfair.com/hollywood/2017/11/james-cameron-titanic-20th-anniversary-avatar-terminator-fox-studios-sale.

12 "Justified and Unjustified Movie Violence Evoke Different Brain Responses," The Annenberg Public Policy Center of the University of Pennsylvania, 10 de dezembro de 2019, https://www.annenbergpublicpolicycenter.org/justified-movie-violence-unjustified-evoke-different-brain-responses-study-finds.

13 J. D. Greene, R. B. Sommerville, L. E. Nystrom, J. M. Darley, et al., "An fMRI Investigation of Emotional Engagement in Moral Judgment," *Science* 293, no. 5537 [2001]: 2105–8.

14 D. Gillies, M. A. Christou, A. C. Dixon, O. J. Featherston, et al., "Prevalence and Characteristics of Self-Harm in Adolescents: Meta-Analyses of Community-Based Studies 1990–2015," *Journal of the American Academy of Child and Adolescent Psychiatry* 57, no. 10 [outubro de 2018]: 733–41.

15 Young, Hayley A., Dr, Jason Davies, e David Benton. 2019. "Non-suicidal Self-injury Is Associated with Multidimensional Deficits in Interoception: Evidence from Three Studies." PsyArXiv. 24 de abril. doi:10.31234/osf.io/2azer.

16 S. S. Khalsa, R. Adolphs, O. G. Cameron, H. D. Critchley, et al., "Interoception and Mental Health: A Roadmap," *Biological Psychiatry: Cognitive Neuroscience and Neuroimaging* 3, no. 6 [2018]: 501–13.

17 A. Diaz, *The Relationship between Body Awareness and Mental Toughness in Collegiate Athletes*, dissertação de doutorado, The Chicago School of Professional Psychology, 2013.

NOTAS

18   L. Haase, J. L. Stewart, B. Youssef, e A. C. May, "When the Brain Does Not Adequately Feel the Body: Links between Low Resilience and Interoception," *Biological Psychology* 113 [2016]: 37–45.

19   N. Kandasamy, S. N. Garfinkel, L. Page, B. Hardy, et al., "Interoceptive Ability Predicts Survival on a London Trading Floor," *Scientific Reports* 6, no. 1 [2016]: 1–7; e Khalsa, Adolphs, Cameron, Critchley, et al., "Interoception and Mental Health."

20   Haase, Stewart, Youssef, May, et al., "When the Brain Does Not."

21   H. D. Critchley e S. N. Garfinkel, "Interoception and Emotion," *Current Opinion in Psychology* 17 [2017]: 7–14.

22   M. D. Lieberman, N. I. Eisenberger, M. J. Crockett, S. M. Tom, et al., "Affect Labeling Disrupts Amygdala Activity in Response to Affective Stimuli," *Psychological Science* 18, no. 5 [2007]: 421–28; Strack dos Santos Gonçalves, Lopes, Esteves, e Fernández-Berrocal, "Must We Suffer to Succeed?"; e I. Pedraza Ramirez, "Systematic Review of the Evidence of Interoceptive Awareness in Performers," 2016, https://jyx.jyu.fi/handle/123456789/51424.

CAPÍTULO 7: COMANDE A VOZ NA SUA MENTE

1   S. Callahan, *Adrift: Seventy-Six Days Lost at Sea* [Boston: Houghton Mifflin Harcourt, 2002], 195; e Callahan, *Adrift*, 56.

2   D. T. Kenrick e V. Griskevicius, *The Rational Animal: How Evolution Made Us Smarter Than We Think* [New York: Basic Books, 2013].

3   P. Docter e R. del Carmen, *Inside Out*, Walt Disney Studios Motion Pictures, 2015.

4   J. K. Maner, D. T. Kenrick, D. V. Becker, T. E. Robertson, et al., "Functional Projection: How Fundamental Social Motives Can Bias Interpersonal Perception," *Journal of Personality and Social Psychology* 88, no. 1 [2005]: 63–78.

5   M. Gannon, "Most People Have Unwanted, Worrying Thoughts," LiveScience, 8 de abril de 2014, https://www.livescience.com/44687-most-people-have-unwanted-thoughts.html.

6   M. M. Puchalska-Wasyl, "Self-Talk: Conversation with Oneself? On the Types of Internal Interlocutors." *The Journal of Psychology* 149, no. 5 [2015]: 443–460.

7   P. K. McGuire, D. A. Silbersweig, R. M. Murray, A. S. David, et al., "Functional Anatomy of Inner Speech and Auditory Verbal Imagery," *Psychological Medicine* 26, no. 1 [1996]: 29–38.

8   C. Fernyhough, *The Voices Within: The History and Science of How We Talk to Ourselves* [New York: Basic Books, 2016], 106.

9   Fernyhough, *The Voices Within*.

10 B. Alderson-Day e C. Fernyhough, "Inner Speech: Development, Cognitive Functions, Phenomenology, and Neurobiology," *Psychological Bulletin* 141, no. 5 [2015]: 931–65.

11 S. C. Hayes, I. Rosenfarb, E. Wulfert, E. D. Munt, et al., "Self-Reinforcement Effects: An Artifact of Social Standard Setting?," *Journal of Applied Behavior Analysis* 18, no. 3 [1985]: 201–14.

12 P. S. Highlen e B. B. Bennett, "Elite Divers and Wrestlers: A Comparison between Openand Closed-Skill Athletes," *Journal of Sport and Exercise Psychology* 5, no. 4 [1983]: 390–409.

13 J. V. Wood, W. Q. Perunovic, e J. W. Lee, "Positive Self-Statements: Power for Some, Peril for Others," *Psychological Science* 20, no. 7 [julho de 2009]: 860–66.

14 J. L. Van Raalte, B. W. Brewer, P. M. Rivera, e A. J. Petitpas, "The Relationship between Observable Self-Talk and Competitive Junior Tennis Players' Match Performances," *Journal of Sport and Exercise Psychology* 16 [1994]: 400–15.

15 R. E. White, E. O. Prager, C. Schaefer, E. Kross, et al., "The 'Batman Effect': Improving Perseverance in Young Children," *Child Development* 88, no. 5 [2017]: 1563–71.

16 S. Rudert, R. Greifeneder, e K. Williams [eds.], *Current Directions in Ostracism, Social Exclusion and Rejection Research* [London: Routledge, 2019].

17 J. S. Moser, A. Dougherty, W. I. Mattson, B. Katz, et al., "Third-Person Self-Talk Facilitates Emotion Regulation without Engaging Cognitive Control: Converging Evidence from ERP and fMRI," *Scientific Reports* 7, no. 1 [2017]: 1–9.

18 A. de Botton, "Self-Love," The School of Life Articles, 24 de setembro de 2020, https://www.theschooloflife.com/thebookoflife/self-love.

CAPÍTULO 8: MANTENHA SUA MENTE FIRME

1 A. Lutz, D. R. McFarlin, D. M. Perlman, T. V. Salomons, et al., "Altered Anterior Insula Activation During Anticipation and Experience of Painful Stimuli in Expert Meditators," *NeuroImage* 64 [2013]: 538–46.

2 166 *yoga masters were able to*: R. Kakigi, H. Nakata, K. Inui, N. Hiroe, et al., "Intracerebral Pain Processing in a Yoga Master Who Claims Not to Feel Pain during Meditation," *European Journal of Pain* 9, no. 5 [2005]: 581–89.

3 166 *For the everyday person*: T. R. Kral, B. S. Schuyler, J. A. Mumford, M. A. Rosenkranz, et al., "Impact of Shortand Long-Term Mindfulness Meditation Training on Amygdala Reactivity to Emotional Stimuli," *NeuroImage* 181 [2018]: 301–13.

4 166 *associated with a hyperactive amygdala*: T. T. Yang, A. N. Simmons, S. C. Matthews, S. F. Tapert, et al., "Adolescents with Major Depression Demonstrate

NOTAS

Increased Amygdala Activation," _Journal of the American Academy of Child and Adolescent Psychiatry_ 49, no. 1 [2010]: 42–51.

5   166 _A recent study out of Yale_: A. L. Gold, R. A. Morey, and G. McCarthy, "Amygdala– Prefrontal Cortex Functional Connectivity during Threat-Induced Anxiety and Goal Distraction," _Biological Psychiatry_ 77, no. 4 [2015]: 394–403.

6   167 _According to the latest scientific research_: Kral, Schuyler, Mumford, Rosenkranz, et al., "Impact of Shortand Long-Term Mindfulness Meditation Training."

7   167 _Burnout is epidemic_: S. Ju, "16 Employee Burnout Statistics HR Leaders Should Know," Spring Health, 14 de dezembro de 2020, https://www.springhealth. com/16-statistics-employee-burnout.

8   167 _weaker connection to their PFC_: A. Michel, "Burnout and the Brain," Association for Psychological Science, 29 de janeiro de 2016, https://www. psychologicalscience.org/observer/burnout-and-the-brain.

9   169 " _less emotional elaboration of physiological cues_": M. A. Rosenkranz, A. Lutz, D. M. Perlman, D. R. Bachhuber, et al., "Reduced Stress and Inflammatory Responsiveness in Experienced Meditators Compared to a Matched Healthy Control Group," _Psychoneuroendocrinology_ 68 [2016]: 117–25.

10   169 _In a group of over one hundred research subjects_: B. S. Schuyler, T. R. Kral, J. Jacquart, C. A. Burghy, et al., "Temporal Dynamics of Emotional Responding: Amygdala Recovery Predicts Emotional Traits," _Social Cognitive and Affective Neuroscience_ 9, no. 2 [2012]: 176–81.

11   169 _affective inertia_: S. Pichon, E. A. Miendlarzewska, H. Eryilmaz, and P. Vuilleumier, "Cumulative Activation during Positive and Negative Events and State Anxiety Predicts Subsequent Inertia of Amygdala Reactivity," _Social Cognitive and Affective Neuroscience_ 10, no. 2 [2015]: 180–90.

12   170 _"Whereas the long-term meditator is simply responding"_: E. Klein, "How the Brains of Master Meditators Change," Vox, 30 de maio de 2019, https://www.vox. com/podcasts/2019/5/30/18644106/richard-davidson-ezra-klein-show.

13   F. Zeidan, K. T. Martucci, R. A. Kraft, N. S. Gordon, et al., "Brain Mechanisms Supporting the Modulation of Pain by Mindfulness Meditation," _Journal of Neuroscience_ 31, no. 14 [2011]: 5540–48.

14   R. May, _The Courage to Create_ [New York: W. W. Norton & Company, 1975], 100.

15   Lutz, McFarlin, Perlman, Salomons, et al., "Altered Anterior Insula Activation."

16   "Dark Retreats," Samyama, [n.d.], https://samyama.com /dark-retreats.

17   R. Schuling, N. van Herpen, R. de Nooij, W. T. de Groot, et al., "Silent into Nature: Factors Enabling Improvement in a Mindful Walking Retreat in Nature of People with Psychological Symptoms," _Ecopsychology_ 10, no. 2 [2018]: 77–86.

18 T. D. Wilson, D. A. Reinhard, E. C. Westgate, D. T. Gilbert, et al., "Just Think: The Challenges of the Disengaged Mind," *Science* 345, no. 6192 [2014]: 75–77.

19 C. N. Ortner, S. J. Kilner, e P. D. Zelazo, "Mindfulness Meditation and Reduced Emotional Interference on a Cognitive Task," *Motivation and Emotion* 31, no. 4 [2007]: 271–83.

20 S. S. Khalsa, R. Adolphs, O. G. Cameron, H. D. Critchley, et al., "Interoception and Mental Health: A Roadmap," *Biological Psychiatry: Cognitive Neuroscience and Neuroimaging* 3, no. 6 [2018]: 501–13.

21 R. C. Lapate, B. Rokers, D. P. M. Tromp, N. S. Orfali, et al., "Awareness of Emotional Stimuli Determines the Behavioral Consequences of Amygdala Activation and Amygdala-Prefrontal Connectivity," *Scientific Reports* 6, no. 1 [2016]: 1–16.

22 S. Gregory, "Lolo's No Choke," *Time*, 9 de julho de 2021, 30–38.

23 B. Bodhi, "Toward a Threshold of Understanding," Access to Insight, 1998, https://www.accesstoinsight.org/lib/authors/bodhi/bps-essay_30.html.

24 A. B. S. Prabhupada, *Bhagavad-Gita as It Is* [Los Angeles: Bhaktivedanta Book Trust, 1972], 104.

25 J. Wesley, *"Wesley's Notes on the Bible,"* Christian Classics Ethereal Library, 1765, https://www.ccel.org/ccel/wesley/notes.i.iv.xxii.html.

CAPÍTULO 9: GIRE O BOTÃO PARA NÃO PERDER A RAZÃO

1 M. Clasen, M. Andersen, e U. Schjoedt, "Adrenaline Junkies and White-Knucklers: A Quantitative Study of Fear Management in Haunted House Visitors," *Poetics* 73 [2019]: 61–71.

2 P. Milvy [ed.], *The Marathon: Physiological, Medical, Epidemiological, and Psychological Studies,* vol. 301 [New York Academy of Sciences, 1977].

3 S. Farrell, "The 1975 Elite Runners Study: How Are Elite Distance Runners Different from the Rest of Us?," The Cooper Institute, 29 de maio de 2019, https://www.cooperinstitute.org/2019/05/29/the-1975-elite-runners-study-how-are-elite-distance-runners-different-from-the-rest-of-us.

4 W. P. Morgan e M. L. Pollock, "Psychologic Characterization of the Elite Distance Runner," *Annals of the New York Academy of Sciences* 301, no. 1 [1977]: 382–403.

5 F. Dehais, M. Causse, F. Vachon, N. Régis, et al., "Failure to Detect Critical Auditory Alerts in the Cockpit: Evidence for Inattentional Deafness," *Human Factors* 56, no. 4 [2014]: 631–44.

6 R. S. Friedman, A. Fishbach, J. Förster, e L. Werth, "Attentional Priming Effects on Creativity," *Creativity Research Journal* 15, nos. 2–3 [2003]: 277–86.

7   H. DeJong, E. Fox, e A. Stein, "Does Rumination Mediate the Relationship between Attentional Control and Symptoms of Depression?," *Journal of Behavior Therapy and Experimental Psychiatry* 63 [2019]: 28–35.

8   M. A. Cohn, B. L. Fredrickson, S. L. Brown, J. A. Mikels, et al., "Happiness Unpacked: Positive Emotions Increase Life Satisfaction by Building Resilience," *Emotion* 9, no. 3 [2009]: 361–68.

9   N. Herz, S. Baror, e M. Bar, "Overarching States of Mind," *Trends in Cognitive Sciences* 24, no. 3 [2020]: 184–99.

10   D. K. Brown, J. L. Barton, e V. F. Gladwell, "Viewing Nature Scenes Positively Affects Recovery of Autonomic Function Following Acute-Mental Stress," *Environmental Science & Technology* 47, no. 11 [2013]: 5562–69; e K. J. Williams, K. E. Lee, T. Hartig, L. D. Sargent, et al., "Conceptualising Creativity Benefits of Nature Experience: Attention Restoration and Mind Wandering as Complementary Processes," *Journal of Environmental Psychology* 59 [2018]: 36–45.

11   K. Arnold, *Running Home: A Memoir* [New York: Random House, 2019].

12   G. Sheppes, S. Scheibe, G. Suri, e J. J. Gross, "Emotion-Regulation Choice," *Psychological Science* 22, no. 11 [2011]: 1391–96.

13   L. J. Altamirano, A. Miyake, e A. J. Whitmer, "When Mental Inflexibility Facilitates Executive Control: Beneficial Side Effects of Ruminative Tendencies on Goal Maintenance," *Psychological Science* 21, no. 10 [2010]: 1377–82.

14   K. Taku, A. Cann, R. G. Tedeschi, e L. G. Calhoun, "Intrusive versus Deliberate Rumination in Posttraumatic Growth across US and Japanese Samples," *Anxiety, Stress, and Coping* 22, no. 2 [2009]: 129–36.

15   G. A. Bonanno e D. Keltner, "Facial Expressions of Emotion and the Course of Conjugal Bereavement," *Journal of Abnormal Psychology* 106, no. 1 [1997]: 126–37.

16   S. Gupta e G. A. Bonanno, "Complicated Grief and Deficits in Emotional Expressive Flexibility," *Journal of Abnormal Psychology* 120, no. 3 [2011]: 635–43.

17   I. R. Galatzer-Levy, C. L. Burton, e G. A. Bonanno, "Coping Flexibility, Potentially Traumatic Life Events, and Resilience: A Prospective Study of College Student Adjustment," *Journal of Social and Clinical Psychology* 31, no. 6 [2012]: 542–67.

18   G. Sheppes, S. Scheibe, G. Suri, P. Radu, et al., "Emotion Regulation Choice: A Conceptual Framework and Supporting Evidence," *Journal of Experimental Psychology: General* 143, no. 1 [2014]: 163–81.

19   J. M. Silva e M. I. Appelbaum, "AssociationDissociation Patterns of United States Olympic Marathon Trial Contestants," *Cognitive Therapy and Research* 13, no. 2 [1989]: 185–92.

FAÇA COISAS DIFÍCEIS

20   W. S. Grolnick, L. J. Bridges, e J. P. Connell, "Emotion Regulation in Two-Year-Olds: Strategies and Emotional Expression in Four Contexts," *Child Development* 67, no. 3 [1996]: 928–41.

21   J. Geirland, "Go with the Flow," *Wired*, 1 de setembro de 1996, https://www.wired.com/1996/09/czik.

22   Y. Dormashev, "Flow Experience Explained on the Grounds of an Activity Approach to Attention," in *Effortless Attention: A New Perspective in the Cognitive Science of Attention and Action*, ed. B. Bruya [Cambridge, MA: MIT Press, 2010], 306.

23   C. Swann, A. Moran, e D. Piggott, "Defining Elite Athletes: Issues in the Study of Expert Performance in Sport Psychology," *Psychology of Sport and Exercise* 16 [2015]: 3–14.

24   S. B. Kaufman, *Transcend: The New Science of Self-Actualization* [New York: Penguin Random House, 2021].

CAPÍTULO 10: CONSTRUA A BASE PARA FAZER COISAS DIFÍCEIS

1   K. J. Bartholomew, N. Ntoumanis, e C. Thøgersen-Ntoumani, "The Controlling Interpersonal Style in a Coaching Context: Development and Initial Validation of a Psychometric Scale," *Journal of Sport and Exercise Psychology* 32, no. 2 [2010]: 193–216.

2   Coursey, David. "Steve Jobs Was a Jerk, You Shouldn't Be." *Forbes Magazine*, 16 de maio de 2012. https://www.forbes.com/sites/davidcoursey/2011/10/12/steve-jobs-was-a-jerk-you-shouldnt-be/?sh=23998e0c4045.

3   Z. Budryk, *"Mnuchin: It 'Wouldn't Be Fair to Use Taxpayer Dollars to Pay More People to Sit Home,'"* The Hill, 26 de julho de 2020, https://thehill.com/homenews/coronavirus-report/509062-mnuchin-it-wouldnt-be-fair-to-use-taxpayer-dollars-to-pay-more.

4   T. A. Judge, R. F. Piccolo, N. P. Podsakoff, J. C. Shaw, et al., "The Relationship between Pay and Job Satisfaction: A Meta-Analysis of the Literature," *Journal of Vocational Behavior* 77, no. 2 [2010]: 157–67.

5   J. Harter e N. Blacksmith, "Majority of American Workers Not Engaged in Their Jobs," Gallup, 28 de outubro de 2011, http:// www.gallup.com/poll/150383/majority-american-workers-not-engaged-jobs.aspx.

6   Y. J. Cho e J. L. Perry, "Intrinsic Motivation and Employee Attitudes: Role of Managerial Trustworthiness, Goal Directedness, and Extrinsic Reward Expectancy," *Review of Public Personnel Administration* 32, no. 4 [2012]: 382–406.

7   N. Ntoumanis, L. C. Healy, C. Sedikides, J. Duda, et al., "When the Going Gets Tough: The 'Why' of Goal Striving Matters," *Journal of Personality* 82, no. 3 [2014]: 225–36.

NOTAS

8 P. G. Firth, H. Zheng, J. S. Windsor, A. I. Sutherland, et al., "Mortality on Mount Everest, 1921–2006: Descriptive Study," *BMJ* 337 [2008].

9 N. Ntoumanis e C. Sedikides, "Holding On to the Goal or Letting It Go and Moving On?: A Tripartite Model of Goal Striving," *Current Directions in Psychological Science* 27, no. 5 [2018]: 363–68.

10 E. L. Deci, "Effects of Externally Mediated Rewards on Intrinsic Motivation," *Journal of Personality and Social Psychology* 18, no. 1 [1971]: 105–15.

11 M. Vansteenkiste, J. Simons, W. Lens, K. M. Sheldon, et al., "Motivating Learning, Performance, and Persistence: The Synergistic Effects of Intrinsic Goal Contents and Autonomy-Supportive Contexts," *Journal of Personality and Social Psychology* 87, no. 2 [2004]: 246–60.

12 J. W. Mahoney, D. F. Gucciardi, N. Ntoumanis, e C. J. Mallett, "Mental Toughness in Sport: Motivational Antecedents and Associations with Performance and Psychological Health," *Journal of Sport and Exercise Psychology* 36, no. 3 [2014]: 281–92.

13 E. L. Carleton, J. Barling, A. M. Christie, M. Trivisonno, et al., "Scarred for the Rest of My Career? Career-Long Effects of Abusive Leadership on Professional Athlete Aggression and Task Performance," *Journal of Sport and Exercise Psychology* 38, no. 4 [2016]: 409–22.

14 L. C. Healy, N. Ntoumanis, J. Veldhuijzen van Zanten, e N. Paine, "Goal Striving and Well-Being in Sport: The Role of Contextual and Personal Motivation," *Journal of Sport and Exercise Psychology* 36, no. 5 [2014]: 446–59.

15 Healy, Ntoumanis, Veldhuijzen van Zanten, e Paine, "Goal Striving and Well-Being in Sport."

16 D. Kurtenbach, "Kurtenbach: Steve Kerr Turned In His Best Coaching Performance of the Year... by Not Coaching," *The Mercury News*, 13 de fevereiro de 2018, https://www.mercurynews.com/2018/02/13/warriors-vsuns-highlights-coaching-staff-andre-iguodala-draymond-green-timeouts-drawing-plays-golden-state-phoenx-roster-standings.

17 A. Gilberg, "Steve Kerr Lets Andre Iguodala, Draymond Green Coach the Warriors during 129–83 Blowout Win over Suns," *Daily News*, 13 de fevereiro de 2018, https://www.nydailynews.com/sports/basketball/kerr-lets-iguodala-draymond-coach-warriors-blowout-win-article-1.3817084.

18 J. W. Mahoney, D. F. Gucciardi, S. Gordon, e N. Ntoumanis, "Psychological Needs Support Training for Coaches: An Avenue for Nurturing Mental Toughness," in *Applied Sport and Exercise Psychology: Practitioner Case Studies*, eds. S. T. Cotterill, N. Weston, e G. Breslin [London: Wiley, 2016], 193–213; e J. Mahoney, N. Ntoumanis, C. Mallett, e D. Gucciardi, "The Motivational Antecedents of the

Development of Mental Toughness: A Self-Determination Theory Perspective," *International Review of Sport and Exercise Psychology* 7, no. 1 [2014]: 184–97.

19   C. S. Hammer, "Mental Toughness, Servant Leadership, e the Collegiate Distance Runner," tese de mestrado, Eastern Washington University, 2012, https://dc.ewu.edu/theses/32.

20   D. LaGree, B. Houston, M. Duffy, e H. Shin, "The Effect of Respect: Respectful Communication at Work Drives Resiliency, Engagement, and Job Satisfaction among Early Career Employees," *International Journal of Business Communication*, 20 de maio de 2021, https://journals.sagepub.com/doi/abs/10.1177/23294884211016529.

21   J. Rozovsky, "The Five Keys to a Successful Google Team," Google re:Work, 17 de novembro de 2015, https://rework.withgoogle.com/blog/five-keys-to-a-successful-google-team.

22   M. W. Kraus, C. Huang, e D. Keltner, "Tactile Communication, Cooperation, and Performance: An Ethological Study of the NBA," *Emotion* 10, no. 5 [2010]: 745–49.

23   S. B. Kaufman, *Transcend: The New Science of Self-Actualization* [New York: Penguin Random House, 2021], 38.

24   M. R. Leary, "Emotional Responses to Interpersonal Rejection," *Dialogues in Clinical Neuroscience* 17, no. 4 [2015]: 435–41.

25   B. Holmes, "Michelin Restaurants and Fabulous Wines: Inside the Secret Team Dinners That Have Built the Spurs' Dynasty," ESPN, 25 de julho de 2020, http://www.espn.com/nba/story/_/id/26524600/secret-team-dinners-built-spurs-dynasty.

26   L. Wong, "Why They Fight: Combat Motivation in the Iraq War," Strategic Studies Institute, 2003.

27   J. J. Waring and S. Bishop, "'Water Cooler' Learning: Knowledge Sharing at the Clinical 'Backstage' e Its Contribution to Patient Safety," *Journal of Health Organization and Management* 24, no. 4 [2010]: 325–42.

28   C. Li, R. Martindale, e Y. Sun, "Relationships between Talent Development Environments and Mental Toughness: The Role of Basic Psychological Need Satisfaction," *Journal of Sports Sciences* 37, no. 18 [2019]: 2057–65.

29   J. Anderson, "Harvard EdCast: The Benefit of Family Mealtime," Harvard Graduate School of Education, 1 de abril de 2020, https://www.gse.harvard.edu/news/20/04/harvard-edcast-benefit-family-mealtime.

30   S. B. Kaufman, "Choose Growth," *Scientific American* Blog Network, 7 de abril de 2020, https://blogs.scientificamerican.com/beautiful-minds/choose-growth/.

31   M. Davis, "Maslow's Forgotten Pinnacle: Self-Transcendence," Big Think, 9 de agosto de 2019, https://bigthink.com/personal-growth/maslow-self-transcendence?rebelltitem=3#rebelltitem3.

NOTAS

32   A. Maslow, "Theory Z," W. P. Laughlin Foundation, https://atpweb.org/jtparchive/trps-01-69-02-031.pdf.

CAPÍTULO 11: BUSQUE SIGNIFICADO NO DESCONFORTO

1   V. E. Frankl, *Yes to Life: In Spite of Everything* [Boston: Random House, 2020], 32.

2   R. A. Voorhees, "Toward Building Models of Community College Persistence: A Logit Analysis," *Research in Higher Education* 26, no. 2 [1987]: 115–29; e A. M. Grant, "Does Intrinsic Motivation Fuel the Prosocial Fire?: Motivational Synergy in Predicting Persistence, Performance, and Productivity," *Journal of Applied Psychology* 93, no. 1 [2008]: 48.

3   Frankl, *Yes to Life*, 88.

4   R. R. Greene, "Holocaust Survivors: A Study in Resilience," *Journal of Gerontological Social Work* 37, no. 1 [2002]: 3–18.

5   Frankl, *Yes to Life*, 97.

6   V. E. Frankl, *Recollections: An Autobiography* [Cambridge, MA: Basic Books, 2008], 98.

7   Frankl, *Yes to Life*, 37.

8   K. Prot, "Strength of Holocaust Survivors," *Journal of Loss and Trauma: International Perspectives on Stress & Coping* 17, no. 2 [2012]: 173–86.

9   Greene, "Holocaust Survivors."

10   A. Antonovsky, *Unraveling the Mystery of Health: How People Manage Stress and Stay Well* [San Francisco: JosseyBass, 1987].

11   A. Feder, S. M. Southwick, R. R. Goetz, Y. Wang, et al., "Posttraumatic Growth in Former Vietnam Prisoners of War," *Psychiatry: Interpersonal and Biological Processes* 71, no. 4 [2008]: 359–70.

12   Feder, Southwick, Goetz, Wang, et al., "Posttraumatic Growth in Former Vietnam Prisoners of War."

13   C. J. Park e S.-K. Yoo, "Meaning in Life and Its Relationships with Intrinsic Religiosity, Deliberate Rumination, and Emotional Regulation," *Asian Journal of Social Psychology* 19, no. 4 [2016]: 325– 35; e M. Brooks, N. Graham-Kevan, M. Lowe, e S. Robinson, "Rumination, Event Centrality, and Perceived Control as Predictors of Post-Traumatic Growth and Distress: The Cognitive Growth and Stress Model," *British Journal of Clinical Psychology* 56, no. 3 [2017]: 286–302.

14   T. B. Kashdan e J. Q. Kane, "Post-Traumatic Distress and the Presence of Post-Traumatic Growth and Meaning in Life: Experiential Avoidance as a Moderator," *Personality and Individual Differences* 50, no. 1 [2011]: 84–89.

15 "Patients with OCD Have Difficulty Learning When a Stimulus Is Safe," University of Cambridge, 6 de março de 2017, https://www.cam.ac.uk/research/news/patients-with-ocd-have-difficulty-learning-when-a -stimulus-is-safe.

16 J. W. Shenk, *Lincoln's Melancholy: How Depression Challenged a President and Fueled His Greatness* [Boston: Houghton Mifflin Harcourt, Kindle Edition, 2005], 179.

Índice

A

abuso físico, 5
academia, 134
adrenalina, 52, 139
adversidade, 12
alexitimia, 120
ambivalência interoceptiva, 133
amígdala, 98
  hiperativa, 172
amplitude, 139
ansiedade, 15, 39
  hormonal, 218
apreciação interoceptiva, 133
aptidão física, 45
ataraxia, 198
atenção, 34
  plena, 177
  visual, 205
atividade, 191
  elétrica, 227
atleta, 105, 179

individual, 157
  olímpico, 203
atletismo, 25, 56
atribuição errônea de excitação, 126
autoajuda, 68
autocrático, 15
avaliação, 47
  moral, 130

B

bem-estar, 36
blue-chips, 28
Bobby Knight, 4
bottom-up, 213
bravura, 55
bullying, 8

C

campeonato nacional, 4
capacidade de retomada, 241
capsaicina, 174
cérebro, 17

modular, 149

choque elétrico, 89

ciclo, 41

ciência, ii

esportiva, iii

cognição, 67

compartimentalização, 34, 87

competição, 64

comportamento

abusivo, 4

avaliativo, 187

concentração, 217

condicionamento

clássico, 89

físico, 9

confiança, ii, 34

baixa, 68

silenciosa, 14

consciência, 87

interoceptiva, 134

cooperação, 253

corpo, 51

corredor profissional, 82

córtex

cerebral, 122

cingulado

anterior, 122

motor, 194

pré-frontal, 122

ventromedial, 127

cortisol, 51, 52, 96

crescimento pós-traumático, 36, 269

cuidado, 7

emocional, 164

familiar, 149

cultura, 27

D

defesa, 234

derrota mental, 95

desafio, 37

descarga de adrenalina, 51

desconforto, 12

desempenho

atlético, 10

esportivo, ii

desenvolvimento

cognitivo, 156

desgaste, 202

corporal, 124

desistite, 94

determinação, 11

diálogo, 194

autocrítico, 153

confrontante, 151

explícito, 159

integrado, 151

interno, 151

disciplina, 4

dissociação, 31, 225

distúrbio, 120

dopamina, 173

dor, 10

emocional, 132

física, 132

E

educação, 106
Eficiência, 104
ego silencioso, 86
eliminação, ii
elite, 3
emoção, 67
emoções, 120
emoções negativas, 67
emoções positivas, 68
energia, 17, 93
ensino, 36
EPIRB, 144
equação, 241
equanimidade, 198
equilíbrio, 114, 204
equiparação, 30
equipe, 70, 259
escalada solo, 48
escola, 70
escola de sobrevivência, 32
escolha, 100, 116
esforço, 46
esforço mental, 17
especialistas, i
esperança, 81
ESPN, 27
esporte, 8
estádio, 237
estado de clutch, 232
esteira ergométrica, 98
esteroides, 122

estigma, 195
estilo parental autoritário, 7
estímulo, 89, 172
estoicismo, ii
estratégia, 17, 97
estratégia associativa, 207
estratégia de defesa, 31
estratégia flexível adaptável, 226
estratégia mal-adaptável, 222
estreitamento cognitivo, 208
estresse, ii, 174
estresse extremo, 31
estresse hiperativo, 102
estresse pós-traumático, 269
estriado, 100
estrutura, 147
ética, 74
evaporação, 144
evasão, 32, 90
evolução, 61
exaustão, 11, 19, 99, 174
excitação, 34
exercício, 98
exigência, 6, 13
expansão, 172
experiência, 51, 204
experiência sensorial, 122
experimento, 91
Experimentum Crucis, 261
exploração, 91
explosão, 202
externo, 12
extremo lógico, 203

F

fadiga, 9, 17
falsa força, 12
fisiologia, 21, 64, 98
  do exercício, 46
flexibilidade, 14, 28
  cognitiva, 37
  expressiva, 223
flow, 231
foco, 59, 209
  ampliado, 215
  reduzido, 215
força, 4, 36, 140
fraqueza, 7, 78
função
  homeostática, 122
fusão
  pensamento-ação, 273

G

garra, 16
gestão de estresse, 34
glória, 206
guerra, 31

H

habilidade, 157
herói, 3
hormônio, 96

I

imaginação, 34

imersão ativa, 205
imunidade, 35
inclusão, 15
individualidade, 6
inércia afetiva, 175
informação, 61
inoculação de estresse, 33
inovação, 217
insegurança, 13
integração avaliativa, 87
inteligência, 83, 97
  cognitiva, 32
  social, 36
intensidade motivacional, 209
interocepção, 122

J

jogador, 5, 9
jogging, 64
jornada, 144

K

kickball, 70
kryptonita, 67

L

laboratório, 60
letargia, 92, 173
liberdade, 99
liderança, 3
localização, 144

ÍNDICE

M

maratona olímpica, 205
masculinidade, 5
mecanismo, 266
medicina, 33
mente, 13
millennial, 71
modelo de força, 30
modo
cognitivo, 159
panorâmico, 216
retrato, 216
mortalidade, 93
motivação, 6, 147
autônoma, 243
interna, 240
intrínseca, 244
músculos, 52

N

natureza humana, 64
necessidades psicológicas básicas, 244
nervosismo, 67
neurociência, 21, 101, 176
núcleo dorsal da rafe, 101
nutrição, 144

O

obediência, 245
Olimpíadas, 66
opioides, 255
otimização intelectual, 36

oxigênio, 17, 99
oxitocina, 52

P

pânico, 50
patógenos, 35
percepção, 60, 87
performance, 61
personalidade, 147
pertencimento, 247
positividade, 160
psicologia
cognitiva, 21
positiva, 36
punição, 91

Q

qualificação, 159
quarterback, 25

R

reação, 49
emocional, 8
recuperação, 176
reflexão, 115
regulação, 140
emocional, 36
externa, 76
repressão, 222
resiliência, ii
mental, 34
resposta
adaptativa, 35

hormonal, 98

inata, 35

ritmo, 17

ruminação

consciente, 270

construtiva, 270

premeditada, 222

S

saúde mental, 36

segurança, 87

psicológica, 252

serotonina, 101

simulação, 32

síndrome da vibração fantasma, 124

sistema

cardiovascular, 98

de resposta (PFC), 173

imunológico, 35

interoceptivo, 122

nervoso, 20

sobrevivência, 30

suicídio, 261

supervisão, 6

surto, 58

sustentável, 109

T

tática, 97

TDA, 244

técnico, 36

tecnologia, 78

tensão, 109

teoria

ampliar-e-construir, 212

da autodeterminação, 100

da autoeficácia, 100

do controle compensatório, 113

modular da mente, 148

testosterona, 53

TOC, 272

tortura, 32, 170

treinamento

de habilidades mentais, 34

de sobrevivência, 32

extremo, 10

U

ultramaratona, 220

uniformidade, 198

V

velocidade, 98

verdadeira força, ii, 13, 276

vício, 215

vida, 73

vigilância, 122

visão, 58

vitória, 151

voz interior, 34

vulnerabilidade, 8

Y

yoga, 172

Projetos corporativos e edições personalizadas
dentro da sua estratégia de negócio. Já pensou nisso?

Coordenação de Eventos
Viviane Paiva
viviane@altabooks.com.br

Contato Comercial
vendas.corporativas@altabooks.com.br

A Alta Books tem criado experiências incríveis no meio corporativo. Com a crescente implementação da educação corporativa nas empresas, o livro entra como uma importante fonte de conhecimento. Com atendimento personalizado, conseguimos identificar as principais necessidades, e criar uma seleção de livros que podem ser utilizados de diversas maneiras, como por exemplo, para fortalecer relacionamento com suas equipes/ seus clientes. Você já utilizou o livro para alguma ação estratégica na sua empresa?

Entre em contato com nosso time para entender melhor as possibilidades de personalização e incentivo ao desenvolvimento pessoal e profissional.

PUBLIQUE SEU LIVRO

Publique seu livro com a Alta Books. Para mais informações envie um e-mail para: autoria@altabooks.com.br

 /altabooks   /alta-books   /altabooks   /altabooks

CONHEÇA OUTROS LIVROS DA **ALTA BOOKS**

Todas as imagens são meramente ilustrativas.

Impressão e Acabamento|Gráfica Viena

www.graficaviena.com.br